reinhardt

Erika Butzmann

Elternkompetenzen stärken

Bausteine für Elternkurse

Ernst Reinhardt Verlag München Basel

Dr. *Erika Butzmann*, M. A., Wildeshausen/Kr. Oldenburg, leitet Elternbildungsveranstaltungen, ist in der Erziehungs- und Paarberatung in eigener Praxis und in der Weiterbildung von ErzieherInnen tätig.

Die mit gekennzeichneten Inhalte können unter www.reinhardt-verlag.de heruntergeladen werden.

Bibliografische Information der Deutschen Nationalbibliothek

Die Deutsche Nationalbibliothek verzeichnet diese Publikation in der Deutschen Nationalbibliografie; detaillierte bibliografische Daten sind im Internet über <http://dnb.d-nb.de> abrufbar.
ISBN 978-3-497-02215-1

Printed in Germany
Reihenkonzeption Umschlag: Oliver Linke, Augsburg
Cover unter Verwendung eines Fotos von © eyezoom1000 – fotolia.com
Satz: Form und Produktion, Weinstadt-Baach

Ernst Reinhardt Verlag, Kemnatenstr. 46, D-80639 München
Net: www.reinhardt-verlag.de E-Mail: info@reinhardt-verlag.de

Inhalt

1 Einführung

Angebote für Elternkurse und Elterntrainings gibt es inzwischen in großer Anzahl. Was soll mit einem neuen Konzept der Elternbildung erreicht werden und worin unterscheidet es sich von den bekannten Elternkursen?

Das hier vorgestellte Konzept unterscheidet sich von anderen durch die Inhalte, die Methoden und durch seine umfassende Einsetzbarkeit in allen Bildungssituationen mit Familien. Dieses Konzept konzentriert sich auf die ersten sechs Jahre der Familienphase – mit Problemen beim Übergang zur Elternschaft; ebenso auf die besonderen Erziehungsprobleme mit ein- bis sechsjährigen Kindern und auf flankierende Themen, die die Entwicklung des Kindes beeinflussen. Alle Themen sind so aufbereitet, dass Eltern ein tieferes Verständnis für ihre Kinder und für sich selbst entwickeln können.

In den ersten Jahren der Familienphase ist Elternbildung am effektivsten. Einerseits fordert der Übergang zur Elternschaft Paare sehr stark, andererseits werden in den ersten sechs Jahren des Kinderlebens die Grundlagen für die emotionale, soziale und kognitive Entwicklung ausgebildet. Gleichzeitig sind in dieser Zeit entstandene Verhaltensauffälligkeiten der Kinder durch verändertes Erziehungshandeln noch gut zu korrigieren.

Das weitgehend „vorsoziale“ Verhalten der Kinder in den ersten vier bis sechs Jahren lässt Eltern und ErzieherInnen häufig an ihrer Erziehungskompetenz zweifeln. Die medienöffentliche Diskussion zur Unsicherheit, Hilflosigkeit und Überforderung einiger Eltern verstärkt dieses Gefühl der mangelnden Erziehungsfähigkeit, so dass überzeugende Elternbildungsprogramme gesucht werden.

Mit dem vorliegenden Bildungskonzept sollen Eltern so unterstützt werden, dass es ihnen gelingt, den Familienalltag mit Kleinkindern stressfreier zu gestalten und die Entwicklung der Kinder nachhaltig zu fördern. Das Konzept wird seit zwanzig Jahren in verschiedenen Formen von Elternbildungsveranstaltungen eingesetzt und wurde in der Form des Bildungsurlaubs erfolgreich evaluiert. Es kann dementsprechend für alle in der Eltern- und Familienbildung Tätigen als Handbuch für eine neue Form von Bildungsveranstaltung oder als Ergänzung zu bereits vorhandenen Konzepten genutzt werden.

Zum Aufbau: In Kapitel 2 sind vier Bildungsmodule beschrieben, die die wichtigsten Probleme in der frühen Familienphase berücksichtigen:

- Das erste Modul befasst sich mit der unterschiedlichen Wahrnehmung des Familienalltags mit Kleinkindern durch Frauen und Männer und mit dem darin enthaltenen Konfliktpotenzial.
- Das zweite Modul behandelt die konfliktauslösenden kindlichen Verhaltensweisen in den ersten sechs Jahren und die Möglichkeiten der Eltern, angemessen darauf zu reagieren.
- Mit dem dritten Modul wird das Streitverhalten der Eltern und die Auswirkungen dieses Verhaltens auf die Kinder thematisiert, und zwar mit den im geschlechtsspezifischen Ansatz steckenden Lösungsmöglichkeiten.
- Der Einfluss der erlebten Erziehung in der Herkunftsfamilie auf das eigene Erziehungsverhalten wird als notwendige Ergänzung zum zweiten Modul schließlich im letzten, vierten Modul behandelt.

Am Beginn eines jeden Moduls sind die Zielformulierung und der theoretische Hintergrund für die Bildungsinhalte dargestellt. Darauf folgt die Schilderung des didaktisch-methodischen Ablaufs in der Praxis – mit ausführlichen lösungsorientierten Erläuterungen zu den einzelnen Problembereichen.

Kapitel 3 zeigt, wie die Inhalte aus Kapitel 2 in verschiedenen Formen und in speziellen Problemlagen von Eltern- und Familienbildungsveranstaltungen eingesetzt werden können.

Zuerst ist in diesem Kapitel der Einsatz des Moduls zu den Erziehungsproblemen in der frühen Familienphase für Elternkurse in verschiedenen Zusammenhängen beschrieben. Darauf folgt die Behandlung der vier vorgestellten Themenbereiche in Kompaktveranstaltungen. Anhand der Form des Bildungsurlaubs werden die besonderen Rahmenbedingungen sowie die Vorbereitung und Planung von Elternbildungsveranstaltungen nach wissenschaftsorientierten Kriterien der Didaktik und Methodik dargestellt. Die darin beschriebenen Voraussetzungen für eine zielgruppengerechte Bildungsarbeit gelten auch für folgende, im weiteren Verlauf des dritten Kapitels behandelte Themen: den Bildungsveranstaltungen für Alleinerziehende, für vom Jugendamt betreute Familien sowie für Hochrisikofamilien. Für diese Zielgruppen mit besonderen Problemlagen werden die praxisbezogenen Erläuterungen aus Kapitel 2.2 ergänzt und teilweise noch einmal vereinfacht wiedergegeben.

Elternbildung wird im Zuge der gesellschaftspolitischen Bildungsoffensive in der Frühpädagogik auch für Erzieherinnen und Erzieher zu einem neuen Aufgabenfeld. Dafür – und für die Praxis im Kita-Alltag – sind die theoretischen und praktischen Erläuterungen aus Kapitel 2 hilfreich. Deshalb wird in Kapitel 4 dargelegt, wie die Inhalte aus Kapitel 2.2 in der Aus- und Weiterbildung für diese Berufe eingesetzt werden können, wie der alltägliche Umgang beruflich Erziehender mit den Kindern dadurch einfacher wird und wie Elternbildung damit realisiert werden kann.

Das vorliegende Buch ist durch die Verbindung von Theorie und Praxis sowohl in Ausbildungsstätten für Erzieherinnen und Erzieher als auch für pädagogische und psychologische Studiengänge einsetzbar. Durch die Berücksichtigung theoretischer erziehungswissenschaftlicher und psychologischer Hintergründe, didaktisch-methodischer Prinzipien und der praktischen Anwendbarkeit kann es als Unterrichtsmaterial in den entsprechenden Ausbildungsgängen an Universitäten, Fachhochschulen und Berufsfachschulen dienen. Für PsychologInnen und KindertherapeutInnen können die Inhalte des Konzeptes als Ergänzung bei Beratungsgesprächen mit Eltern von Nutzen sein.

2 Das Bildungskonzept für Familien mit Kleinkindern in vier Modulen

Das Konzept wurde für Veranstaltungen im Rahmen des Bildungsurlaubs entwickelt. Vor diesem Hintergrund sind die Themen der vier Module dramaturgisch aufeinander aufgebaut. Die Rahmenbedingungen und die Evaluation des Konzepts werden in Kapitel 3.2 behandelt. Für die Bildungspraxis bei ein- bis mehrtägigen Seminaren können die Module einzeln oder im dargestellten Aufbau eingesetzt werden. In welchen Zusammenhängen das Konzept für Tagesseminare, Wochenkurse, Wochenendseminare oder für Seminare im Rahmen eines Bildungsurlaubs geeignet ist, wird in Kapitel 3 für jede einzelne Zielgruppe beschrieben.

Die folgenden vier Module sind so dargestellt, dass, nach der Einführung in das zu behandelnde Thema und der Zielformulierung, zuerst der theoretische Hintergrund erläutert wird. Es folgt die Schilderung des inhaltlichen und methodischen Seminarablaufs und die Darstellung der erzielten Ergebnisse.

2.1 Männer und Frauen nehmen den Familienalltag mit Kleinkindern unterschiedlich wahr

Das erste Bildungsmodul befasst sich mit dem Familienalltag mit Kleinkindern und hat, neben den aktuellen Erlebnissen im Familienalltag, den Übergang zur Elternschaft und die Veränderungen in der Partnerschaft durch das Kind zum Thema. Im Mittelpunkt stehen dabei die unterschiedliche Wahrnehmung der Belastungen im Familienalltag von Männern und Frauen und das darin enthaltene Konfliktpotenzial. Mit dieser didaktischen Reduktion des Themas auf den geschlechtsspezifischen Ansatz lassen sich die erlebten Einschränkungen der persönlichen Freiheiten allgemeiner und neutraler fassen, was förderlich für ein Einstiegsthema ist. Die ebenso wichtigen Einflussfaktoren der unterschiedlichen Sozialisation und der aktuellen Stressfaktoren werden bei diesem ersten Bildungsmodul für eine mehrtägige Veranstaltung nicht berücksichtigt. Es besteht nämlich die Gefahr, dass die gezielte Thematisierung des biografischen Aspektes gleich am Anfang für die Teilnehmenden zu persönlich wird. Das kann zur Zurückhaltung bei der Mitarbeit führen. Die geschlechtsspezifische Sichtweise beinhaltet durch den Erfahrungsbezug jedoch die aktuellen Stressfaktoren.

Das *Ziel dieses Moduls* ist es, geschlechtsspezifische Sichtweisen hervorzuheben, um Einsichten zu ermöglichen und Kompetenzen zu entwickeln, die geeignet sind, die Konflikthäufigkeit im Alltag zu reduzieren.

Die geschlechtsspezifische Betrachtungsweise ist nach wie vor mit Ambivalenzen verbunden. Unterschiede im Denken und Wahrnehmen bei Männern und Frauen werden gesellschaftspolitisch oft negiert und eher in populärwissenschaftlichen Medien thematisiert. Die wenigen wissenschaftlich fundierten Untersuchungen zu den unterschiedlichen Denkstrukturen geben jedoch deutliche Hinweise, wie verschiedene Verhaltensweisen von Männern und Frauen – unter Berücksichtigung ihrer Sozialisation – zu erklären sind.

Mit diesem ersten Modul werden die Unterschiede in der Wahrnehmung des Familienalltags mit Kleinkindern herausgearbeitet, um zu sehen, was davon auf geschlechtsspezifische Denkweisen zurückgeführt werden kann. Dadurch kann Verständnis bei den Beteiligten entstehen für die immer wiederkehrenden Probleme im Alltag, die unabhängig von der eigenen Biografie und den täglichen Stressfaktoren auftreten, diese aber beeinflussen. Realistische Lösungswege lassen sich von dieser Basis aus entwickeln, so dass ein entspannterer Umgang im Familienalltag mit Kleinkindern möglich wird.

2.1.1 Theoretischer Hintergrund

Konflikte zwischen Männern und Frauen sind seit Adam und Eva eine anthropologische Konstante. Mögliche Ursachen dafür sind vielfältig und tausendfach beschrieben. Ergebnisse der Hirnforschung beinhalten (als Nebenprodukt) Erkenntnisse zu hirnanatomischen Unterschieden bei Männern und Frauen, die das bisherige Wissen ergänzen und etwas anders gewichten.

In hirnphysiologischen Untersuchungen wurde immer wieder darauf hingewiesen, dass die Gehirne von Männern und Frauen bereits von einer frühen Entwicklungsphase an unterschiedlich organisiert sind. Die Geschlechter differieren danach, aufgrund hormoneller Einflüsse, in spezifischen Fähigkeiten, jedoch nicht in der Gesamtintelligenz (Kimura 1992; Schmidt 1998; Bischof-Köhler 2002; Baron-Cohen 2004, Lautenbacher et al. 2007).

Androgene, vor allem Testosteron, haben in der Zeit vor und kurz nach der Geburt den entscheidenden organisierenden Effekt für die Hirnentwicklung (Schmidt 1998; Hüther 2009). Testosteron bewirkt darüber hinaus die typisch männliche Erscheinung und das höhere Aggressionspotenzial der Jungen und Männer. Die strukturierenden hormonellen Einflüsse verändern sich zwar etwas im Laufe des Lebens, für die Zeit der Familienphase sind die typisch männlichen und weiblichen Ausprägungen jedoch deutlich (Hüther 2009).

Die Unterschiede in der Funktionsweise des Gehirns betreffen insbesondere zwei Bereiche, die so manches vom typischen Verhalten bei Frauen und Männern erklären können: Teile des Balkens (corpus callosum), des größten Nervenfaserbündels, das beide Gehirnhälften verbindet, sind bei Frauen etwas stärker ausgeprägt als bei Männern. Dadurch können die meisten Frauen mehreres gleichzeitig wahrnehmen als die meisten Männer (Pritzel/Markowitsch 1997; Schmidt 1998; Bischof-Köhler 2002; Baron-Cohen 2004; Herschkowitz 2008). Männer können sich deswegen besser abgrenzen und sich intensiv auf eine Sache konzentrieren.

Diese unterschiedlichen Fähigkeiten werden verstärkt durch eine weitere hirnphysiologische Gegebenheit: Auch die graue und weiße Substanz des Gehirns ist bei den Geschlechtern unterschiedlich verteilt. Männer verfügen über mehr graue Substanz (Zellkörper, Dendrite, unmyelinisierte Axone), die dichte Zellverbände bilden. Dadurch sind eine gute lokale Signalverarbeitung und eine hohe Konzentrationsfähigkeit möglich (Haier et al. 2005). Männer können also Störungen von außen gut ausblenden.

Frauen verfügen über mehr weiße Substanz. Die weiße Gehirnmasse besteht aus myelinisierten Axonen, die für schnelle Verbindungen zwischen entfernt liegenden Nervenzellverbänden sorgen (Haier et al. 2005; Allen et al. 2006). Deswegen haben Frauen leichter alles im Blick als Männer – und das ist für ihre Rolle als Mutter durchaus sinnvoll (Bischof-Köhler 2002). Im Zusammenhang mit weiteren hormonellen Einflüssen (Östrogen, Oxytocin) fällt es Frauen zudem wesentlich leichter, sich in andere hineinzuversetzen.

Um die verschiedenen Wahrnehmungs- und Verhaltensweisen von Männern und Frauen noch besser zu verstehen, sind weitere Unterschiede in der Gehirnanatomie nennenswert: Bei Männern ist die rechte Hirnhälfte größer als die linke und wird mehr genutzt. Zu den Fähigkeiten, die nur in der rechten Hälfte geortet sind, gehören räumliches und zielgerichtetes Denken, mathematisches Schlussfolgern, Musikwahrnehmung und bildhaftes Gedächtnis (Kimura 1992; Schmidt 1998; Hausmann 2003).

Die rechte Hemisphäre allein versagt bei komplizierten Problemstellungen; sie hat nur Spuren des Sprachvermögens, aber einen großen Wortschatz (Jungen entwickeln auch eher Sprachstörungen als Mädchen). Wenn Männer sprechen, ist deswegen vor allem ihre linke Gehirnhälfte aktiv, bei Frauen die rechte und linke gleichzeitig. Die rechte Hälfte hält sich an die reine Wahrnehmung, sie interpretiert nicht, sondern beschränkt sich darauf, den Anforderungen des Augenblicks zu genügen (Gazzaniga 2002).

Bei Frauen sind beide Hirnhälften gleich groß, die linke ist jedoch besser nutzbar. Zu den Fähigkeiten, die nur in der linken Hälfte geortet sind, gehören die meisten sprachlichen Fähigkeiten, symbolisches und analytisches

Denken, Rechnen und das verbale Gedächtnis (Schmidt 1998). Gazzaniga, der über die Unterschiede beider Großhirnhälften intensiv geforscht hat, stellt fest, dass die erfinderische linke Großhirnhälfte unablässig für das, was geschieht, Erklärungen sucht und ein „ganz anderes bewusstes Erleben hat als die wahrheitsgetreue, prosaische rechte" (Gazzaniga 2002, 33).

Auch bei gleichzeitiger optimaler Funktionsfähigkeit beider Hirnhälften sind aus diesen Gründen zwischen Männern und Frauen Unterschiede vorhanden. Diese unterschiedlichen Präferenzen der Geschlechter bei der Nutzung des Gehirns dürften besonders unter Stress vorkommen.

Wenn man die typischen weiblichen und männlichen Verhaltensweisen im Alltag im Blick hat, dann zeigen sich die Präferenzen deutlich: Frauen haben ein großes Talent, Lücken bei Informationen mit Interpretationen zu füllen. Diese Fähigkeit ist gerade im Umgang mit Kleinkindern in der vorsprachlichen Phase sehr nützlich (Bischof-Köhler 2002). Männer halten sich eher an die Fakten, was den besonderen Fähigkeiten der rechten Hemisphäre entspricht.

Dadurch passiert es Männern häufig, dass sie bei einer Situationsschilderung den Kontext nicht beachten (das verärgert viele Frauen, weil ihnen Schilderungen ohne eine Beschreibung des Kontextes das Verständnis für die Situation erschwert). Es sind die Konzentration auf einen bestimmten Zusammenhang und gewisse Schwierigkeiten, sich auf die Bedürfnisse des Zuhörers einzulassen, was schließlich zu Informationen führt, die auf das Wesentliche reduziert sind.

Im Alltag zeigen sich Unterschiede auch bei den rechtshemisphärischen Kompetenzen in höherer Mathematik. Bei Grundschulkindern sind z. B. die Rechenfähigkeiten noch relativ gleich, nach der Pubertät ändert sich das jedoch – mit der Neuordnung der kognitiven Fähigkeiten. Das Gehirn baut sich in dieser Zeit durch den hormonellen Einfluss vollständig um (Uhlhaas/Konrad 2010). Abstraktes Denken ist dann erst möglich. Nach Daten aus der PISA-Erhebung und nach anderen OECD-Studien zeigen Jungen nach der Pubertät bessere Leistungen im Fach Mathematik als die gleichaltrigen Mädchen (Zeitschrift Erziehung und Wissenschaft 6/2009, 4; Bischof-Köhler 2002, 251). Unabhängig von den äußeren Bedingungen bleiben also Unterschiede, je nach hormonbedingter Ausprägung, bestehen.

Andere kleinere Unterschiede – mit großer Wirkung auf die Paarbeziehung – ergeben sich aus den das Sexualverhalten steuernden Zentren und Hormonen: Neben den bekannten Einflüssen von Testosteron und Östrogen gibt es nach der Geburt, durch die Einwirkung des Neuropeptids Oxytocin, einen Rückgang der sexuellen Bedürfnisse der Frauen (Roth 2001, 240). Das kann zu Irritationen beim Partner führen. Des Weiteren fördert Östrogen die Gedächtnisleistung der Frauen (Kraft 2004). Männer vergessen mehr. Auch das ist ein Grund für Konflikte in Paarbeziehungen.

Einige Hirnforscher halten die Auswirkungen der geschlechtsspezifischen Unterschiede auf den Alltag für geringer als die individuellen Unterschiede (Hausmann 2003, Lautenbacher et al. 2007). Diese Annahme sollte aber eine genaue Auseinandersetzung mit den Problemen, die Männer und Frauen im Alltag miteinander haben – und zwar mit Problemen, die unabhängig von ihrer unterschiedlichen Sozialisation entstehen – nicht verhindern.

Es kommt beim Überlernen solcher biologischer Vorgaben darauf an, zu erkennen, dass es diese Unterschiede in der Denkstruktur gibt. Mit diesem Bewusstsein wird das eigene Verhalten kritischer gesehen und das des anderen nachsichtiger. Das bringt oft Entlastung. Der Anspruch, alle unterschiedlichen Fähigkeiten aneinander anzupassen, ist sicher zu hoch.

Akzeptiert man die geschlechtsspezifischen Unterschiede als eine wichtige Ursache für Konflikte in Paarbeziehungen, so kann man den Entwicklungsmotor nutzen, der in dieser Herausforderung steckt. Das Bemühen um Verständnis dafür, dass die Sichtweise des anderen nicht völlig veränderbar ist, hält den Motor am Laufen und führt zur besseren Anpassung. Die Fähigkeiten dafür sind jedoch wiederum durch die unterschiedliche Denkstruktur ungleich verteilt. Frauen fällt es leichter, sich in die Sichtweise des anderen hineinzuversetzen. Männern gelingt es weniger gut, die Sichtweise der Frauen nachzuvollziehen. Dieser Umstand muss bei allen anstehenden Paarkonflikten Berücksichtigung finden. Männer wissen dann wenigstens theoretisch, dass für Frauen mehr an der zu verhandelnden Sache hängt, als sie ahnen. Sie könnten dann nachhaken, ihr bisheriges Verstehen wiedergeben und ihr Unverständnis erläutern. Frauen könnten versuchen, die für sie anstehende Sache vorher so zu sortieren, dass der empfundene Ärger den Sachverhalt nicht verfälscht, um diesen dann strukturiert vorzubringen. Gelingt es auf diesem Weg, die Gleichwertigkeit der unterschiedlichen Fähigkeiten anzuerkennen, behindern die destruktiven Energien der vermeintlich „bösen Absicht" im missglückten Alltagshandeln nicht mehr die Suche nach Lösungen.

2.1.2 Gestaltung des Bildungsmoduls „Wahrnehmung des Familienalltags"

Als passende *Methode* für dieses Bildungsmodul kommt die Collage zum Einsatz. Sie erleichtert den Erfahrungsaustausch, weil die TeilnehmerInnen mit der Gestaltung beschäftigt sind und über die Bilder miteinander ins Gespräch kommen. Für die Bilder wurden bei der Vorbereitung des Seminars Werbeseiten aus Magazinen gesammelt. Bei guter Vorauswahl sind bei der Gruppenarbeit „brennende" Themen schon im Fokus und werden aufgeklebt; oder es wird durch Beiseitelegen signalisiert, worüber man nicht reden will. So entsteht ein aktuelles, gemeinsames Bild des Familienalltags mit Kleinkindern von allen anwesenden Frauen und Männern. Bei einem bloß sprachlichen Austausch käme das Bild in dieser Form nicht zustande. Der so erreichte Konsens über die Erfahrungen im Alltag in der jeweiligen Gruppe ist die Basis für die spätere Diskussion über Veränderungsmöglichkeiten.

Für die Collage wird bei der Vorbereitung jeweils ein stilisierter Tisch auf zwei DIN-A0-Plakaten (erhältlich bei der „Deutschen Städtewerbung" als Ausschuss) so aufgezeichnet, dass das Plakat in der Mitte durch die Tischplatte geteilt ist. Darauf ist die folgende Fragestellung entsprechend eingetragen: „Was fällt in unserem Familienalltag unter den Tisch ... und was liegt auf dem Tisch?"

Nach der genauen Erläuterung der Aufgabe gehen die Frauen und Männer in ihre Gruppen. Sie bekommen das Collagematerial in die Hand und den Auftrag, sich die Bilder unter dem Aspekt der vorhin erwähnten Fragestellung genau anzusehen. Finden Männer das Thema und die Methode erst einmal nicht so spannend, bitte ich sie, sich auf das Ausschneiden und Kleben einzulassen; ich verweise dabei auf das, was diese Arbeit für sie an Nutzen bringen wird.

In den Gruppen sind passende Bilder oder Schriftzüge auszuschneiden und entsprechend auf den Tisch oder darunter auf das Plakat zu kleben. Für fehlende Bilder sind die gewünschten Begriffe zwischen die Bilder einzutragen. Die Gruppen arbeiten ohne weitere Anleitung, für Fragen stehen die Seminarleiter und -leiterinnen zur Verfügung.

Idealerweise gehören zur Seminarleitung bei Familienbildungsveranstaltungen eine Frau und ein Mann als Team. Bei mehrtägigen Veranstaltungen handelt es sich, aufgrund der differenzierten methodischen Strukturierung, um Seminare und die LeiterInnen werden „Seminarleiter" oder „Teamer" genannt; bei Kurzzeitkursen werden sie „Kursleiter" genannt. Im Folgenden wird deshalb, neben der Bezeichnung „Seminarleiter" auch von „Teamern" die Rede sein.

Für die Gruppenarbeit gibt es keine Zeitvorgabe, um den Arbeitsprozess nicht zu stören. Nach dreißig bis fünfundvierzig Minuten schauen wir nach, wie weit die jeweiligen Gruppen sind.

Wenn das Alter der dazugehörenden Kinder sehr streut und mehr als acht Frauen dabei sind, wird die Frauengruppe aufgeteilt, und zwar nach Alter der Kinder: eine Gruppe mit den Kindern bis zu drei Jahren und die andere Gruppe mit Kindern zwischen drei und sechs Jahren. Bei dieser Gruppenarbeit lässt sich hinterher an den Collagen deutlich erkennen, inwieweit sich die Situation für die Eltern verbessert hat.

Die Arbeit mit dieser Collage fördert das weitere Kennenlernen der Gruppe, ermöglicht den intensiven Erfahrungsaustausch und bereitet die

Eltern, während einer mehrtägigen Veranstaltung, auf die nachfolgenden Themen vor.

Nach einer längeren Pause, in der die TeilnehmerInnen sich weiterhin austauschen, beginnt die Auswertung der inzwischen an der Wand aufgehängten Collagen. Schon während der Pause schauen sich die meisten Frauen und Männer sehr interessiert die Collage der jeweils anderen Gruppe an.

Die Auswertung beginnt mit der Aufforderung, die Collage der jeweils anderen Gruppe genau anzusehen und eventuelle Fragen zum Verständnis zu stellen. Über die Erläuterungen der TeilnehmerInnen zu ihrer Collage entsteht schließlich ein klares Bild ihres Familienalltags – mit den empfundenen Veränderungen in der Partnerschaft durch das Kleinkind.

Die Kernaussagen dieser Collagen sind seit zwanzig Jahren immer wieder gleich. Die nachfolgend aufgeführten Inhalte einer durchschnittlichen Collage zeigen die typischen Wahrnehmungen von Männern und Frauen im Familienalltag mit Kleinkindern. Es zeigen sich auch die vielfach beschriebenen Veränderungen in der Partnerschaft durch das Kind. Neben den positiven Eindrücken, die das Leben mit den Kindern ausmacht, treten die Belastungen deutlich hervor.

Ein Collagen-Muster der Männer

Bei diesem Muster einer Männer-Collage stehen die nicht befriedigten eigenen Bedürfnisse im Vordergrund. Folgendes „fällt unter den Tisch“:

- Etwas allein und zu zweit machen; Spontanität, Sex, Sport; etwas Verrücktes tun; etwas mit Freunden unternehmen. (Ein aussagekräftiges Bild in der Collage: Das Surfbrett wird gegen das Bügelbrett eingetauscht.)
- Männer sehen die vermeintlichen Probleme mit den Kindern gelassener und gehen spielerischer mit ihnen um.
- Sie haben größere Probleme mit der Familienarbeit als die Frauen.
- Männer fühlen sich oft überfordert, gleich nach der Arbeit die Kinder zu übernehmen.
- Die finanzielle Verantwortung für die Familie führt zu Anpassungsdruck in der Firma.

Ein Collagen-Muster der Frauen

Bei ihnen wird die Verantwortung deutlich, die sie für die Kinder und die Familie übernehmen:

- Frauen fühlen sich für alles zuständig, planen für die Gegenwart und die Zukunft, organisieren alles.
- Das Kind steht absolut im Mittelpunkt.
- Frauen nehmen die Einschränkungen durch das Kind eher an und arbeiten daran.

- Sie vermissen Gespräche, Aufmerksamkeit und Zuwendung des Partners.
- Es fehlen Schlaf, Möglichkeiten zur Entspannung, Zweisamkeit.

Die Veränderungen durch das Kind im Leben von Frauen und Männern können, je nach ihrer Vorgeschichte, zu krisenhaften Verläufen führen. Zu den akzeptierten Einschränkungen kommt die unterschiedliche Belastung durch das Kind mit dem ständigen Bereitschaftsdienst, der seltenen Entspannung und dem Ungeübtsein in der neuen Aufgabe. Unter diesen Belastungen schwindet die Toleranz für das störende Verhalten des anderen. Die Erwartungen an den anderen auf Unterstützung werden erhöht. Das Verhalten der Beteiligten verändert sich. Sie haben weniger Geduld miteinander, zeigen erhöhte Empfindlichkeit und Gereiztheit. Die psychologische Forschung hat sich vielfach mit den Auswirkungen dieses Prozesses befasst (Coxet et al. 1998; Reichle/Franiek 2008).

Die obige Aufzählung zeigt das Konfliktpotenzial, das durch die unterschiedliche Wahrnehmung des Familienalltags entstehen kann. Die Krise des Übergangs zur Elternschaft wird verstärkt durch die unterschiedlichen Fähigkeiten von Männern und Frauen, mit diesen Belastungen umzugehen. Wenn es gelingt, die Unterschiede zu akzeptieren und ihren Sinn zu verstehen, ist Entlastung möglich. Dann kann die normale Krise als Entwicklungsmotor wirken. Dazu ist jedoch die Erörterung der Ursachen für die Unterschiede – mit ihren Auswirkungen auf Wahrnehmung und Verhalten – notwendig.

In der konkreten Seminarsituation wird nun der Vergleich der Aussagen aus den Collagen mit den referierten Ergebnissen der Hirnforschung vorgenommen.

Zu Beginn der Plenumsdiskussion können, als Versinnbildlichung der beschriebenen Abgrenzungsfähigkeit der meisten Männer, die klassischen Situationen (mit hohem Wiedererkennungswert) gezeigt werden: Es sind die Bilder vom zeitungslesenden Mann, mitten im Chaos oder von dem Mann, der den Abfall auf der Treppe übersieht, wenn er hinausgeht. An dieser Stelle gibt es meistens großes Gelächter.

Im Folgenden wird immer wieder von „den Männern“ und „den Frauen“ die Rede sein. Gemeint sind natürlich die meisten Männer und die meisten Frauen. Nicht zuletzt bewirken auch hormonell bedingte Abweichungen in der Denkstruktur Unterschiede innerhalb der Geschlechter, die nicht ignoriert werden können.

Die gute Abgrenzungsfähigkeit vieler Männer führt dazu, dass sie egozentrischer denken als die meisten Frauen. So können sie auch mit ihrer Collage unbefangen klarlegen, was ihnen im Familienalltag mit Kleinkindern fehlt – und sie können auch dazu stehen.

Vielen Frauen fehlen im Alltag Entspannungsmöglichkeiten: Schlaf, Gespräche, Zuwendung, Zweisamkeit. Ihnen ist die Verantwortung, die sie für das Kind tragen, sehr bewusst – oft bewusster als einem Mann, der bei klassischer Rollenteilung den ganzen Tag in der Arbeit verbringen muss. Für die Frauen steht das Kind im Mittelpunkt; ihre eigenen Bedürfnisse stellen sie hintenan. Das wird auch in Untersuchungen zum Thema „Gender und Familie“ bestätigt (Macha/Witzke 2008).

Männer sehen die Probleme mit den Kindern gelassener und gehen spielerischer als ihre Frauen damit um. Eine solche Haltung bewirken nicht zuletzt die etwas geringeren Verbindungen zwischen den Hirnhälften und die geringere Masse an myelinisierten Axonen. (Hinweise auf die geringere Verbindung zwischen den Hirnhälften und der geringeren Masse an myelinisierten Axonen finden sich bei Haier et al. 2005.) Die meisten Männer haben auch eine größere Spielfreude als Frauen, weil sie ungewünschte Gedanken ausblenden und sich eher auf die Spielsituation einlassen können. Nicht wenige Frauen haben andauernd eine lange Liste der Dinge im Kopf, die noch zu erledigen sind. Bei ihnen lassen diese Gedanken hingegen selten Spielfreude aufkommen.

An viele Dinge gleichzeitig zu denken führt bei Frauen auch zu dem Gefühl, für alles zuständig zu sein, alles organisieren zu müssen. Damit geraten sie schnell unter Stress. Sie sehen häufig Probleme, die von Männern so nicht gesehen werden.

Die meisten Männer haben mehr Schwierigkeiten mit der Familienarbeit als Frauen (Bischof-Köhler 2002, 390; Macha/Witzke 2008). Sie konzentrieren sich auf eine Sache und arbeiten zielgerichtet. Dadurch sehen sie einige Dinge nicht, machen die Sachen nacheinander und nicht gleichzeitig. Probleme, die noch nicht akut sind, werden (noch) ausgeblendet.

Weiteres Konfliktpotenzial zwischen Männern und Frauen bergen auch die Situationen, in denen sich Männer schwer tun, sich unvermittelt auf Situationswechsel einzustellen, z.B.: angefangene Arbeit ruhen zu lassen und sich auf die fordernden Kinder einzustellen. Weil die meisten Frauen das gut können, erwarten sie Gleiches auch von ihrem Mann und verstehen nicht, dass solche Situationen für ihn mit einem höheren Stressfaktor verbunden sind.

2.1.3 Ergebnisse

Veränderungen im festgefahrenen Familienalltag mit Kleinkindern sind möglich, wenn die unterschiedlichen Fähigkeiten der beiden Partner akzeptiert und nicht mehr als „Unfähigkeit“ oder als „böse Absicht“ eingeordnet werden. Wird dann auch noch erkannt, dass sich die verschiedenen Fähigkeiten von Männern und Frauen ergänzen, entstehen neue Entspannungsmöglichkeiten im Familienalltag mit Kleinkindern. Die Arbeitsteilung im Haushalt kann dann bedürfnisgerechter und gleichberechtigter vorgenommen werden, so dass die Aufteilung nach Gleichheitsprinzipien nicht mehr so viel Energie erfordert. Es geht dann nicht mehr nur darum, ob alle Aufgaben gleich verteilt sind, sondern Frauen und Männer können neu darüber nachdenken, wem welche Arbeit in Haus und Garten am leichtesten fällt; bzw. wer macht lieber was. Wird bei solchen Neuverteilungen ein Konsens erzielt, der beide voll zufrieden stellt, verschwinden Ungerechtigkeitsgefühle. Gerade in der ersten Familienphase (mit erhöhtem Stressaufkommen) bringt diese neue Sichtweise Entlastung. Über solche Anregungen im Seminar sind sowohl Frauen als auch Männer immer sehr dankbar.

Ein erster Schritt hin zum besseren gegenseitigen Verständnis ist die kurze Gruppenarbeit mit folgender Aufgabenstellung: „Welche Vor- und Nachteile haben die unterschiedlichen Denkstrukturen von Frauen und Männern für den Familienalltag mit Kleinkindern?“ Jede Gruppe soll über die Vor- und Nachteile der unterschiedlichen Fähigkeiten der jeweils anderen Gruppe diskutieren und Aussagen auf eine Wandzeitung übertragen.

Ergebnis einer Männergruppe aus einem durchgeführten Seminar:

- Die Frauen haben es durch ihre „Multitaskingfähigkeit“ und ihr „Elefantengedächtnis“ einfacher mit der Kinderbetreuung, dem Haushalt und der sozialen Kontaktpflege. Bezogen auf die Beziehung können sie dadurch wenig auf morgen verschieben, schlecht zur Ruhe kommen und kaum abschalten.
- Durch die sensiblere Wahrnehmung und das hohe Einfühlungsvermögen erkennen sie Krankheitssymptome bei den Kindern eher, ebenso erfassen sie Stimmungen und Untertöne besser. In der Beziehung zum Partner fungieren sie dadurch als „Frühwarnsystem“, können sich allerdings auch nicht zurückhalten, wenn der Partner über ein Problem nicht sprechen will.
- Der „Interpretationszwang“ wirkt integrierend in allen sozialen Zusammenhängen. In der Beziehung ist es für Männer jedoch schwierig, dem Gesprächsfaden der Frauen zu folgen, und es gibt zu viele nicht relevante Informationen.

Diese Aussagen der Männer bezogen sich auf ihre Erfahrungen im Familienalltag. Mit „Multitasking“ ist hier die Fähigkeit der Frauen gemeint, an vieles gleichzeitig zu denken und das auch durchzuführen. Der Ausdruck „Elefantengedächtnis“ drückt das Erstaunen dieser Männer darüber aus, an wie viele Dinge sich ihre Frauen erinnern können. (Der „Interpretationszwang“ vieler Frauen wurde bereits im theoretischen Teil angesprochen).

Berufstätige Frauen können z. B. mit hier gewonnenen Erkenntnissen ihre beruflichen Fähigkeiten überprüfen und verstehen, warum ihnen gerade im „Multitasking“ vieles so gut gelingt.

Ergebnis einer Frauengruppe zu den Vor- und Nachteilen der männlichen Fähigkeiten:

- Die Vorteile der Männer liegen darin, dass sie alles so nüchtern sehen, mehr Ruhe ausstrahlen und besser mit den Kindern spielen können. Sie können eine Sache konsequenter zu Ende führen, ohne sich ablenken zu lassen.
- Die Nachteile bestehen darin, dass sie uns mit ihrem nüchternen Denken oft „auf die Palme bringen“, ihre gute Abgrenzungsfähigkeit oft den Zugang zu ihnen verhindert und dazu führt, dass die Arbeit an den Frauen hängen bleibt.

Die von dieser Frauengruppe benannte „gute Konzentrationsfähigkeit“ der Männer im Zusammenhang mit dem entspannteren Kinderspiel ist eine Fähigkeit, die viele Frauen, die sich nicht so entspannt auf das Spiel der Kinder einlassen können, entlastet. Die Gründe dafür sind oben beschrieben.

Die teilnehmenden Familienväter können an diesem Ergebnis der Frauengruppe sehen, welche besonderen Fähigkeiten sie für den Familienalltag haben bzw. was die Frauen an ihnen schätzen. Durch diese Gruppenarbeit wird aber auch deutlich, warum wiederum diese männlichen Veranlagungen den meisten Frauen Probleme bereiten. Die aufgeführten Punkte können somit als Anlass genommen werden, Gespräche darüber zu führen, wie sich die Aufgabenteilung künftig für beide Seiten zufriedenstellender organisieren lässt. In der Diskussion über die Ergebnisse dieser Gruppenarbeit sollte die Chance hervorgehoben werden, die sich durch die unterschiedlichen Veranlagungen der Partner für die Kinder ergeben. Dabei soll es auf keinen Fall um den Rückfall in starre Rollenmuster gehen, sondern um einen neuen Aspekt bei den Absprachen um Arbeitsverteilung und Kinderbetreuung!

Die vorgestellte Übung dient dazu, sich bewusst mit einigen konkreten Unterschieden im Denken und Wahrnehmen von Frauen und Männern und mit deren Auswirkungen auf den Alltag auseinanderzusetzen und zu verstehen, dass das jeweilige Verhalten nicht aus böser Absicht geschieht. Die Aufstellungen der Frauen und Männer zeigen das Konfliktpotenzial der Unterschiede, denn die Nachteile der jeweiligen Fähigkeiten werden deutlich in der Beziehung zum Partner gesehen. Das Bewusstmachen dieser Zusammenhänge ist jedoch die Voraussetzung für eine andere Wahrnehmung des eigenen Verhaltens und des Verhaltens des Partners. Eine andere Sichtweise lässt auch die erlebten Rollenbilder der eigenen Eltern in einem anderen Licht erscheinen und macht deutlich, wie (zum Teil) die eigene Sozialisation die geschlechtsspezifischen Besonderheiten verstärkt hat. Untersuchungen zu den gegenwärtigen Lebensmodellen von Männern und Frauen bestätigen einen solchen Einfluss (Macha/Witzke 2008).

Frauen können mit diesem Wissen ihre „Familienfähigkeit“ als besonderen persönlichen und gesellschaftlichen Wert verstehen. Schließlich können ihnen diese Kompetenzen auch zu beruflichem Erfolg verhelfen.

Gleichzeitig wird auch verständlicher, warum die doppelte Belastung, bestehend aus Beruf und Familie, für die meisten Frauen besonders anstrengend ist: Die weibliche Denkstruktur bewirkt, dass Frauen in beiden Bereichen an vieles gleichzeitig denken und am liebsten alles perfekt organisieren wollen.

Die geringer ausgeprägte „Familienfähigkeit" der Männer sollte also mit diesem Hintergrundwissen nicht als „Unwille" gedeutet werden. Den Partnern sollte vielmehr die Möglichkeit zugestanden werden, diesbezüglich neue Fähigkeiten zu erwerben. Auseinandersetzungen über häusliche Arbeitsteilung und die Kinderbetreuung verlieren dann die negative Färbung – und es entsteht die Chance, sich neu zu arrangieren.

Das Vermögen mancher Männer diesbezüglich dazuzulernen, kann u. a. durch Vorerfahrungen in den Herkunftsfamilien eingeschränkt sein, deshalb ist hier Geduld und häufiges Klären von Problemsituationen nötig. Zur Bekräftigung dieser Anregung lassen sich Untersuchungen zu Hausmännern heranziehen. Die Ergebnisse lassen sich so interpretieren, dass es Männern, im Vergleich zu Frauen, nur unzureichend gelingt, alle Aufgaben zu übernehmen, die in der Familie anstehen (Klees 1992, Macha/Witzke 2008).

Mit dem neu erworbenen Wissen können Männer die bessere Familienfähigkeit der Frauen positiver sehen – ohne eine eigene Selbstwertminderung empfinden zu müssen. Dadurch können sie die Frauen in ihrer Familienarbeit besser unterstützen. Das auf diese Weise erreichte bessere Verständnis füreinander wird den Stress im Familienalltag verringern. Das ist ein wichtiges Ziel, denn häufiger Stress in der Familie schränkt auch Kinder erheblich in ihrem Wohlbefinden ein. Sie können nämlich die Ursachen dafür nicht durchschauen, beziehen die Streitigkeiten teilweise auf sich selbst und reagieren negativ.

Es gibt eine alternative Vorgehensweise bei der lösungsorientierten Bearbeitung der Ergebnisse aus den Collagen: Beide Gruppen werden aufgefordert, Aussagen aus den Collagen der jeweils anderen Gruppe zu wiederholen, um zu sehen, ob die Aussagen richtig verstanden wurden. In einem weiteren Schritt werden dann die Gruppen gebeten, darüber zu diskutieren, was jeder tun kann, um ein Konsens mit dem Partner zu erreichen, so dass man sich gegenseitig unterstützt:

In einer Gruppe wollten die Frauen in Zukunft die andere Art, wie Männer mit Haushalt und Kindern umgehen, akzeptieren. Sie wollten deutlich und genau sagen, was sie selbst brauchen und nicht erwarten, dass der Partner alles erahnt. Sie wollten weniger Druck ausüben und mehr Toleranz zeigen.

Die Männer wollten mehr Zeit mit den Kindern verbringen, eigene Bedürfnisse teilweise zurückstellen, mehr Gespräche mit der Partnerin führen, besser zuhören, Erwartungen deutlich äußern und mehr „Egoismus“ bei den Frauen unterstützen.

Solche in den Gruppen diskutierte Ergebnisse erhöhen die Wahrscheinlichkeit ihrer späteren Umsetzung, da die Vorhaben kollektiv gefasst wurden und damit stärker zur Veränderung motivieren.

Die mit dieser Einheit erworbenen Erkenntnisse sind für die TeilnehmerInnen neu; sie entlasten sofort und motivieren, den neuen Blickwinkel in den Alltag zu retten. In der abschließenden Plenumsdiskussion sind dann alle meistens entspannt, die Gruppenarbeit hat das Gemeinschaftsgefühl gestärkt, es scheint alles nicht mehr so schwierig und es wird viel gelacht.

Die geschlechtsspezifische Herangehensweise empfanden sowohl die Frauen als auch die Männer für ihren Familienalltag immer als sehr entlastend. Die Herstellung des Zusammenhangs zwischen Forschungsergebnissen und dem alltäglichen Handeln produzierte viele Aha-Erlebnisse. Die Evaluation des Konzepts in Kapitel 3.2 zeigt deutlich, wie gut das gegenseitige Verständnis dadurch verbessert wurde.

Wenn eine Kompaktveranstaltung ausschließlich zum Thema „Familienalltag mit Kleinkindern“ über ein Wochenende geplant wird, kann nach diesem allgemeinen Einstieg über die geschlechtsspezifische Sichtweise auch die bessere Organisation des Alltags besprochen werden. Anregungen dazu finden sich bei Nussbaum (2004).

Die Vereinbarkeit zwischen Beruf und Familie für Väter und Mutter gehört bei einer solchen Veranstaltung ebenfalls dazu, sie lässt sich unter dem geschlechtsspezifischen Aspekt neu betrachten. Hier könnte beispielsweise mit einem neuen Modul die Arbeitsteilung im Familienalltag in den Gruppen diskutiert und bei Bedarf neu aufgeteilt werden.

Der oben erwähnte hohe Stress der Frauen bei der Vereinbarkeit von Beruf und Familie sollte bei einem solchen Bildungsmodul Berücksichtigung finden – mit dem Ziel, den Motor für den Stress bewusst zu machen. So können Wege gefunden werden, um den unnötigen Stress zu reduzieren.

Darüber hinaus kann der Einfluss der Herkunftsfamilie auf die Paarbeziehung und auf das Familienleben als ein Sozialisationsaspekt didaktisiert werden. Anhaltspunkte dafür finden sich in der Literatur zur Psychologie der Paarbeziehung (Kaiser 2000).

Die oben dargestellten Inhalte benötigen einen Zeitraum von sechs bis acht Unterrichtsstunden (à fünfundvierzig Minuten), je nach Teilnehmerzahl und Beteiligung. Für mehrtägige Kompaktveranstaltungen zum Thema „Familienalltag mit Kleinkindern“ bieten sich die nachfolgend beschriebenen Module an.

2.2 Erziehungsprobleme in der frühen Familienphase – die sozial-kognitiven Entwicklung des ein- bis sechsjährigen Kindes

Das zweite Modul befasst sich mit den Merkmalen der sozial-kognitiven Entwicklung in den ersten sechs Jahren und mit den Auswirkungen auf den Erziehungsalltag, die sich als Erziehungsprobleme für die Eltern darstellen.

Mit der sozial-kognitiven Entwicklung eines Kindes ist dessen bewusstes soziales Verständnis (Perspektiveübernahme) gemeint. Dieser Prozess benötigt vier bis sechs Jahre. Die kognitive Perspektiveübernahme unterscheidet sich von der Empathiefähigkeit. Sie wird von Beginn an durch die von Spiegelneuronen ausgelöste Gefühlsansteckung mit beeinflusst (Bischof-Köhler 1989; Bauer 2006; Rizzolatti/Sinigalia 2008). Das konfliktauslösende soziale Denken während des Prozesses der Perspektiveübernahme in den ersten vier bis sechs Jahren ist im Folgenden als „vorsozial" bezeichnet, weil dieser Begriff den Charakter dieses sozialen Denkens am besten beschreibt. Im theoretischen Teil dieses Moduls wird darauf ausführlich eingegangen. In der Forschung zur sozialen Kognition wird das vorsoziale Denken als ichbezogen und impulsgesteuert beschrieben (Piaget 1983; Selman 1984, 131 und 2006, 97; Kegan 1986, 160).

Eltern stehen heute mehr denn je unter großem Leistungsdruck durch selbst gesetzte und gesellschaftlich vermittelte Anforderungen. Derzeit konzentriert sich dieser Druck auf die Bildungsfähigkeit der Kleinsten und die Sorge um verpasste Bildungschancen. Jedes als abweichend empfundene kindliche Verhalten führt zu großer Unsicherheit und zur Suche nach Expertenrat. Häufig handelt es sich dabei um ganz normale entwicklungsbedingte Verhaltensweisen. Kenntnisse darüber führen schließlich zu angemessenem Elternverhalten und fördern die Bildungsfähigkeit der Kinder.

Grundlage für die Bildungsfähigkeit des Kindes ist eine sichere Bindung an die Eltern, die ihrerseits von mehreren Faktoren abhängt. Ein wesentlicher Aspekt ist die elterliche Feinfühligkeit im ersten Lebensjahr. Diese Sensibilität muss jedoch auch nach dem ersten Lebensjahr im Umgang mit dem vorsozialen Verhalten des Kindes erhalten bleiben. Konkret bedeutet das: Ein angemessener Umgang mit den negativen Verhaltensweisen des Kindes in den ersten sechs Jahren ist notwendig, um die sichere Bindung zu festigen und soziales Lernen zu ermöglichen. Diese Fähigkeit ist bei Eltern einerseits abhängig von der selbst erlebten Erziehung in der Herkunftsfamilie und andererseits von einem relativ stressfreien Familienalltag. Insbesondere bei doppelter Berufstätigkeit mit höherem Stressaufkommen ist es wichtig, die Merkmale der sozial-kognitiven Entwicklung beim Kind zu kennen, um nicht überzureagieren. Überreaktionen schaden auf Dauer der Eltern-Kind-Beziehung und verhindern eine sichere Bindung. Mit dem

Wissen über die Ursachen für negatives kindliches Verhalten ist es möglich, angemessen darauf einzugehen.

Die Vermittlung der sozial-kognitiven Entwicklungsmerkmale des Kindes ist *Ziel dieses Moduls*. Damit soll Eltern ein tieferes Verständnis der kindlichen Verhaltensweisen ermöglicht werden, was wiederum angemessenes und entwicklungsförderndes Erzieherverhalten zur Folge hat.

Zunächst werden aber die Eltern nach den für sie „nervenden" kindlichen Verhaltensweisen gefragt; die Ergebnisse werden dann anhand von entwicklungspsychologischen Erkenntnissen erläutert. In diesem Fall liegt der Schwerpunkt insbesondere auf der *Entwicklung des sozialen Denkens und des Selbsterkennens*. Die Merkmale dieser Entwicklung sind nämlich die Auslöser für die meisten von Eltern beklagten Auffälligkeiten.

Im Folgenden wird zuerst der theoretische Hintergrund des sozial-kognitiven Entwicklungsverlaufes in den ersten sechs Jahren dargestellt. Dieser wird anschließend mit lösungsorientierten Ergänzungen auf jedes einzelne störende kindliche Verhalten bezogen. (Es handelt sich um störende Verhaltensweisen, welche gleich im Anschluss an die theoretischen Erläuterungen aufgeführt sind.)

Die Entwicklung des prosozialen frühkindlichen Verhaltens, das über die Gefühlsansteckung ausgelöst wird (Hoffman 1984, Bischof-Köhler 1989, Bauer 2006, Rizzolatti 2008), ist nur im Einzelfall als Ergänzung berücksichtigt. Prosoziales Verhalten zeigen Kinder in den ersten Jahren immer dann, wenn es ihnen gut geht oder die Gefühlsansteckung wirkt. Hier geht es vorrangig um konfliktauslösendes, entwicklungsbedingtes kindliches Handeln, das Eltern Probleme bereitet.

Grundlage für die folgenden Erklärungen zu den kindlichen Verhaltensweisen ist die genetische Erkenntnistheorie von Piaget und die darauf aufbauenden Theorien zur sozialen Kognition von Damon (1984), Kegan (1986) und Selman (1984, 2006). Sie haben das kindliche Sozialverhalten genau untersucht und beschrieben (Butzmann 2000, 51). Zu diesem Theoriekomplex gab es in der Vergangenheit immer wieder Kritik (z.B. von Nunner-Winkler 1993; eine Übersicht findet sich bei Scharlau 1996), die insbesondere die Altersangaben betrifft. Die Kinder entwickeln sich heute etwas schneller als zu Piagets Zeiten (Butzmann 2000, 64). Dies ist in den folgenden Ausführungen berücksichtigt. Die grundsätzlichen Aussagen der Entwicklungstheorie von Piaget sind davon nicht berührt; sie stimmen mit den Ergebnissen der neurobiologischen Forschungen zum Lernen überein (nachzuschlagen z.B. bei Piaget 1974, 4; Piaget 1972, 53 f.; Roth 2004, 497; Roth 2004, 504 und insbesondere bei Roth 2001, 337).

Auf die unterschiedlichen Entwicklungsverläufe im sozialen Denken und Verstehen bei Jungen und Mädchen gehe ich bei der Darstellung des theoretischen Hintergrundes nicht gesondert ein, beachte sie aber später bei den praktischen Erläuterungen. Die Aussagen der sozial-kognitiven Entwicklungstheorien orientieren sich vorwiegend an den Entwicklungsverläufen von Jungen. Bei den meisten Mädchen und den sensiblen, eher angstbereiten Jungen verläuft diese Entwicklung etwas schneller und ist häufig nicht so ausgeprägt in den Merkmalen; denn bei diesen Kindern beeinflusst die Gefühlsansteckung die Ausbildung des sozialen Denkens stärker (Butzmann 2000, 95).

Mit „Gefühlsansteckung" ist die unwillkürliche Reaktion eines Kindes vor dem Zeitpunkt des Selbsterkennens (siehe Theorie) auf das Leid eines anderen gemeint. Wenn das Kind erkennt, dass die Mitleid erregenden Gefühle von einem anderen kommen und es dann bewusst handelt, um zu trösten, spricht man von „Empathie" (Bischof-Köhler 1989, 46). Die Gefühlsansteckung löst bereits bei Neugeborenen reaktives Schreien aus und lässt den Säugling auf die Gefühle der Eltern reagieren. Sie ist über das ganze Leben hinweg, neben der kognitiven Empathiefähigkeit, ein Auslöser für soziales Handeln (Hoffman 2000). Nach Aussagen von Hirnforschern sind Spiegelneuronen die neuronale Grundlage für das Nachempfinden der Gefühle anderer (Bauer 2006, Rizzolatti 2008).

Die nachfolgenden theoretischen Ausführungen orientieren sich eng an den von Eltern genannten störenden kindlichen Verhaltensweisen. Die Entwicklung des Denkens, der Selbstständigkeit, des Spielverhaltens sowie des Angstverhaltens in den ersten drei Jahren ist in Kapital 3.1 beschrieben.

Für die allgemeinen Entwicklungsschritte in der frühen Kindheit verweise ich darüber hinaus auf Nitsch/Hüther (2004). Hier ist die von Piaget beschriebene frühe Entwicklung aus neurobiologischer Sicht verständlich dargestellt. Das Gleiche gilt für die beiden Bücher von Remo Largo von 1996 und 1999 zur allgemeinen kindlichen Entwicklung, in denen Piagets Entwicklungstheorie berücksichtigt ist.

2.2.1 Theoretischer Hintergrund

Das ein- bis zweijährige Kind

Mit der Gehirnentwicklung im Mutterleib fängt das Kind an, zu lernen. Jede Wahrnehmung führt zur Ausbildung und Verknüpfung von Gehirnzellen. Nach der Geburt führt das anfangs reflexhafte Lernen nach wenigen Wochen zu absichtsvollem Handeln, das begleitet ist von unbändiger Freude und Neugier; denn das ist der Motor der Entwicklung. Das Kind nimmt mit allen Sinnen wahr und verarbeitet dies ununterbrochen, wenn es die notwendigen Voraussetzungen für sein Wohlgefühl vorfindet: Sicherheit, Geborgenheit, Zuneigung der Eltern und regelmäßig wiederkehrende Ereignisse, um die Wahrnehmungen einordnen zu können. Während dieser als „sensomotorische Entwicklung" bezeichneten Phase (Piaget 1992, Scharlau

1996) erwirbt das Kind Bildungsfähigkeit im umfassenden Sinne. Dafür sorgen genetisch bedingte Verhaltensweisen wie Neugier, Nachahmungstrieb, Erkundungsverhalten und Leistungsbereitschaft. Das geschieht ohne gezielte Förderung, wenn das Kind in einer normalen Umgebung aufwachsen kann.

Bei der hier im Mittelpunkt stehenden sozial-kognitiven Entwicklung ist die Ausbildung des Selbsterkennens zentral, weil dieses das soziale Verstehen erst ermöglicht. Dazu gehören besondere Merkmale, welche das die Eltern nervende Verhalten der unter Zweijährigen erklären:

Die innige Verbindung mit der Mutter während der Schwangerschaft wird vom Baby weiterhin als gegeben betrachtet (Mahler et al. 1978, Hüther 2006); d. h., das Kind empfindet sich in den ersten fünf bis sechs Monaten als eine Einheit mit der Bezugsperson und mit der ganzen Welt. Es unterscheidet in dieser Zeit nicht zwischen sich und den anderen (Leber 1990, Piaget 1992, 198) und ist zufrieden, wenn es gut versorgt wird (Suess 2009). Infolge der interessengesteuerten Handlungen wird der ganzheitliche Weltbezug und das Zusammengehörigkeitsgefühl mit der Mutter in einem ersten Schritt aufgegliedert (Piaget 1974, 160). In gleichem Maße versucht das Kind die empfundene Einheit mit der Mutter oder mit der Ersatzbindungsperson wieder herzustellen, wenn es, aufgrund von Unwohlsein, die Trennung bemerkt. Ist die Mutter in dieser Zeit nicht greifbar, entstehen beim Kind existenzielle Trennungs- und Verlassenheitsängste. Der Grund für das Angstempfinden liegt in dem zu diesem Zeitpunkt noch nicht funktionsfähigen Vorstellungsgedächtnis (Piaget 1969, 240). Das Kind hat noch kein inneres Bild von der Mutter, das es sich vorstellen kann, wenn diese nicht anwesend ist. Verschwindet sie aus seinem Blickfeld, gerät das Kind in Panik, weil es sich allein gelassen fühlt. Es sucht in dieser Situation nur die Bezugsperson und lässt sich von anderen Betreuungspersonen kaum trösten. Sein Ziel ist die Wiederherstellung der Symbiose. Wird diese Trennungsangst durch weitgehende Anwesenheit der Mutter nicht übermäßig hervorgerufen, hat das Kind das notwendige Sicherheitsgefühl, um zu spielen und die Umwelt in dem Maße zu erkunden, dass sich alle grundlegenden Fähigkeiten entwickeln können.

Zwischen dem zwölften und dem sechzehnten Monat erlebt das Kind eine Phase, die Psychoanalytiker als die „Liebesaffäre des Kindes mit der Welt“ bezeichnen (Kaplan 1987). Sie hat einen starken Entwicklungssprung zur Folge: Das Kind kann laufen und nimmt dadurch plötzlich viel mehr wahr. Es ist ständig in Bewegung, fasst alles an, manipuliert alles Greifbare, ahmt seine Bezugspersonen ständig nach und probiert seinen Körper aus, solange es Energie hat. Durch den bedingungslosen Gebrauch seines Körpers und durch seinen unbändigen Willen, die Dinge und die Umgebung zu erforschen, kann sich das Kind über den ersten Schrecken des Getrenntseins hinweghelfen, wenn es ihm gut geht. (Garlichs/Leuzinger-Bohleber 1999,

90). Diese stark entwicklungsfördernden Tätigkeiten des Kindes treiben den Prozess des Selbsterkennens und die Ausbildung des Vorstellungsgedächtnisses (Objektpermanenz) rapide voran. Das Kind weiß dann, dass Gegenstände und Personen über die aktuelle Wahrnehmung hinaus weiter bestehen, dass sie also vorübergehend verschwinden und wieder auftauchen können. Zuerst kann es sich Gegenstände an einem anderen Ort vorstellen, später dann auch Personen. Personen verändern sich ständig durch ihre Bewegungen und durch ein anderes Aussehen. Das Kind muss dabei sozusagen mehrere Bilder von einem Gegenstand zusammenbringen. Deshalb kann es die Vorstellungsbilder von seinen Eltern erst zwischen dem achtzehnten und dem vierundzwanzigsten Monat meistens sicher hervorrufen. In Situationen, in denen das Kind sich nicht wohl fühlt, gelingt dies nicht.

Parallel zu diesem Prozess entwickelt das Kind die Bindung an seine Eltern, d. h., die Zeit zwischen sechs und achtzehn Monaten steht ganz im Zeichen der Bindungsentwicklung. Im ersten halben Jahr ist das Baby zufrieden, wenn es gut versorgt wird (Suess 2009, 148). Danach ist die Anwesenheit der Mutter oder des Vaters besonders wichtig für sein Wohlbefinden. Zum bindungsfördernden feinfühligen Verhalten der Bezugsperson gehört auch der angemessene Umgang mit der Trennungsangst des Kindes. Die Angst führt, je nach Temperament des Kindes, zu starkem Anklammern an die Mutter. Kinder mit solchen Ängsten müssen immer beruhigt und aufgenommen werden, damit sich die Bindung festigen kann. Das Abtrainieren des Klammerverhaltens führt zur Verstärkung der Angst und behindert die Ausbildung der inneren Bilder von der Mutter. Der Vater hat in dieser Zeit oft keine Chance, das Kind zu trösten, wenn die Mutter anwesend ist, denn der Ablöseprozess des Kindes vollzieht sich aus der Einheit mit der Mutter. Ist der Vater mit dem Kind allein, gelingt ihm das Trösten meistens ohne große Probleme. Durch seine Beschäftigung mit dem Kind von Anfang an und durch sein besonderes Spielverhalten entwickelt sich die sichere Bindung des Kindes auch an den Vater. Grossmann und Grossmann (2008) resümieren aus ihren langjährigen Forschungen zur Bindungsentwicklung die Zuständigkeit der Mütter für die frühe Sicherheit und Nähe der Kinder und die besondere Zuständigkeit der Väter für die Sicherheit gegenüber der äußeren Welt. Dies zeigt die Wichtigkeit beider Eltern für eine positive Entwicklung des Kindes.

Wenn also die Eltern von Anfang an weitgehend feinfühlig mit dem Kind umgegangen sind und in den ersten zwei bis drei Jahren einer von beiden meistens verfügbar war, kommt die für das ganze Leben wichtige und tragende sichere Eltern-Kind-Bindung zustande. Dann bewältigt das Kind auch das, was Louise Kaplan (1987) als „zweite Geburt“, und Piaget als „Kopernikanische Wende“ (1974, 158) in der Entwicklung des Kindes bezeichnet haben: nämlich das Selbsterkennen, das die Erkenntnis des Getrenntseins beinhaltet. Das Kind weiß dann, dass es ein eigenständiges

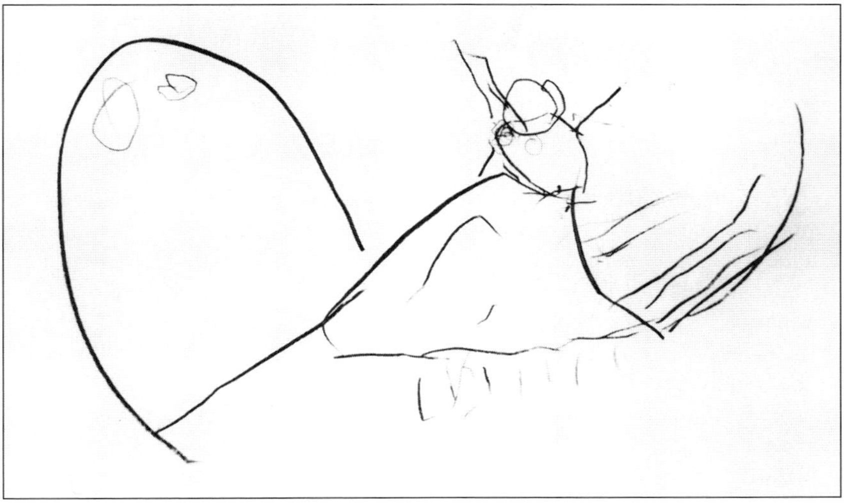

Abb. 1: Zeichnung zum Ablöseprozess des Kindes von der Mutter

Wesen und von der Mutter, den anderen Personen und Dingen getrennt ist. Dann verfügt es über sein Vorstellungsgedächtnis, das am Ende des zweiten Lebensjahres Denken und Sprache hervorbringt (Piaget 1995, 83).

Die in Abbildung 1 dargestellte Zeichnung eines zwei Jahre und drei Monate alten Jungen zeigt seinen Ablöseprozess von der Mutter. Links im Bild hat sich das Kind ansatzweise selbst als Kopffüßler gemalt. Die Frauengestalt aus Kopf, Armen, Oberkörper mit Brüsten und Unterkörper als Rock rechts im Bild bezeichnete er selbst als „Mama". Beide Figuren hängen mit den äußeren Rändern noch zusammen. Auch wenn ein solches Bild eine Besonderheit ist, weil die meisten Kinder den Prozess wie unten beschrieben darstellen, zeigt es eindringlich den wichtigen Erkenntnisakt.

Zu diesem Zeitpunkt zeigen viele Kinder noch einmal verstärkt Trennungs- und Verlassenheitsängste, weil sie auf das Wissen über den Verbleib der Bezugsperson in unsicheren Situationen nicht zurückgreifen können (Piaget 1984, 137). Dieses Wissen ist zu Beginn nur verfügbar, wenn es dem Kind gut geht.

Hat das Kind die Tatsache der Eigenständigkeit verstanden, sagt es „Ich" zu sich selbst und nennt sich nicht mehr beim Vornamen. Dann ist es ungefähr zwei Jahre alt. Sein eigener Wille wird ihm deutlich bewusst. Es entwickelt, als Gegenpol zur Trennungsangst, starke Allmachtsgefühle. Dies führt zu höchst eigensinnigem Verhalten, das Ärger mit den Eltern nach sich zieht. Die Sache wird für das Kind nun kompliziert: Es hat Angst, die Eltern zu verlieren und allein zu sein. Es kann den eigenen Willen aber noch nicht bremsen und Wutanfälle nicht regulieren. Das Kind rettet sich aus dieser Situation, indem es nach dem Wutanfall die Nähe der Eltern sucht und wieder „lieb" sein will. Auf die Zuneigung der Eltern ist es dann dringend angewiesen, damit das Gefühl des Alleinseins es nicht verschlingt.

Zur gleichen Zeit bekommt das Kind zusätzlichen Ärger durch seine Ansicht, dass alles was es sieht, ihm gehört. Das häufigste Wort ist jetzt „meins". Es tritt fast zeitgleich mit dem Wort „ich" auf. Das Kind will alles haben und glaubt fest daran, dass ihm alles gehört. Es muss sich für sein psychisches Gleichgewicht so verhalten, denn: Wenn man sich bis dahin mit allen Personen und allen Dingen als eine Einheit in einer „ozeanischen Suppe" befand, muss man jetzt alles festhalten, was erkenntnismäßig zu verschwinden droht. Das heißt, das Kind nimmt nun alles als getrennt von sich selbst wahr und versucht damit umzugehen, indem es zuerst einmal die Dinge und die Mutter festhält. Die „Meins-Phase" und die Inanspruchnahme der Mutter tritt ansteigend und dann abnehmend zwischen dem zwanzigsten und dem achtundzwanzigsten Monat auf und ist zur Stabilisierung des kindlichen Selbstgefühls unvermeidbar.

Mit dem Bewusstwerden des eigenen Willens kann das Kind nur vom eigenen Standpunkt aus denken. Dieses Denken wird als egozentrisch, eindimensional oder ichbezogen bezeichnet. Es ist bei den Zwei- bis Dreijährigen entwicklungsbedingt am stärksten. Sie halten sich für den Mittelpunkt der Welt. Der Standpunkt bzw. die Meinung des anderen sind für das Kind nicht begreifbar (Piaget 1974, 169). Die Befindlichkeit anderer kommt zwar als Gefühlsansteckung (Bischof-Köhler 1989, Bauer 2006) an, besonders bei den eher sensiblen und angstbereiten Kindern, aber das Wissen über die Gedanken und Gefühle anderer ist noch nicht vorhanden. Alles, was an Anforderungen von außen kommt, kann das Kind nicht einordnen (Selman 1984, 124). Nur wenn es sich wohlfühlt, macht es das, was gesagt wird.

Beim Spiel mit Gleichaltrigen zeigt sich diese ichbezogene Weltsicht im Nebeneinanderherspielen ohne direkten Bezug aufeinander. Die Kinder sind zu dieser Zeit eher auf das Symbolspiel konzentriert, das die Ausbildung des Vorstellungsgedächtnisses über das nachahmende Spiel fördert. Symbolspiel bedeutet, zu tun „als ob", also einen Bauklotz als Auto oder Trinkflasche benutzen. Es beginnt mit ungefähr achtzehn Monaten und geht später über in das sequenzielle Spiel. Die beim Symbolspiel ständig trainierten inneren Vorstellungen spielen für das Denken, das Beziehungsverhalten und die Sprachentwicklung eine bedeutende Rolle (Largo 1996, 293). Das Symbolspiel ist auch weiterhin das Mittel, um über das Handeln die Wirklichkeit zu erfassen. Vom Spiel mit Gleichaltrigen profitiert das Kind durch vielfältige Anregungen, wenn nicht ständige Konflikte wegen seiner ichbezogenen Denkweise Spielen und Lernen einschränken.

Kinderzeichnungen beinhalten Entwicklungsspuren, die dem zeichnenden Kind nicht bewusst sind. So zeichnen Kinder zu Beginn des dritten

Lebensjahres ihr Selbsterkennen bzw. ihren Standpunkt. Aus dem anfänglichen Spiralmalen oder dem Hin- und Herkritzeln entsteht jetzt in der Mitte ein Punkt beim Spiralmalen und ein Kreuz beim Hin- und Herkritzeln. Zu diesem Zeitpunkt sagt das Kind „Ich" zu sich selbst und begreift sich endgültig als eigenständige Person. Am Ende des dritten Lebensjahres wird um den Punkt herum ein Kreis gemalt, der mit der klareren Wahrnehmung der direkten Umwelt zusammenhängt (Costantini 2006).

Das drei- bis vierjährige Kind

Das Selbsterkennen, das mit zwei Jahren zum ersten Mal auftritt, stabilisiert sich im Laufe des dritten Lebensjahres zunehmend. Eine Begleiterscheinung dieser Entwicklung ist das ständige Einfordern besonders der mütterlichen Aufmerksamkeit.

Es ist eine neue Qualität des Umgangs mit dem Erkennen der eigenen Person. Wenn die Trennungs- und Verlassenheitsangst während des dritten Lebensjahres abnimmt und endgültig die Trennung von der Mutter akzeptiert wird, benötigt das Kind eine starke Stütze bzw. eine permanente Bestätigung seines Selbstseins. Es fühlt sich nur dann als eigenständiges Selbst, wenn es von seinen Bezugspersonen wahrgenommen wird. Ist diese Wahrnehmung situativ nicht vorhanden, muss das Kind sie einfordern – z.B. wenn die Eltern telefonieren, Zeitung lesen oder Besuch empfangen. Die eigene Wahrnehmung durch die Eltern ist ein existenzielles Bedürfnis des Kindes. Sein noch instabiles Selbstgefühl braucht diese Aufmerksamkeit, die im Normalfall in Anwesenheit der Eltern auch immer da ist. Nur ausnahmsweise fehlt sie. Dann kämpft das Kind mit allen Mitteln um Anerkennung. Es handelt sich also in solchen Fällen nicht um Provokationen, wie von den Eltern meistens angenommen. Die ichbezogene Weltsicht, die mangelnde Impulskontrolle und die Identitätsdimension verhindern das sich Einlassen auf die Wünsche der Eltern (Butzmann 2000, 128).

In der weiteren Entwicklung des Selbsterkennens hat das Kind ab drei Jahren allmählich ein Bewusstsein für das Leben in der Zeit, ohne schon ein Zeitverständnis im wirklichen Sinne zu haben. Zuerst stellt es Fragen nach der eigenen Vergangenheit und nach seiner Babyzeit; danach stellt es Fragen zu einer zukünftigen Zeit, z.B. nach dem Tod und der eigenen Heirat. Dann will es Mutter oder Vater heiraten. In seiner transduktiven Weltsicht (Piaget 1980) glaubt es, damit die Familie zu erhalten und zu verhindern, dass die Eltern alt werden und sterben.

Im sozial-kognitiven Entwicklungsverlauf der Dreijährigen zeigt sich jetzt verstärkt die ichbezogene Denkweise. Das Denken des Kindes ist auf den eigenen Standpunkt bezogen und kann die Bedürfnisse und Wünsche anderer nicht verstehen. Piaget (1983, 84) nannte dieses Denken den „kindlichen Egozentrismus", der die Verwechslung von sich selbst mit den anderen bezeichnet. Er ist insofern dem Kind nicht bewusst. Das bedeutet, das

Kind glaubt, jeder denkt wie es selbst. Auf elterliche Anweisungen reagiert es deshalb häufig mit Unverständnis. Ein Wutanfall ist dann die logische Folge. Dies wird unzutreffend als „Trotzverhalten" bezeichnet. Das Kind kann sich nicht anders verhalten und ist verzweifelt über das elterliche Drängen. Für Kegan (1986, 261), der die Entwicklung des Selbsterkennens untersucht hat, ist der Wutanfall eine klassische Äußerung von Kummer. Er ist Zeichen eines von inneren Konflikten zerrissenen Systems, bei dem es noch kein stabiles Selbst gibt, das seine Impulse kontrollieren kann. Das Ausmaß der Äußerung von Wut ist abhängig vom ererbten Temperament des Kindes. Bei einer hohen Aggressionsbereitschaft kommt es schneller und heftiger zu Wutanfällen, bei einer hohen Angstbereitschaft weinen die Kinder in solchen Fällen eher (Butzmann 2000).

Wutanfälle der Dreijährigen haben die Funktion, Grenzen wahrzunehmen in einer Zeit, in der der Sinn von Grenzen noch nicht verstanden wird. Das bedeutet, Grenzen müssen von den Eltern durchgesetzt werden, auch wenn dies Wutanfälle beim Kind auslöst.

Die Verweigerungshaltungen und die Wutanfälle des Kindes sind nicht nur Ausdruck des Unverständnisses, sondern gleichzeitig ein unbewusstes Mittel, um den Ablöseprozess von der Mutter weiter voranzutreiben. Das führt nach Abklingen des Wutanfalls zur Erkenntnis des Alleinseins und zum Bewusstsein der Abhängigkeit, so dass fast alle Kinder in irgendeiner Form „Wiedergutmachung" betreiben. In diesem Versuch liegt der Ursprung moralischer Motivation. Das Kind entwickelt bei angemessenem Elternverhalten das Bestreben, sich an die Forderungen der Erwachsenen anzupassen, bevor es den Sinn der Regeln versteht. Es setzt sich mit den Erwartungen der anderen auseinander, wenn die Eltern die Wiedergutmachungsversuche beachten und den Konflikt nicht neu thematisieren. Näheres dazu findet sich bei der späteren Beschreibung des Seminarverlaufs.

Beim Eifersuchtsverhalten und beim Geschwisterstreit potenzieren sich die Einschränkungen im Sozialverhalten, wenn beide Kinder unter vier Jahre alt sind. Hier ist angemessenes Elternverhalten besonders wichtig, um die Geschwisterbeziehung nicht zu belasten. Darauf wird bei der späteren Beschreibung des Seminarablaufs genauer eingegangen.

Dreijährige Kinder zeichnen Gebilde, die wie Sonnen aussehen, aber eine andere Bedeutung haben. Das Kind nimmt jetzt die anderen deutlicher wahr und versucht aktiv, sie zu verstehen. Es malt über das ganze Blatt einen Kreis, der durch „Strahlen" oder „Antennen" nach außen unterbrochen ist. Der vorher kurzzeitig gemalte Punkt in der Mitte ist verschwunden. Das Kind benutzt jetzt bewusst das Wort „deins" – und es konzentriert sich damit zum ersten Mal auf die anderen. Dabei vergisst es auch mal den eigenen Standpunkt.

Das Vergessen des eigenen Standpunktes ist ein besonderes Merkmal der sozial-kognitiven Entwicklung des drei- bis vierjährigen Kindes: Die Anpassungsbemühungen an die soziale Wirklichkeit führen zur Ausbildung der Gehirnstrukturen, die nach und nach die zweite Dimension des sozialen Denkens hervorbringt. Das Kind beginnt, seine Sichtweise von der der anderen zu unterscheiden. In der Übungsphase, während des vierten Lebensjahres, gibt es dabei eine Reihe auffälliger Verhaltensweisen. Das Kind wechselt von der eigenen zur fragmentarischen anderen Perspektive, wenn es sich bemüht, den anderen zu verstehen. Sprachlich kommt dieses Dilemma für das Kind in den Worten „na gut“ zum Ausdruck. Es widersetzt sich lange den Anforderungen von außen und gibt dann plötzlich nach, weil es die Perspektive des anderen übernommen und seine eigene kurzzeitig „vergessen“ hat (Piaget 1969, 305; Kegan 1986, 126; Damon 1984, 255). Zu dieser Zeit benutzt das Kind auch Wenn-dann-Sätze. Es sagt z.B. „Wenn du mir das nicht gibst, dann haue ich dich.“ Die Perspektive des anderen wird schon berücksichtigt, aber nur im Hinblick auf die eigenen Wünsche. Vorher sagt es in seiner ausschließlich ichbezogenen Denkweise nur: „Ich haue dich jetzt.“

Eine weitere Auffälligkeit, verursacht durch den unbewussten Wechsel der Perspektiven, ist die Unfähigkeit des Kindes, sich für eine Sache zu entscheiden. Wenn es eine Entscheidung getroffen hat, ändert es sofort wieder seine Meinung und denkt sich nichts dabei. Dieses Problem kommt bei allen täglichen Dingen zum Vorschein, insbesondere beim Essen und beim Anziehen.

In dieser Übergangsphase ist besonders das ständige Austesten der Grenzen für die Eltern ein Problem. Das Kind kann Grenzen jedoch nur verstehen lernen, wenn es sie ständig austestet. Grenzen werden von Vierjährigen als augenblicksgebundene Verhaltensregeln gesehen, die befolgt werden können oder nicht (Damon 1982, 127). Das Kind muss also immer wieder herausfinden, ob und wann die Regeln gelten. Dabei spielt seine emotionale Verfassung eine wichtige Rolle. Wenn es den Eltern gefallen will, wird es sich an die Anforderungen halten. Werden seine situativen Interessen jedoch zu stark eingeschränkt, fällt es auf seinen egozentrischen Standpunkt zurück und verweigert sich.

Die ausschließlich ichbezogene Wahrnehmung eines knapp vierjährigen Kindes, das ständig Auseinandersetzungen mit den Eltern hat, zeigt ein entspanntes Alltagsgespräch zum Thema „böse Erwachsene“. Auf die Frage, ob es auch „böse Kinder“ gibt, antwortet es: „Nein. Die Kinder wollen immer etwas Schönes und die Eltern schimpfen dann aber.“

Insgesamt benötigt das Kind für die Akzeptanz der sozialen Sichtweise der anderen einen mehrjährigen Zeitraum, in dem es, insbesondere zwischen vier und sechs Jahren, immer wieder zu prozessimmanenten Regressionen kommt (Piaget 1976, 74). Dann „machen die Kinder dicht“, halten sich die

Ohren zu, „schalten die Ohren auf Durchzug“ und sind unzugänglich für Erklärungen. Das Kind kann dabei Erklärungen und Begründungen der Eltern nicht einordnen und hat weder die Einsicht noch sieht es die Notwendigkeit, das eigene Verhalten zu begründen (Döbert 1992, 106). So spielt es auch die Eltern gegeneinander aus, wenn es zu seinem Recht kommen will – ohne sich etwas dabei zu denken.

Grundsätzlich ist das Kind jedoch motiviert, die von den Eltern gesetzten Regeln einzuhalten. Auslöser dieses Bemühens ist sein Selbstwertgefühl. Dies ist beim Kind seit dem ersten Lebensjahr als Wertesystem vorhanden, wenn es in ausreichendem Maße die Aufmerksamkeit der Eltern für sein Tun und Sein hatte. Das Selbstwertgefühl ruht beim Kind auf zwei Säulen: die Liebe der Eltern und das Gelingen der Aktionen, die es sich vorgenommen hat. Beim Regellernen kommen diese beiden Aspekte zusammen. Es braucht die Liebe der Eltern und will alles, was es weiß, richtig machen.

Mit vier Jahren ist ein Kind in der Lage, Regeln einigermaßen zu akzeptieren. Dann bemüht es sich meistens um Einhaltung. Im konkreten Fall ist die ichbezogene Denkweise jedoch stärker als das Wissen um die Existenz der Regel. Nach der Regelverletzung wird dem Kind sein Fehlverhalten deutlich bewusst. Im gleichen Moment verändert sich das Selbstwertgefühl ins Negative. Um diesen Zustand rückgängig zu machen, konstruiert es den Hergang einer Handlung, der nichts mit seinem Fehlverhalten zu tun hat. Die typische Denkweise des vierjährigen Kindes, das zwei Wahrnehmungen nicht gleichzeitig berücksichtigen kann (Kegan 1986), macht eine solche Konstruktion ohne Schuldbewusstsein möglich. Die konstruierte Geschichte kommt bei den Eltern überzeugend und glaubhaft an, weil das Kind sie in diesem Moment selbst glaubt. Von einer Lüge kann zu diesem Zeitpunkt noch nicht die Rede sein. Es ist eine unbewusste Überlebensstrategie, um das positive Selbstwertgefühl zu retten. Das Kind kann zu diesem Zeitpunkt zwischen absichtlicher Täuschung und Verzerrung der Wirklichkeit durch bloßes Wunschdenken nicht unterscheiden (Piaget 1981, 237). Dazu gehört auch die Unfähigkeit, Fantasie und Realität im Denken immer auseinanderzuhalten. So ist es dem Kind möglich, ohne schlechtes Gewissen Geschichten zu konstruieren.

Wenn das Kind den Sinn der Regeln zunehmend besser versteht, führt das positive Selbstwertgefühl dazu, sich an die Regeln zu halten. (Genauere Angaben über die Entwicklung des Regelverstehens finden sich bei der Beschreibung des Seminarverlaufs.)

Auch die weiteren „nervigen“ Verhaltensweisen – aus der (nachfolgenden) Liste der Eltern – lassen sich auf das soziale Denken zu diesem Zeitpunkt zurückführen: das Petzen, das Trödeln und die Eskapaden bei Situationsveränderungen. Nach Piaget (1981, 235) hat das Denken des Kindes noch keine Beziehungslogik und ist noch nicht fähig zur Synthese, sondern ist von einem unmittelbaren, fragmentarischen und persönlichen Gesichtspunkt geformt, so dass Bezüge zwischen den Standpunkten nicht hergestellt werden können. Es verbindet alles mit allem und fragt nicht nach Zusammenhängen. Dies bezeichnet Piaget auch als „vorlogisches, transduktives und synkretistisches Denken". Synkretistisches Denken verbindet alles mit allem, so dass sich für alles ein Grund finden lässt (Piaget 1983, 180). Das vierjährige Kind präsentiert sich dadurch als „Philosoph", es entwirft eigenständige Gedanken und Vorstellungen von der Welt, die häufig mit der Realität wenig zu tun haben. Durch das Herstellen eigener Deutungsmuster gelingt es dem Kind jedoch, sich in einer Welt, die vielschichtig und überwältigend ist, sicher zu fühlen und sicherer zu werden. Es verhilft zu einer Sicherheit des Handelns, die Voraussetzung für die weitere Entwicklung ist (Garz 2006, 73).

Für das **Petzen** bedeutet das konkret, dass nur der Regelverstoß des anderen bedacht wird, der eigene Regelverstoß in einer ähnlichen Situation dagegen nicht. Es wird auch nicht verstanden, warum die anderen Petzen nicht gut finden. Das Kind geht davon aus, dass die Eltern die Regeln gesetzt haben und bei Verstoß durch andere dies wissen müssen. Der eigene Regelverstoß kommt ihm jedoch nicht in den Sinn.

Beim **Trödeln** bedenkt das Kind nur die augenblickliche Situation und kann sich den bevorstehenden Wechsel in die andere Situation nicht vorstellen. Die Zeitdimension ist noch keine begreifbare Größe. Durch Zeitdruck geraten Kinder schnell in Bedrängnis. Das äußert sich in Sätzen wie „ich muss noch malen" oder „ich muss noch spielen". Ist der Situationswechsel vom Kind gewollt, gibt es kein Problem, weil es mit seiner Fantasie bereits in der neuen Situation ist.

Die **Eskapaden bei Situationsveränderungen** kommen beim Abholen vom Kindergarten oder aus anderen Betreuungssituationen vor. Ebenso wie beim Trödeln wird zuerst nur der formale Aspekt der Veränderung beachtet, der inhaltliche Aspekt kann nicht gleichzeitig berücksichtigt werden. Bedacht wird nur die Störung durch die Eltern. Was das Erscheinen der Eltern bedeutet, findet vorerst keine Beachtung. Das ist nur bei den eher angstbereiten und schüchternen Kindern der Fall, bei denen das Warten auf die Eltern im Vordergrund steht. Die Unfähigkeit des Kindes, zwei Wahrnehmungen zu vergleichen, bezieht sich auch auf die für dieses Alter typische Schwierigkeit, zwei unterschiedliche Gefühle für eine Sache zusammenzubringen oder mit widersprüchlichen Gefühlen umzugehen (Kegan 1986, 126).

Bei der Weiterentwicklung des Selbsterkennens zeigt sich auch dieses Denkmuster: Mit vier Jahren weiß das Kind, dass es mit seinem Kopf denkt, seine Gedanken also im Kopf sind. Welche Umwege diese Erkenntnis nimmt, soll ein Beispiel aus der Praxis zeigen:

Auf die Frage einer Erzieherin, wann man schlau ist, sagt ein Kind: „Wenn man mit dem Kopf denkt." Die Erzieherin fragt: „Wie geht das?" Das Kind antwortet: „Ganz einfach, wenn man mit dem Finger neben das Auge an den Kopf drückt."

Das Wissen über die Gedanken im Kopf beschränkt sich auf diese Tatsache, die weitere Frage wird auf synkretistische Weise beantwortet.

Zu dieser Zeit malen die Kinder „Kopffüßler", was auf die intensive Beschäftigung mit den Vorgängen im Kopf hinweist. Der Körper spielt noch keine große Rolle, also wird er nicht gemalt. Das Kind zeichnet nur Striche für die Beine oder Arme, die durch die ständige Bewegung im Bewusstsein sind. In der Zeit zwischen dem vierten und fünften Geburtstag werden viele Kopffüßler nebeneinander gemalt, meistens die eigene Familie oder die Kinder im Kindergarten. Das Kind beschäftigt sich nun mit den Ansichten der anderen und vergleicht sie mit den eigenen. Damit sieht es sich bewusst in Abgrenzung zum Anderen und verbessert dadurch sein Selbsterkennen.

Im Spiel mit anderen Kindern kommt dem Rollenspiel eine hohe Bedeutung zu. Es wird von den Kindern intensiv erlebt und hilft, die anfängliche Unfähigkeit, sich in den anderen hineinzuversetzen, zu überspielen. Das Kind reagiert dabei nur auf das Verhalten anderer und macht sich keine Gedanken über die Meinung des anderen. Erst im weiteren Verlauf der Rollenspielphase, wenn die Kinder fünf bis sechs Jahre alt sind, entwickelt sich das Verständnis für die Meinung des anderen.

In der derzeitigen Theoriediskussion wird der Erwerb einer *„Theory of Mind"* mit ca. vier Jahren festgestellt. Das Kind hat dann die Fähigkeit, sich Bewusstseinsakte zu vergegenwärtigen und zwischen Bezugssystemen zu wechseln (Bischof-Köhler 2000, S 97). Das bedeutet, es kann sich in die Gedankenwelt des anderen hineinversetzen und diese mit den eigenen Gedanken vergleichen. „Theory of Mind" ist die Fähigkeit, sich selbst und anderen mentale Zustände zuzuschreiben. Die Ergebnisse resultieren aus Untersuchungen in Laborsituationen mit einfachen Versuchsanordnungen, die mit komplexen Alltagssituationen kaum vergleichbar sind.

Es ist eher realistisch, vom Beginn der Ausbildung einer „Theory of Mind" mit vier Jahren auszugehen. Das heißt, die ersten Ansätze sind zunächst da, es dauert aber noch weitere zwei Jahre, bis das Kind die Fähigkeit, sich in die Gedanken und in die Gefühlswelt des anderen hineinzuversetzen, einigermaßen beherrscht.

Solche Untersuchungsergebnisse kommen zustande, weil der sozial-kognitive Entwicklungsprozess spiralförmig verläuft. Das bedeutet, der Ablauf bzw. der Aufbau einer Entwicklungsstufe stellt sich so dar: Das Kind befindet sich zu einem bestimmten Zeitpunkt teilweise auf einer dominanten Stufe, teilweise auf der Stufe, die es hinter sich lässt und in gewissem Umfang schon auf der nächsten Stufe, die sich jedoch noch nicht herauskristallisiert (Kohlberg 1974, 79). Das entspricht auch dem, was Neurobiologen zum Lernen ausführen (Roth 2001, Spitzer 2002). Diese Tatsache beeinflusst die Ergebnisse aus Befragungen von Kindern bei wissenschaftlichen Untersuchungen, wo Kinder eher auf ihrem höchstmöglichen Niveau reagieren.

Am Beispiel des von Eltern immer wieder beklagten Verhaltens, wenn Kindergartenkinder sich zu Hause beim Aufräumen, Anziehen, Essen, Händewaschen verweigern, im Kindergarten dies aber bereitwillig tun, lässt sich die „Stufenmischung" erkennen. Im Kindergarten und in anderen außerhäuslichen Situationen zeigen Kinder eher das Verhalten der nächsten Entwicklungsstufe, zu Hause pendeln sie zwischen der Stufe, die sie hinter sich lassen und der dominanten Entwicklungsstufe. Dafür gibt es zwei Gründe. Zum einen verhalten sich kleine Kinder in fremden Situationen angepasst, um keinen Stress zu produzieren, weil sie sich dort nicht so sicher wie zu Hause fühlen. Sie bemühen sich dann sehr um richtiges Verhalten. Darüber hinaus werden die Bedürfnisse nach Anerkennung jetzt auf andere Personen ausgeweitet. Beide Gründe führen zu starker Anstrengung in Fremdsituationen. Daraus ergibt sich ein weiteres Erziehungsproblem, nämlich das Verhalten der Kinder nach dem Kindergarten: Viele werfen zu Hause ihre Sachen einfach auf den Boden, sind aggressiv gegenüber den jüngeren Geschwistern, „machen dicht" und hören nicht zu. Das bedeutet, dass ein stundenlanges „sich Halten" auf der nächsten Stufe zwangsläufig zu Rückfällen auf niedrigere Entwicklungsstufen führt; besonders dann, wenn sich das Kind wieder zu Hause befindet.

Wird das kleine Kind durch äußere Umstände gezwungen, sich immer wieder auf der nächsten Entwicklungsstufe abzumühen, kann das die Entwicklung im Ganzen beeinträchtigen.

Das fünf- bis sechsjährige Kind

Bei einigen der von Eltern beklagten Verhaltensweisen der fünf- und sechsjährigen Kinder handelt es sich um folgendes regressives Verhalten: Die Kinder halten sich nicht an die Regeln, Trödeln, lassen sich bedienen und wollen nicht aufräumen. Vor allem bei Überforderung kommt es auch bei den Sechsjährigen noch zu solchem Verhalten. Bei den Fünfjährigen herrscht zum großen Teil noch die ichbezogene Annahme vor, die Eltern seien für alle Wünsche und Bedürfnisse zuständig. Dieser Ansicht sind die Kinder auch noch später, wenn ihnen das Gegenteil nicht immer wieder verdeutlicht wird.

In der normalen sozialen Entwicklung bildet das Kind mit fünf Jahren zweidimensionale kognitive Schemata aus. Es kann zwei Perspektiven nebeneinander nutzen, wobei es am Anfang verschiedene Meinungen nur nacheinander bedenkt und nicht gegeneinander abwägt. Es weiß damit, dass andere anders denken; es fällt ihm jedoch noch schwer, die Wünsche anderer nachzuvollziehen.

Ein Beispiel aus einer Elternzeitschrift soll dies verdeutlichen: „Der fünfjährige Jannis hat eine Tüte mit Plätzchen geschenkt bekommen, die er sofort vertilgt. Die Mutter fragt ihn, ob er dabei auch an seine kleine Schwester gedacht hat. Die Antwort: ‚Hab ich Mama. Ich hab die ganze Zeit gedacht, hoffentlich kommt sie jetzt nicht rein, solange noch Plätzchen da sind!'" (Speichert 1991, 57)

Ein schlechtes Gewissen existiert noch nicht, die Gefühle anderer können bei der Konzentration auf die eigenen Wünsche nicht gleichzeitig gedacht werden.

Diese Einschränkungen zeigen sich auch beim Regelverstehen. Mit fünf Jahren hat das Kind die Regeln gelernt, aber ihren Sinn noch nicht verstanden. Deshalb kommt es noch häufig vor, dass es gegen bekannte Regeln verstößt. „Gutes Benehmen" ist noch eher die Ausnahme.

Die Ansicht des Kindes, dass die Eltern für alle seine Wünsche zuständig sind, führt zu verstärkten Machtkämpfen, wenn Eltern das nicht mitmachen. Bei der Durchsetzung seiner Wünsche ist das Kind dann oft rigoros. Die Beeinflussung anderer geschieht häufig durch Befehlen, Tyrannisieren und das Bestehen auf etwas (Selman 1984). Konsequentes Elternverhalten bei Verstößen wird jetzt immer wichtiger. Dieses antisoziale Verhalten hängt auch mit der weiteren Entwicklung des Selbsterkennens zusammen.

Das Selbsterkennen der Fünfjährigen zeigt sich darin, dass das Kind verstärkt Leistungsvergleiche mit anderen provoziert. Durch den unermüdlichen Gebrauch des eigenen Körpers entsteht ein erstes Gesamtbild der eigenen Fähigkeiten, das sich durch den Leistungsvergleich mit den anderen festigt. Dazu muss sich das Kind auf die eigenen Fähigkeiten konzentrieren, um sich genauer wahrzunehmen. Es gelangt so zu einer neuen Form der Selbstdefinition. Das führt anfangs wiederum zu auffälligem Verhalten. Das Kind will durch eine besondere Stellung im Mittelpunkt stehen (es möchte „Chef", „Anführer", „Erster" oder „Bestimmer" sein) oder durch Leistung (besser, schneller, stärker sein als andere) und fordert vehement das Lob der Erwachsenen ein. Wie stark die identitätsbildende Komponente dieses Verhaltens ist, soll nachfolgendes Beispiel aus einer Elternzeitschrift zeigen:

„Sandra, 5 Jahre, nach einem Wettlauf mit ihrem dreijährigen Bruder: ‚Mama, gell, es ist egal, wer Erster ist. Hauptsache ich bin's!'" (Eltern, 1991/8, 30)

Die von der Mutter gesetzte Regel ist kurz präsent, wird jedoch vom übermächtigen Bedürfnis, als Gewinnerin im Mittelpunkt zu stehen, überlagert. Den Widerspruch in seiner Aussage erkennt das Kind nicht, denn das eigene Denken kann noch nicht reflektiert werden (Piaget 1981, 239).

Die Mädchen leben das von Eltern als „Geltungsbedürfnis" bezeichnete Verhalten an konkreten eigenen Leistungen aus (größer, schneller und besser zu sein als die anderen). Die Mehrheit der Jungen überträgt das daraus resultierende Machtstreben sowohl auf Gegenstände, die Macht vermitteln (sie bauen aus allen möglichen Materialien Gewehre) als auch auf mächtige Fantasiegestalten. Dieser Unterschied lässt sich auf die höhere Aggressionsbereitschaft der Jungen zurückführen. Sie leben ihre Vorstellungen stärker aus, so dass die bewusste Selbstwahrnehmung auffälliger als bei den Mädchen zum Vorschein kommt. Dies wird von ErzieherInnen und Müttern als „Mackerverhalten“ bezeichnet.

Diese Auffälligkeiten beim Vorschulkind verweisen auf die besonderen Probleme beim Übergang in die nächste Entwicklungsstufe. Zwischen fünf und sechs Jahren beziehen sie sich am stärksten auf die egozentrischen, identitätsbildenden Aspekte und sind mit einer vollständigen Umorganisation des kognitiven und affektiven Gleichgewichts verbunden (Kegan 1986, 127, Roth 2001, 332).

Das zeichnende Kind malt jetzt differenzierte Bilder, aus denen Baum, Haus und Mensch erkennbar sind. Es sind hauptsächlich noch sogenannte „Entwicklungsspuren“ (Costantini 2006, 1285) und weniger Darstellungen nach eigenen Vorstellungen. Das Kind zeichnet seinen Sicherheitsbereich mit den für es selbst wichtigen Dingen, wenn es nicht aufgefordert wird, etwas ganz Bestimmtes zu malen.

Nach der intensiven Phase der Beschäftigung mit sich selbst beginnt das Kind im Alter von sechs Jahren, sich von außen zu betrachten, sich also mit den Blicken der anderen zu sehen. Dies ist auch an der Kinderzeichnung zu erkennen. Es zeichnet sich jetzt selbst nach eigenen Vorstellungen. Damit erfährt es sich als Objekt eigener und fremder Beobachtung, was zu einem neuen Stadium des Selbstbewusstseins führt. Es denkt zum ersten Mal zusammenhängend über sich nach. Das Kind bringt seine bisherigen Erfahrungen über seine eigenen Fähigkeiten (Körperbeherrschung, soziales und kognitives Wissen, Gefühlsregulierung) zusammen und erhält einen ersten diffusen Eindruck von sich selbst als Person. Erst zu diesem Zeitpunkt kann vom Selbstbewusstsein des Kindes gesprochen werden.

Regeln werden nach diesem langen sozialen Lernprozess nun verstanden. Allerdings noch in einer sehr starren Form, denn das Kind sieht sie als Mittel, um zu seinem Recht zu kommen. Es achtet streng darauf, dass sich auch die anderen daran halten. Dieses Verhalten zeigen ganz besonders die sensiblen Jungen und die meisten Mädchen, denn sie fühlen sich besser geschützt, wenn alle die Regeln beachten. Regelverletzungen kommen in diesem Alter jedoch noch vor, weil das Kind die gefühlsmäßigen Verletzungen durch Regelverstöße beim anderen noch nicht in allen Kontexten nachvollziehen kann.

Die soziale Kognition und das Selbsterkennen werden dann zusammengeführt, wenn das Kind im Laufe des siebten Lebensjahres die Perspektive des anderen nachvollziehen und mit seinen eigenen Bedürfnissen abwägen kann (Selman 1984, 126, Malti/Buchmann 2010). Bis diese soziale Fähigkeit im Alltag meistens vorhanden ist, kann es noch weitere zwei bis drei Jahre dauern.

Eltern sind häufig irritiert durch die Tatsache, dass ihre Vorschulkinder immer wieder verblüffend schlaue Dinge sagen, alles zu verstehen scheinen und sehr pfiffig sind, aber im Sozialverhalten häufig auf dem Kleinkindniveau agieren. Um diesen durchaus „normalen Zustand" zu erklären, hilft eine kurze Darstellung der Hirnentwicklung, aus der hervorgeht, dass der Bereich zum sozialen Denken und Verstehen zuletzt ausgebildet wird. Der über der Augenhöhle liegende orbitofrontale Cortex ist Teil des Stirnhirns (Roth 2001, 254). Hier geschieht die Verarbeitung emotionaler und sozialkommunikativer Prozesse. Dieser Teil des Gehirns wird erst ganz zum Schluss myelinisiert, d. h., die Signale fließen dann schneller und optimaler. Es dauert bis zum Ende der Pubertät, bis dieser Bereich mit den anderen Teilen des Gehirns vollständig verbunden, also ganz funktionsfähig ist (Spitzer 2002, 232; Hüther/Bonney 2002). Aus diesem Grund hinkt die sozial-kognitive Entwicklung bis zu diesem Zeitpunkt der rein intellektuellen hinterher.

Die Diskrepanz zwischen sozialer und intellektueller Entwicklung ist dann besonders auffällig, wenn Kinder von Geburt an eine stärkere Dopamin-Basisrate haben. Wird Dopamin ausgeschüttet, befördert dies u. a. die neuronale Vernetzung. Bei einer hohen Dopamin-Basisrate reagieren die Kinder von Anfang an stärker auf äußere Reize, was die neuronale Vernetzung übermäßig forciert (Hüther/Bonney 2002, 69; Haubl et al. 2009, 136). Da die kleinen Kinder die Reize noch nicht steuern können, kommt es neben der schnelleren kognitiven Entwicklung auch zu großer Unruhe, denn sie können die vielen Wahrnehmungen nicht angemessen verarbeiten. Wenn Eltern dies nicht einordnen und für das Kind die Dosierung neuer Reize nicht übernehmen können, bleibt die Selbstentwicklung und das soziale Verstehen hinter der kognitiven bzw. intellektuellen Entwicklung deutlich zurück: Diese Kinder fallen dann durch verstärkte Ichbezogenheit und sozial schwieriges Verhalten auf (Haubl et al. 2009, 136). Gerade bei diesen Kindern ist das Erzieherverhalten besonders wichtig, welches an den altersangemessenen und möglicherweise eingeschränkten sozialen Fähigkeiten angepasst ist. Dabei helfen die für die vorschulische Entwicklung unverzichtbaren Grenzsetzungen und alltäglichen Rituale diesen Kindern besonders.

Grundsätzlich gilt jedoch in allen Zusammenhängen, dass das soziale Lernen beziehungsabhängig ist. Je besser die Beziehung zwischen Eltern und Kindern, desto besser verläuft die Entwicklung des sozialen Verstehens. Mit Hilfe der Kenntnisse über die Entwicklungsmerkmale des sozialen Denkens und Verstehens fällt es Eltern leichter, die Beziehung zu ihren Kindern zu verbessern, indem sie angemessener mit dem vorsozialen Verhalten umgehen können.

2.2.2 Gestaltung des Bildungsmoduls „Erziehungsprobleme in der frühen Familienphase“

Die *Zielformulierung* an die Eltern in der Seminarsituation beschränkt sich darauf, die Ursachen für die als „nervend“ empfundenen Verhaltensweisen der Kinder zu erläutern, um den Familienalltag stressfreier gestalten zu können.

Zur *Methode*: Es werden Gruppen nach Alter der Kinder oder mit freiwilliger Zuordnung gebildet. Die Aufgabe lautet, in den Gruppen, auf einem vorbereiteten DIN-A3-Bogen aufzuschreiben, welches kindliche Verhalten die Eltern „nervt“. Auf dem Papier mit einer stilisierten Kinderfigur soll in den Kopfbereich eingetragen werden: „Was mag ich an meinem Kind?“ und darunter „Was nervt mich an meinem Kind und was macht mich wütend?“ Das Alter der Kinder ist hinzuzufügen. Die didaktisch-methodischen Prinzipien nach Siebert (2006), die in Kapitel 3.2 erläutert werden, sind durch die eingrenzende Fragestellung und den Erfahrungsaustausch berücksichtigt.

Der Erfahrungsaustausch steht bei dieser Gruppenarbeit im Vordergrund. Eine Zeitvorgabe unterbleibt, um dem Austausch breiten Raum zu geben. Nach einer halben bis dreiviertel Stunde schauen die SeminarleiterInnen nach, ob die Zettel schon vollgeschrieben sind. Sie nehmen diese mit der Aufforderung an die Gruppenmitglieder entgegen, den Erfahrungsaustausch fortzuführen, während die Inhalte der Gruppenzettel auf eine Wandzeitung übertragen werden. Die Angaben der Eltern finden sich dann für die Plenumsarbeit auf dieser Wandzeitung wieder. (Als Material für die Wandzeitungen lassen sich am besten Zeitungsendrollen aus Druckhäusern von Zeitungsverlagen verwenden.)

Die Abbildung 2 zeigt die Darstellung einer solchen Wandzeitung mit einer typischen Liste von kindlichen Verhaltensweisen, die Eltern bei ihren ein- bis sechsjährigen Kindern als besonders störend empfinden. Diese Verhaltensweisen haben sich im Laufe meiner zwanzigjährigen Tätigkeit in der Eltern- und Familienbildung nicht geändert; die Listen sind im Prinzip immer gleich geblieben.

Die im Kopfbereich der Figur aus Abbildung 2 eingetragenen positiven Verhaltensweisen der Kinder haben einerseits den methodischen Zweck, den Blick der Eltern darauf zu lenken, bevor sie die negativen Seiten fokussieren. Andererseits lässt sich an diesen Punkten die positive Energie aufzeigen, die von den Kindern ausgeht und die Entwicklung vorantreibt.

Nach einer längeren Pause werden die Eltern ins Plenum zurückkommen – mit der Erwartung, für alle diese Fälle Erklärungen und Lösungswege zu erfahren. Bei der nachfolgenden Beschreibung des weiteren Seminarverlaufs wird, zur besseren Veranschaulichung, jeder Punkt der Liste mit den störenden Verhaltensweisen noch einmal aufgeführt und mit Erklärungen

Was mag ich an meinem Kind?

Begeisterungsfähigkeit, Lebensfreude, Offenheit, das Zeigen der Gefühle, grenzenloses Vertrauen, Liebe und Lachen, es bereichert unser Leben, Spontanität, Ehrlichkeit, Wachheit, soziales Verhalten, viele Ideen beim Spielen mit anderen, Wissbegierde, es eröffnet neue Horizonte …

Was nervt mich an meinem Kind, was macht mich wütend?

Die Einjährigen:
- Rhythmusabhängigkeit
- Klammerverhalten
- dass ich nicht allein auf die Toilette gehen kann
- wenn ich ihm tausendmal sage, dass er etwas nicht darf, und er grinst mich an und tut es trotzdem
- dass sie überall drangeht, obwohl sie weiß, dass sie das nicht darf

Die Zweijährigen:
- Wutanfälle, Trotzverhalten, wirft sich auf den Boden, Heulen, Quengeln
- egoistisches Verhalten, das Kind ist so egoistisch
- das Kind klammert sich an die Mutter, Mama-Kind
- das Kind teilt nicht mit anderen, „alles ist meins“
- es provoziert die Eltern, probiert Grenzen aus
- schüchternes Verhalten in fremden Situationen
- Schlaf- und Essverhalten

Die Dreijährigen:
- Egoismus, Dickköpfigkeit, Bockigkeit
- hört nicht zu, reagiert nicht, macht dicht
- uneinsichtig, fehlende Kompromissbereitschaft
- ständige Forderungen an die Erwachsenen
- verlangt ständige Aufmerksamkeit
- Ausflippen, wenn Besuch da ist
- Eifersucht, Geschwisterstreit

Die Vierjährigen:
- ständiges Austesten der Grenzen
- Trödeln, Verzögerungstaktiken, Unentschlossenheit
- Lügen, Geschichten erzählen, Petzen
- Ohren auf Durchzug stellen, Ohren zuhalten, unzugänglich für Erklärungen, Bedürfnisse anderer werden nicht berücksichtigt
- Essverhalten, es wird nicht probiert, nur gemeckert und beim Essen aufgestanden
- Eskapaden bei Situationsänderungen
- Theater beim Anziehen
- Schüchternheit, das Kind ist oft beleidigt, übervorsichtig, probiert nichts Neues, Ängstlichkeit
- Ausspielen der Eltern gegeneinander
- im Kindergarten so lieb, zu Hause so eigen

Die Fünf- und Sechsjährigen:
- will ständig im Mittelpunkt stehen und gelobt werden; hat ein extremes Geltungsbedürfnis, kann nicht verlieren
- Bestimmerverhalten, Chef spielen wollen, Mackerverhalten, immer Erster sein wollen
- Beschimpfungen und Aggressionen gegenüber den Eltern
- hält sich nicht an bekannte Regeln, lügt und erzählt Fantasiegeschichten
- wenig kompromissbereit, lässt sich bedienen, räumt nicht auf
- übermäßiger Fernsehkonsum

Abb. 2: Wandzeitung: Was mag ich, was nervt mich an meinem Kind?

versehen, die über das im theoretischen Teil Beschriebene hinausgehen. Das bedeutet, dass in einer zukünftigen Seminarpraxis nach dem hier vorgestellten Konzept die theoretischen Ausführungen berücksichtigt werden sollten.

Das große Papier mit der Auflistung der nervenden kindlichen Verhaltensweisen klebt nun an der Wand und die Eltern sitzen im Stuhlkreis. So können sich die anwesenden Kleinstkinder, die nicht betreuungsfähig sind, zwischen den Eltern bewegen. Vor Beginn der Erläuterungen erhalten die Eltern den Hinweis, dass die Informationen zur sozial-kognitiven Entwicklung der Kinder als Handout verteilt werden, so dass sich die Teilnehmenden keine Notizen machen müssen.

Die in Abb. 3 gezeigte Zusammenfassung der sozial-kognitiven Entwicklung sollte ebenfalls (zur besseren Orientierung) an der Wand hängen.

Die dann folgende dozentenorientierte Vermittlungsform entspricht der Komplexität des Themas und wird von den Eltern auch so erwartet. So beginne ich mit dem ersten Punkt auf der Liste und erkläre, entsprechend der oben dargestellten theoretischen Grundlagen, das kindliche Verhalten. In der konkreten Seminarsituation erfrage ich bei Bedarf die Hintergründe für das störende kindliche Verhalten sowie bereits erprobte Lösungswege und die Reaktionen der Kinder darauf. Wichtig ist auch die Aufforderung an die Teilnehmenden, auftauchende Fragen sofort zu stellen. So kann die dozentenorientierte Vorgehensweise aufgelockert werden und differenziertere Erläuterungen zu den kindlichen Verhaltensweisen sind möglich. Neue Lösungswege ergeben sich in der gemeinsamen Diskussion.

Die Verhaltensweisen der Einjährigen stehen am Beginn der Erläuterungen. Dies ist auch für die Eltern der älteren Kinder sinnvoll. Sie können damit die sozial-kognitive Entwicklung ihrer Kinder nachvollziehen und eventuell kritische Entwicklungsverläufe erkennen.

Das „nervende“ Verhalten der Einjährigen

Rhythmusabhängigkeit: Zu diesem Thema genügen die Informationen über die im ersten Absatz des theoretischen Teils genannten Entwicklungsbedürfnisse des Kindes. Das Kind ist lange von einem relativ regelmäßigen Rhythmus abhängig, um Zusammenhänge zu begreifen. Nur so kann es Bedeutung und Sinn der eigenen Empfindungen einordnen und lernen, seine Wahrnehmungen zu kategorisieren und Ereignisse einzuschätzen.

Sollten sich Mütter beklagen, dass ihnen wegen der monotonen Rhythmusabhängigkeit der Kinder „die Decke auf den Kopf fällt“, können sie getröstet werden: Die ersten zwei Jahre sind durch die Bedürfnisse des Kindes sehr anstrengend, manchmal langweilig, und erfordern oft Verzicht und Selbstverleugnung, denn die „mütterliche Zeit“ besteht aus Wiederholungen und rhythmischer Erwartungserfüllung. Sie wirkt dadurch, im Vergleich zur beruflichen Arbeitszeit, wie Zeit im Stillstand. Die Unterstützung durch

Alter	Soziales Verstehen	Regelverstehen	Gerechtigkeits-denken	Bereitschaft zum Teilen	Freundschafts-verständnis	Sonstige Merkmale
2 3	Der eigene Standpunkt ist der einzig mögliche. Interessen anderer werden nicht erkannt.	Einfache Regeln werden nur befolgt, wenn die Eltern anwesend sind. Übung von Regeleinhaltung im Spiel.	Der eigene Wunsch ist Maßstab: „Ich muss das bekommen, weil ich es will!“	Es eignet sich alles an, was es gebrauchen kann, alles ist „meins!“	Der Spielkamerad ist Spielobjekt.	Menschen werden als Quelle der Versorgung wahrgenommen.
4 5 6 7	Interessen anderer werden erkannt, können jedoch nicht mit den eigenen Interessen in Einklang gebracht werden. Es kann nur die eigene oder die andere Sichtweise bedacht werden. Die eigene und die andere Sichtweise können gleichzeitig bedacht werden. Einsicht in richtiges Verhalten ist möglich.	Regeln werden erkannt, bei Vergehen jedoch andere Schuldige gesucht. Regeln können teilweise eingehalten werden, deren Sinn wird jedoch noch nicht verstanden. Regeln werden erkannt, häufig jedoch nur beim eigenen Vorteil eingehalten. Verstehen und Einhalten von Regeln, Schamgefühl bei Regelverletzungen.	Es werden äußerlich sichtbare Gründe für den eigenen Vorteil angebracht: „Ich muss das bekommen, weil ich größer bin!“ Gerechte Verteilung leitet sich von der Vorstellung strikter Handlungsgleichheit ab. Jeder soll das Gleiche bekommen.	Es beginnt mit dem Weggeben, Kontaktsuche tritt in den Vordergrund. Bei gutem Vorbild ist Teilen möglich. Ehrliches Teilen tritt auf, wenn sich das Kind wohlfühlt.	Freundschaft begründet sich auf das Geben und Teilen von Spielzeug. Als Freund wird bezeichnet, wer macht, was das Kind will. Freundschaft begründet sich auf gegenseitige Hilfeleistung und ständige Verfügbarkeit als Spielkamerad.	Es verändert die Wahrheit aufgrund seiner Wünsche, ohne sich der „Lüge“ bewusst zu sein. Personen werden anhand äußerer Merkmale beurteilt.

Abb. 3: Entwicklung des sozialen Denkens und Verstehens beim Kind (Handout und Plakat (Piaget 1975; Kohnstamm 1990; Selman 2006)

den Partner und die Großeltern ist in dieser Zeit hilfreich und auch notwendig, damit Mütter Möglichkeiten zur Abwechslung und Entspannung finden können. Denn das vorübergehende Leben in diesem Kreisverkehr ist für die gesunde psychische Entwicklung des Kindes unverzichtbar.

Klammerverhalten: Um die theoretischen Ausführungen zum Klammerverhalten und zu den Trennungsängsten der Kinder besser in die Praxis zu übertragen, kann eine Beschreibung von Christine Rankl helfen:

> Vor Ausbildung des Vorstellungsgedächtnisses ist das innere Bild der Mutter/der Eltern sehr schwach, vergleichbar mit einer Strichzeichnung im Sand. Dieses Bild ist nur so lange sichtbar, wie kein Wind aufkommt, also nur für kurze Zeit. Aufregung oder Müdigkeit lassen das Bild verschwinden. Deshalb muss das Kind sich immer wieder vergewissern, ob die Mutter da ist. Es dauert bis ins dritte Lebensjahr hinein, bis dieses innere Bild der Eltern fest fixiert ist. Darum ist auch eine Alltagsbetreuung in der eigenen Wohnung für unter Dreijährige, die sich schwer trennen können, jedem Fremdbetreuungsplatz vorzuziehen. Nicht umsonst gilt das Alter von drei Jahren als ideal für den Eintritt in den Kindergarten (Rankl 2005, 161).

Starkes Klammerverhalten zeigen in erster Linie Kinder mit einem eher angstbereiten angeborenen Temperament. Die außenorientierten Kinder, die häufiger Wutanfälle bekommen, lassen sich von anderen Personen gut ablenken, weil sie sehr gegenstandsbezogen sind und auf alles Neue direkt reagieren. Sie benötigen weniger die ständige Anwesenheit der Mütter. Diesen Kindern genügt es, wenn ihre Mütter zur Verfügung stehen, wenn sie sich unwohl fühlen oder müde sind.

Auf dieser Temperamentdimension, die beim sozialen Denken und Verstehen eine große Rolle spielt, befinden sich die hoch angstbereiten Kinder an dem einen und die hoch aggressionsbereiten Kinder am anderen Ende. Ungefähr fünfzehn Prozent eines Jahrgangs haben eine hohe Angstbereitschaft und fünfzehn Prozent eine hohe Aggressionsbereitschaft. Zur Mitte der Dimension hin schwächen sich die jeweiligen Merkmale ab, d. h., Angst- und Aggressionsbereitschaft nähern sich an und kommen auf ein normales Maß (Butzmann, 2000).

Wenn Kinder starkes Klammerverhalten zeigen, ist es wesentlich, unverzüglich darauf einzugehen. Dabei gewinnt das Kind sein Sicherheits- und Geborgenheitsgefühl wieder und wird anschließend unbefangen weiterspielen. Das Spielen und Erkunden fördert die Entwicklung des kindlichen Gehirns optimal. So bildet das Kind in einem angemessenen Zeitraum sein Vorstellungsgedächtnis aus und ist in der Lage, innere Bilder von der abwesenden Mutter bei Bedarf hervorzurufen. Dann kann es sich selbst trösten, weil es weiß, die Mutter kommt wieder.

Es hilft dagegen nicht, dem Kind das Klammerverhalten abzutrainieren. Das würde die Phase des starken Klammerns verlängern und große Verunsicherung beim Kind provozieren, was wiederum die Entwicklung seiner Selbstständigkeit behindern könnte.

„... wenn ich ihm tausendmal sage, dass er etwas nicht darf, und er grinst mich an und tut es trotzdem; ... dass sie überall drangeht, obwohl sie weiß, dass sie das nicht darf ...“: Ein- bis zweijährige Kinder verstehen noch gar nicht, dass sie bestimmte Dinge nicht haben oder nicht anfassen dürfen. Die Mutter dabei „anzugrinsen“ und das Verbotene trotzdem zu tun, ist ein angemessenes Verhalten für diese Altersgruppe. Der Erkundungstrieb und das Neugierverhalten führen dazu, dass Kinder alles anfassen und manipulieren. Gleichzeitig ist das Regelverstehen noch nicht vorhanden. Das „Grinsen“ kommt zustande, weil das Kind von der Reaktion der Mutter verunsichert ist. Es macht das Gleiche noch einmal, um zu sehen, wie die Mutter jetzt reagiert. Dieses „Spiel“ dauert einige Monate, bevor das „Nein“ der Eltern akzeptiert wird. Damit das Regelverstehen in Gang kommt, müssen die Kinder das „Nein“ der Eltern immer dann hören, wenn es angebracht ist. Das Erkunden der Umgebung sollte dabei so wenig wie möglich eingeschränkt werden. Bei unerwünschten Aktivitäten des Kindes muss es entweder mit einem deutlichen „Nein“ von der Sache weggeholt oder die Dinge müssen weggestellt werden.

Das „nervende“ Verhalten der Zweijährigen

Das Kind teilt nicht mit anderen, alles ist „meins“: Im theoretischen Teil ist ausführlich der Hintergrund für das Nicht-teilen-Können und das ständige „Alles-ist-meins-Gefühl“ erklärt. Als Ergänzung dazu ist Folgendes für die Eltern hilfreich: Der Zeitraum des ständigen Einverleibens aller Dinge erstreckt sich über drei bis fünf Monate, je nach Umgang der Bezugspersonen mit dem kindlichen Verhalten. Wird das Kind häufig gezwungen, Dinge abzugeben, verlängert sich die Phase.

Es ist anzuraten, während dieser Zeit nicht das Teilen mit anderen Kindern zu üben, insbesondere dann, wenn sich das Kind aufregt. Kindergruppen zeitweise zu meiden oder die Spielgruppe in solchen Fällen zu verlassen, hilft dem Kind bei der zügigen Bewältigung des Problems. Erst danach entwickelt sich das deutliche Interesse des Kindes an anderen Kindern. Es wird dann abgegeben, um das Spiel aufrechtzuerhalten. Das funktioniert meistens erst, wenn das Kind das Wort „deins“ regelmäßig benutzt, wenn es also die Bedeutung des Wortes erfasst hat. Das kann bis zum dritten Geburtstag dauern.

Eltern sollten in dieser Phase Gleichaltrige immer im Auge behalten, da sie Konflikte kaum allein regeln können. Das Lieblingsspielzeug des Kindes muss dabei für die anderen tabu sein. Vom Einkaufen in Supermärkten oder in Spielzeugläden mit dem Kind während dieser Zeit ist (nach Möglichkeit) abzuraten, weil es für Eltern und Kind vermeidbaren Stress bedeutet.

Das Kind klammert sich an die Mutter, es ist ein Mama-Kind: Das Klammerverhalten der Zweijährigen und die zeitweise Ablehnung des Vaters tritt in erster Linie bei Mädchen und sensiblen Jungen auf. Die außenorientierten Kinder, die sehr auf die gegenständliche Welt fixiert sind, zeigen während der Phase des Selbsterkennens nur in Überforderungssituationen Klammerverhalten. Hier ist es ebenso wichtig wie in der ersten Phase der Trennungs- und Verlassenheitsangst (um den ersten Geburtstag herum), den Bedürfnissen des Kindes nach der Nähe der Mutter nachzugeben, damit sich die Trennungsangst bald verflüchtigt. Das Kind versucht selbst in dieser Zeit, sich mit „Übergangsobjekten“ über die Erkenntnis des Getrenntseins hinwegzuhelfen. Übergangsobjekte als „Bedeutungsträger zur Vergegenwärtigung einer derzeit nicht bestehenden Situation“ (Piaget 1995, 83) können Lieblingsspielsachen, Schnüffeltücher oder auch ein Kleidungsstück der Mutter sein. Da der Geruch bei den weichen Gegenständen beruhigend wirkt, protestieren einige Kinder vehement, wenn das Teil gewaschen wurde.

Auch wenn ältere Kinder noch häufig am Rockzipfel der Mutter hängen, hilft nur das Eingehen auf das Bedürfnis nach Nähe, damit das Kind sich von der Mutter trennen kann. Hat sich ein solches Verhalten verfestigt und tritt es auch nach dem dritten Lebensjahr noch auf, muss ein Programm gefahren werden, bei dem das Kind das Maß an Nähe bekommt, welches die Neugier wieder zum Vorschein bringt. Wichtig ist dabei die Veränderung der inneren Einstellung bei der Mutter. Der Hauptgrund für die Verfestigung des Klammerverhaltens beim Kind ist die verständliche innere Abwehr der Mutter, die sich um die Selbstständigkeit ihres Kindes sorgt. Das Kind merkt die negativen Gefühle, ist dadurch irritiert und klammert verstärkt.

Das Kind „provoziert“ die Eltern, probiert Grenzen aus: Dieses Verhalten der Zweijährigen gehört zur frühen Phase des Regelverstehens. Ebenso wie die Einjährigen, die überall darangehen, machen die Zweijährigen das, was ihnen gefällt. Sie beachten die Einwände der Eltern jedoch schon, ohne genau zu verstehen, was die Eltern wollen. Das sieht in der Praxis so aus, dass das Kind vor seinem Zugriff auf die verbotene Sache innehält und erwartungsvoll nach der Mutter schaut; denn es hat schon gelernt, dass die Mutter dies nicht will. Es versteht aber noch nicht, warum die Mutter es nicht will. Es versucht mit unterschiedlichem Verhalten herauszufinden, was es damit auf sich hat und probiert es immer wieder neu. Es handelt sich also nicht um Provokationen der Eltern. Dass es eine Grenze sein soll, ist für das Kind noch nicht ganz klar. Deshalb müssen Grenzen immer wieder gesetzt werden, auch wenn dies zu Wutanfällen beim Kind führt. Das elterliche Verhalten bei Wutanfällen der Kinder, das wesentlich für das Erlernen der Grenzen ist, wird im nächsten Absatz beschrieben.

Die Eltern erhalten dazu weitere Erklärungen, entsprechend der im Folgenden aufgeführten Entwicklung des Regelverstehens und des Teilenkönnens beim Kind.

Entwicklung des Regelverstehens beim Kind: Mit ca. zwei Jahren wissen Kinder schon, was die Eltern gut finden und was nicht. Sie können sich zuerst jedoch nur danach richten, wenn die Eltern anwesend sind. Ist das Kind allein, tut es unbekümmert das, was es will.

Im nächsten Entwicklungsschritt sagt das Kind zu sich selbst, es dürfe das nicht, wenn es sich mit etwas Verbotenem beschäftigt. Es kann das zwar noch nicht lassen, aber der Einfluss der Eltern ist jetzt schon so stark, dass er auch in deren Abwesenheit ins Bewusstsein des Kindes kommt. Zu beobachten ist dieses Verhalten insbesondere, wenn Kinder mit ihren Puppen oder Teddys sich selbst spielen. In dieser Phase üben die Kinder „unbewusst“ die Regeleinhaltung im Spiel.

Wenn die Kinder sich weiterentwickelt haben, schieben sie die Schuld für ihre Vergehen auf andere. Sie wissen jetzt einigermaßen, was richtig und was falsch ist. Aufgrund ihrer ichbezogenen Denkweise sind sie im Einzelfall auf die regelwidrige Sache so konzentriert, dass sie ihr falsches Verhalten nicht registrieren. Sie können zwei Sichtweisen einer Sache noch nicht gleichzeitig bedenken. Das stellen sie erst hinterher fest und sind über das Fehlverhalten sehr erschrocken. Da zu diesem Zeitpunkt ihr positives Selbstwertgefühl vom richtigen eigenen Verhalten abhängig ist (sie bestehen oft auf Lob für ihr richtiges Regelverhalten), denken sie sich sofort eine passende Geschichte aus. Diese „Lüge“ hinterlässt kein schlechtes Gewissen, weil die vorlogische Denkweise des Kindes bis ca. fünf Jahren dazu führt, dass es Wahrheit und Lüge, Fantasie und Wirklichkeit in Notsituationen nicht klar trennen kann. In dem Augenblick glaubt es selbst an seine Geschichte, so dass es die „Lüge“ überzeugend vorbringt.

Mit ungefähr vier Jahren haben die meisten Kinder schon eine schwache innere Bremse, wenn sie auf freundliche, aber bestimmte Weise an Regeln gewöhnt wurden. Sie sind oft stolz, dass sie allein „wissen“, was richtig und was falsch ist. Ein gutes Vorbild durch andere Kinder beschleunigt diese Entwicklung. Die allgemeinen Prinzipien, die den Verboten und Geboten der Erwachsenen zugrunde liegen, verstehen sie jedoch noch nicht. Deshalb „petzen“ sie, wenn sie die Regelverletzung durch andere bemerken; denn sie sehen in den Erwachsenen die zuständige Instanz für die Regelüberwachung.

Mit fünf Jahren kennt das Kind die Regeln, verhält sich aber häufig nur danach, wenn sie für das Kind von Vorteil sind. Mit ca. sechs Jahren begreifen Kinder Regeln erst richtig: Sie entdecken, dass Regeln notwendig sind, da sonst dauernd etwas schief geht. Sie achten dann besonders auf die Einhaltung der Regeln. (Kohnstamm 1990, 128)

Entwicklung des „Teilenkönnens" beim Kleinkind: Zwischen dem ersten und dem zweiten Lebensjahr eignet sich ein Kind alles an, was es „gebrauchen" kann, und lässt es liegen, sobald es nicht mehr daran interessiert ist.

Um den zweiten Geburtstag herum wird es zum wahren Hamsterer: Es sagt fortwährend „meins" und will alles haben, was es sieht.

Mit ungefähr drei Jahren beginnt es mit dem Weggeben, da die Kontaktsuche in den Vordergrund tritt. Ab vier Jahren ist (bei gutem Vorbild, besonders durch andere Kinder) Teilen möglich.

Erst mit ungefähr sechs Jahren tritt „ehrliches Teilen" auf. Dabei muss sich das Kind wohlfühlen: Traurigsein und Versagensgefühle verringern die Bereitschaft zum Teilen.

Wutanfälle, Trotzverhalten; Kind wirft sich auf den Boden; Heulen, Quengeln; egoistisches Verhalten: Im theoretischen Teil sind die Ursachen für das Verhalten der Kinder in diesem Alter ausführlich beschrieben. Es hängt weitgehend vom Umgang der Eltern mit den kindlichen Wutanfällen ab, ob das Kind in einem angemessenen Zeitraum soziales Denken, Handeln und Verstehen lernt und seine Impulse unter Kontrolle bekommt. Dazu gehört in erster Linie die Akzeptanz der kindlichen Gefühlsäußerung und der Dauer des Wutanfalls. Während des Wutanfalls darf nicht mehr auf das Kind eingeredet werden, weil dies den Wutanfall verlängert. Nur in den Fällen, in denen die Kinder sich noch gut durch Ablenkung aus dem Wutanfall herausholen lassen, sollte man das zuerst versuchen. Ansonsten kann es helfen, wenn die Mutter sich vom Schauplatz des Geschehens entfernt, falls sie Auslöser für den Ausraster des Kindes war. Nach Abklingen des Wutanfalls suchen alle Kinder in irgendeiner Form wieder die Nähe der Eltern und wollen wieder „lieb" sein.

Auf diese „Wiedergutmachungsversuche" muss unbedingt eingegangen und der Konflikt sollte nicht erneut thematisiert werden. Nur dann ist das Kind motiviert, über den Vorfall nachzudenken. Sein irritiertes Selbstwertgefühl kann sich dadurch stabilisieren. Wenn das Kind immer wieder diese positive Erfahrung mit den Eltern macht, nehmen die Wutanfälle mit der Zeit ab und das Kind bemüht sich, seine Impulse unter Kontrolle zu bekommen. Wenn Wutanfälle bestraft werden, kommt keine positive Beziehungserfahrung mit den Eltern zustande. Soziales Lernen findet kaum statt, denn das Kind zieht sich bei jedem unverständlichen Elternverhalten auf seinen ichbezogenen Standpunkt zurück.

Wichtig für Eltern ist dabei, sich immer wieder klarzumachen, dass dieses Verhalten völlig normal und keine böse Absicht der Kinder ist – es ist nicht bewusst gegen die Eltern gerichtet. Das zwei- bis dreijährige Kind hält sich für den Mittelpunkt der Welt und hat kein Verständnis für die elterlichen Anforderungen. Nur wenn es ihm gut geht, richtet es sich nach den elterlichen Wünschen.

Kinder, die kaum Wutanfälle bekommen, stattdessen jedoch weinen, jammern, heulen und quengeln, ziehen sich nach einem Konflikt mit den Eltern beleidigt zurück. Sie erwarten, aus ihrer ichbezogenen Denkweise heraus, die Wiedergutmachung durch die Eltern. Das sollten Eltern auch tun. Das Zugehen auf das sensible Kind nach einem Konflikt verhindert den schnell zu provozierenden inneren Rückzug mit den entsprechenden Folgen für die störanfällige Durchsetzungsfähigkeit dieser Kinder. Die Gefahr des Verwöhnens besteht zu diesem Zeitpunkt noch nicht, da das Kind unbedingt auf die Zuwendung der Eltern, gerade im Konfliktfall, angewiesen ist.

Dem angemessenen Umgang mit den kindlichen Wutanfällen kommt in der frühen Erziehung ein hoher Stellenwert zu, damit das Kind in den ersten fünf bis sieben Jahren lernen kann, seine aggressiven Gefühle zu kontrollieren. Sonst besteht die Gefahr, dass besonders die hoch aggressionsbereiten Kinder auch im Jugendalter ihre Impulse kaum in den Griff bekommen (Asendorpf 2006). Deshalb sind alle vorhandenen Informationen über die Ursachen und Handlungsmöglichkeiten für die Eltern wichtig. Nachstehend findet sich eine solche Zusammenstellung. Eine detaillierte weitere Beschreibung zur frühkindlichen Aggression beinhaltet das Kapitel 3.4.

Kindliche Wut und Aggression

Biologische Ursachen: Die Veranlagung der Kinder ist hinsichtlich der Erregbarkeit von Aggressionen verschieden. Das männliche Sexualhormon Testosteron bedingt, dass die meisten Jungen aggressiver sind als die meisten Mädchen.

Aggression gehört ebenso wie Angst, Erkundungsbereitschaft, Neugierverhalten, das Leistungsverhalten und die Bereitschaft, Kontakte zu suchen zu den biologischen Antriebsstrukturen des Menschen, die für seine Entwicklung notwendig sind. Gesteuert und kontrolliert werden die aus diesen Antriebsstrukturen resultierenden Gefühle durch das Denken. Das Denken des kleinen Kindes unterliegt jedoch noch einigen Einschränkungen, so dass es seine Gefühle nicht oder nur wenig kontrollieren kann.

Einschränkungen im Denken des Kleinkindes, die zu Wutanfällen führen können

Das Kind denkt „ichbezogen". Bis zu drei Jahren kann es nur an seine Interessen denken. Das führt, je nach ererbter Aggressionsbereitschaft zwangsläufig zu Wutanfällen, weil nicht alles nach den Wünschen des Kindes gehen kann.

Ungefähr ab drei Jahren weiß das Kind, dass die anderen eigene Interessen haben; es kann die verschiedenen Sichtweisen jedoch nicht gleichzeitig bedenken, also nicht gegeneinander abwägen, sondern nur nacheinander. Immer dann, wenn das Kind überfordert, traurig oder müde ist, bleibt es in seiner ichbezogenen Denkweise „hängen", so dass Wutanfälle schnell auszulösen sind.

Aufgrund seiner ichbezogenen sozialen Denkstruktur ist das Kind noch nicht zur Einsicht fähig. Es unterwirft sich den Wünschen anderer, um unangenehme Konsequenzen zu vermeiden oder um den anderen zu gefallen. Darüber hinaus sind beim Kind psychologische Gründe zu berücksichtigen, die zu Wutanfällen führen können:

- Das natürliche Bedürfnis (aufgrund der ichbezogenen sozialen Denkstruktur), sich mit seinem Willen durchsetzen zu wollen;
- das natürliche Bedürfnis nach Aufmerksamkeit;
- Ärger über die eigene Unfähigkeit, die eigene Angst, Unsicherheit und Überforderung;
- Verletzung des Selbstwertgefühls.

Wutanfälle können gehäuft auftreten, wenn …

- das Kind eifersüchtig ist;
- es müde, krank oder traurig ist;
- es häufig überfordert ist;
- sein Selbstwertgefühl häufig verletzt wird;
- es in seinem Bewegungsdrang zu sehr eingeengt wird;
- es gelernt hat, mit seinen Wutanfällen etwas zu erreichen;
- die Grenzen in der Erziehung zu eng gesetzt sind;
- keine klaren Grenzen für das Kind zu erkennen sind;
- es für Fehlverhalten geschlagen wird;
- es sich häufig ungerecht behandelt fühlt und
- es immer wieder erlebt, dass Eltern, Geschwister, Freunde oder akzeptierte Vorbilder im Fernsehen mit Wutanfällen und Gewalttätigkeiten Erfolg haben.

Was können Eltern und Erzieher tun?

Dem Kind deutlich zeigen, wo die Grenzen für sein Verhalten sind, auch wenn das anfangs häufig zu Wutanfällen führt. Wutanfälle nicht bestrafen oder verbieten, sondern als unvermeidlich bei kleinen Kindern akzeptieren. Während des Wutanfalls nicht auf das Kind einreden, da dies den Wutanfall verlängert, sondern warten, bis das Kind sich wieder beruhigt hat.

Die darauf folgenden „Wiedergutmachungsversuche" des Kindes annehmen, ohne den Vorfall zu thematisieren oder das Kind zu kritisieren. Mit der Feststellung, dass die Eltern wegen des Wutanfalls nicht böse sind, ist das Kind motiviert, selbst über den Vorfall nachzudenken. Auf diese Weise entwickeln sich Impulskontrolle und soziales Verstehen beim Kind. Die Wutanfälle werden weniger.

Der soziale Lernprozess kann von Eltern gefördert werden, wenn sie dem Kind später (ab ca. vier Jahren) helfen, die Gründe für seine Wut zu erkennen und es auffordern, über seinen Ärger zu reden. Das lässt sich erreichen durch Nachfragen, durch das Zeigen von Verständnis für die Gefühle des Kindes, durch Erklärungen, die für das eigene und das Verhalten des anderen gegeben werden und durch die gemeinsame Suche nach Lösungen. Mit ca. sechs Jahren ist das Kind dann, aufgrund seiner weiterentwickelten sozialen Intelligenz in der Lage, seine Wutgefühle meistens in verträglicher Form zu äußern.

Gute Seiten des Kindes müssen durch Lob und Anerkennung gestärkt und unnötige Frustrationen des Kindes vermieden werden: z.B. häufige Ungerechtigkeiten, inkonsequentes Erzieherverhalten, Überforderungen, Verletzungen des Selbstwertgefühls.

Schüchternes Verhalten in fremden Situationen: Sogenannte „schüchterne" Kinder haben ein angstbereites, hoch empfindsames und sensibles Temperament (Butzmann 2000, 84). Dazu gehören viele Mädchen und ein Teil der Jungen. Sie zeigen von Beginn an mehr Ängste und fremdeln stärker als Gleichaltrige; außerdem haben sie starke Trennungs- und Verlassenheitsängste. Sie neigen nicht zu Wutanfällen, weinen schnell, jammern und quengeln eher. In fremden Situationen brauchen sie lange die Nähe der Eltern, bevor sie sich etwas zutrauen. Das Verhalten ist erkennbar bis ins Grundschulalter und hat weitere besondere Merkmale, wie z.B. erhöhte Schmerz- und Reizempfindlichkeit und besondere sprachliche und feinmotorische Fähigkeiten. Bei den Zweijährigen ist schüchternes Verhalten unvermeidbar, weil sie durch ihre hohe Angstbereitschaft mit dem Selbsterkennen größere Probleme haben.

Um die Selbstständigkeit dieser Kinder zu fördern, ist das weitgehende Eingehen auf ihre Trennungsängste nötig. Das kleine Kind darf nicht gedrängt werden, sich in fremde Situationen zu begeben. Die Sicherheit auf dem Schoß der Mutter muss ihm gewährt werden, bis es sich von allein von der Mutter entfernt. Erst nach dem dritten Geburtstag sollte dem Kind zugeredet werden, sich etwas zu trauen, wobei auch dann das Kind nicht gedrängt werden darf.

Diese Kinder sind „Augenkinder". Sie nehmen intensiv wahr, was in einer fremden Situation vor sich geht und können dies schneller und besser einordnen, als die eher außenorientierten und aggressionsbereiten Kinder. Sie müssen also nicht ständig Dinge manipulieren, um zu lernen. Es reicht ihnen, die anderen Menschen und Dinge zu beobachten. Erst wenn sie sich ganz sicher fühlen in einer Situation, beteiligen sie sich an den Aktionen und haben damit ein zusätzliches Lernfeld.

Schlafstörungen: Häufig kommt es zum Zeitpunkt des Selbsterkennens zu Schlafstörungen – auch bei den Kindern, die bis dahin gut geschlafen haben. Bei Zweijährigen sind, neben der Beachtung der bekannten üblichen Vorgehensweisen bei Ein- und Durchschlafproblemen (Largo 1996), die erneuten Trennungs- und Verlassenheitsängste zu bedenken. Darüber hinaus kommt es durch die rasante kognitive Entwicklung in den ersten zwei Jahren zu vielen neuen Wahrnehmungen, die nachts zu Albträumen führen. Deshalb zeigen die Schlafprogramme nach dem Muster „Jedes Kind kann schlafen lernen" häufig in dieser Phase keinen Erfolg. In solchen Fällen benötigen die Kinder viele kleine Hilfen, z. B. offene Zimmertüren, damit sie die Eltern hören können, oder kleine Lichter, damit es nicht ganz dunkel ist. Eine Beruhigung durch die Eltern sollte in solchen Formen stattfinden, die auch für die Eltern verträglich sind. Die Sorge, das Kind zu verwöhnen, ist zu diesem Zeitpunkt unberechtigt. Auch hierbei spielt die egozentrische Sicht des Kindes die entscheidende Rolle. Verständnis für die elterlichen Ruhebedürfnisse ist unmöglich, ebenso die Einsicht, schlafen zu müssen.

Bei Durchschlafproblemen während der Zeit des Selbsterkennens spielen Trennungs- und Verlassenheitsängste die wichtigste Rolle. Die Kinder brauchen dann die Nähe der Eltern und viel Beruhigung. Das klappt nicht immer im Kinderbett, so dass das Zulassen des nächtlichen Besuchs im Elternbett eine Lösung sein kann. Wenn kleine Geschwister zusammen im Zimmer schlafen, halten sich Ein- und Durchschlafstörungen in Grenzen. Prinzipiell helfen den Kindern klare Rituale, die ihnen das Zubettgehen erleichtern.

Essverhalten: Wird das Essverhalten der Zwei- bis Dreijährigen von den Eltern thematisiert, liegen häufig Machtkämpfe beim Essen vor. Diese kommen zustande, weil der Prozess des Essenlernens in den ersten zwei Jahren über das Ausprobieren des Geschmacks, der Konsistenz und der Form des Essens läuft, was mit Esskultur natürlich wenig zu tun hat. Wird das Kind gefüttert, um das „Spielen“ mit dem Essen zu verhindern, entwickelt sich schnell ein Machtkampf. Das Kind verweigert (aufgrund seiner Ichbezogenheit) das Essen oder isst nur bei Ablenkung durch ein Spielzeug. Es muss also in der Phase des Erkundens ein Mittelweg beim Essen gefunden werden, der dem Kind und der Mutter gerecht wird. Einzelheiten dazu sind ausführlich bei Remo Largo (1996) beschrieben.

Wenn die Kinder dann so weit sind, um selbstständig mit Besteck zu essen und aus dem Becher zu trinken, kommt es bei zu starker Kontrolle der Eltern zu provokativem Verhalten (schmieren, Essen durch die Gegend werfen, häufiges Aufstehen). Der Machtkampf verlagert sich dann schließlich auf das Verweigern von bestimmten Nahrungsmitteln oder auf das Verlangen nach anderen. Ein Eingehen der Eltern auf dieses Spiel ist die Garantie für dauerhafte Machtkämpfe beim Essen.

Sollte es zu Machtkämpfen kommen, muss zuerst die Esserfahrung der Eltern – besonders der Mütter – erfragt werden, um den Knoten der Machtkämpfe beim Essen aufzulösen. Wurden nämlich die Eltern in ihrer Herkunftsfamilie zum Essen und zur Einhaltung der Tischsitten in unzuträglicher Weise gezwungen, können sie nicht unbefangen mit dem Essverhalten der eigenen Kinder umgehen. Sie wollen keinen Zwang ausüben, gleichzeitig fühlen sich besonders die Mütter für die Ernährung ihrer Kinder verantwortlich. Wenn das Kind nicht gut isst, versuchen sie es mit Ablenkungen jeder Art. Die Anspannung solcher Mütter überträgt sich als diffuses Unsicherheitsgefühl auf das Kind. Die Ablenkungsversuche verhindern darüber hinaus beim Kind die Konzentration auf das Essen, so dass es den Zusammenhang von Essen und Sättigung, Geschmack und Genuss nicht herstellen kann. Damit schwindet die Freude am Essen und die Motivation, richtiges Verhalten bei Tisch zu lernen.

Anhand dieser Erläuterungen sollte von den Eltern, die Machtkämpfe ausführen müssen, ein Neuanfang beim Essen mit dem Kind versucht werden. Wichtig ist für sie auch die Information, dass das Essenlernen für die Kinder in unserer heutigen Überflussgesellschaft ein schwieriger Prozess ist. Würde nur der Hunger als Voraussetzung zum Essen reichen, gäbe es keine solchen Machtkämpfe.

Kinder müssen beim Essen drei Dinge gleichzeitig lernen: „Wie ist der Geschmack und die Konsistenz der Nahrung? Wann spüre ich ein Sättigungsgefühl? Was wollen Mama und Papa von mir, wenn ich am Tisch sitze?“ Zur Lösung dieser Fragen ist viel Konzentration nötig, die durch jede Ablenkung gestört wird – dazu gehört auch das starke (und verständliche) Bemühen der Eltern, auf das Kind einzuwirken, damit es genug und richtig isst.

In Fällen von Machtkämpfen ist ein strenges Vorgehen hilfreich: Vor den Hauptmahlzeiten kein Essen zulassen. Wenn das Essen fertig ist, sollte das Kind nur ein- bis zweimal aufgefordert werden, zu Tisch zu kommen. Kommt es nicht, gibt es kein Essen. Kommt das Kind zu Tisch, füllen die Eltern den Teller des Kindes und fragen nicht, was es essen will. Dann beginnt die Mahlzeit ohne Kommentare, d.h. die Eltern essen und bleiben mit den Blicken auf ihren Tellern. Sollte das Kind Unsinn machen, nur danach fragen, ob es satt ist. Wird dies bejaht, sollte das Kind aufstehen dürfen, auch wenn es zu wenig gegessen hat. Auf diese Weise sammelt sich Hunger beim Kind an, der nach der beendeten Mahlzeit nur mit wenig Obst gestillt werden sollte. Bei der nächsten Mahlzeit wird der Hunger dann stark genug zum gesitteten Essen sein. Bei gleichem Elternverhalten dürften die Machtspiele nach dem dritten Versuch keine Rolle mehr spielen.

Grundsätzlich lernen Kinder Tischsitten durch das Vorbild der Eltern. Darauf können sich Eltern weitgehend verlassen, so dass sie nicht ständig ermahnen müssen. Wichtig ist am Anfang der moderate Umgang mit dem Essverhalten der Kinder, z.B. wenn sie nur die Brotauflagen essen, das Brot aber verweigern. Das hat mit der Geschmacksentwicklung zu tun, die sich über sieben bis acht Jahre hinzieht. Kinder suchen in den ersten Jahren intensive Geschmackserlebnisse und verstehen nicht, was die Eltern dagegen haben. Das bedeutet nicht, die Dinge hinzunehmen; denn das Kind muss auch lernen, Brot zu essen. Eltern können z.B. nebenbei das Brotstück ohne Kommentar der Wurst hinterherschieben.

Es ist zudem anzuraten, diesbezüglich nicht ständig nach den Wünschen der Kinder zu fragen. Eltern bestimmen, was die Kinder essen sollen. Die Entscheidungsfähigkeit der Kinder bei gleich attraktiven Dingen ist noch lange nicht vorhanden. Erst ab dem vierten Lebensjahr entwickelt sich diese Fähigkeit nach und nach. Auch sollte auf dem Tisch nicht zu viel Interessantes für das Kind stehen, was vom Essen ablenken kann. Der Nachtisch sollte nicht als Druckmittel benutzt werden und bis zum Schluss im Kühlschrank bleiben.

Das entspannte Tischgespräch ist in dieser ersten Zeit aus all diesen Gründen eher nicht möglich. Es funktioniert aber später sehr gut, wenn die Eltern in den ersten vier Jahren beim Essen Geduld mit sich selbst und den Kindern haben.

Das „nervende" Verhalten der Dreijährigen

Ständige Forderungen an die Erwachsenen; Kind verlangt ständige Aufmerksamkeit; Telefonieren in Ruhe ist nicht möglich; Ausflippen, wenn Besuch da ist: Bei diesen Verhaltensweisen sind der sozial-kognitive Aspekt und der Aspekt des Selbsterkennens zu berücksichtigen. Wenn sich das dreijährige Kind für den Mittelpunkt der Welt hält und meint, dass die Erwachsenen zuständig sind für die Erfüllung all seiner Bedürfnisse, sind ständige Forderungen und das Verlangen nach Aufmerksamkeit folgerichtig. Dazu gehört auch die von Eltern immer wieder beklagte Ungeduld der Kinder. Die interessen- und impulsabhängigen Wünsche müssen aus der ichbezogenen Sicht des Kindes sofort erfüllt werden.

Für Eltern bedeutet dies, immer wieder moderat darauf hinzuarbeiten, diese Sicht der Kinder zu verändern. Wenn dies ohne Ärger gelingt, sind die Kinder lernbereiter.

In Situationen, in denen das Kind mit starken Wutanfällen seinen Wünschen Nachdruck verleiht, wie z.B. beim Einkaufen im Supermarkt, ist es besonders wichtig, diesen Wünschen nicht nachzugeben. Auf diese Weise entwickelt das Kind langsam die Erkenntnis, dass es nicht alles haben kann, was es sieht oder was die anderen Kinder haben. Dazu gehört jedoch auch ein klares Elternverhalten, an dem sich das Kind orientieren kann.

Im Hinblick auf das Selbsterkennen sind die Ursachen für das Verlangen nach Aufmerksamkeit in bestimmten Situationen im theoretischen Teil ausführlich beschrieben. Das Kind im dritten Lebensjahr benötigt ständig die Wahrnehmung durch die Eltern, damit sich seine Erkenntnis, ein eigenständiges Wesen zu sein, festigen kann.

Um z.B. die Störungen durch die Kinder beim Telefonieren oder beim Empfang der Gäste in Grenzen zu halten, ist das kurze Eingehen auf das Bedürfnis der Dreijährigen sinnvoll: Bei notwendigen Telefonaten hilft es, das Kind auf den Schoß zu nehmen und es zum Ruhigsein anzuhalten. Wenn Besucher kommen, ist das Einbeziehen der Kinder durch das Spielangebot eines Besuchers meist eine unkomplizierte Hilfe.

Verstärkend oder zeitlich verlängernd wirken sich bei diesem Kampf um Anerkennung und bei den ständigen Forderungen die Geburt eines Geschwisterkindes oder die häufige Abwesenheit der Eltern aus.

Egoismus, Dickköpfigkeit, Bockigkeit; hört nicht zu, reagiert nicht, macht dicht; uneinsichtig, fehlende Kompromissbereitschaft: Zwischen dem dritten und dem vierten Geburtstag nehmen die Wutanfälle langsam ab, dafür kommen Egoismus, Dickköpfigkeit und Bockigkeit zum Vorschein. Das Kind nimmt jetzt zur Kenntnis, dass andere anders denken, kann dies aber nicht in sein Denken einbeziehen. Es hat demnach nur die Möglichkeit, sich zu verweigern, nicht zuzuhören und nicht zu reagieren, wenn die Wünsche der Eltern nicht mit seinen übereinstimmen. Das heißt, Einsicht und Kompromissbereitschaft sind in solchen Situationen vom Kind nicht zu erwarten.

Eltern haben hier die Aufgabe, die anliegende Sache zu regeln und dem Kind zu helfen, aus seiner Bockigkeit herauszukommen. Wenn Überforderung des Kindes die Ursache für sein Verhalten ist, sollten Eltern nur für Ruhe sorgen und auf den „Gehorsam" verzichten. In anderen Fällen hilft es, auf Augenhöhe des Kindes zugehen und die Anforderung zu wiederholen – oder zu fragen, warum das Kind dieses oder jenes unterlässt oder macht.

Fragen bewirken meistens, dass Kinder über die Anforderung nachdenken. Im Regelfall ist davon auszugehen, dass bei totaler Verweigerung des Kindes ein situativer Erfolg der Eltern unwahrscheinlich wird. Das „Dichtmachen“ zeigt immer, dass das Kind das von Eltern Gewollte nicht einordnen kann. Hier ist anzuraten, dem Kind Zeit zu lassen und wenn möglich, später auf das Thema zurückzukommen. Mit dem Wissen über den sozialen Entwicklungsstand der Kinder ist es Eltern möglich, den Ärger über das kindliche Verhalten zu unterdrücken. Das Kind registriert so etwas dankbar und ist dann schneller wieder zugänglich. Gewaltsames Erzwingen von Gehorsam, besonders wenn das Kind schon völlig außer sich ist, verstärkt auf Dauer den bockigen Rückzug.

Eifersucht, Geschwisterstreit: Eifersucht und Geschwisterstreit sind unter Berücksichtigung der sozial-kognitiven Einschränkungen der Kinder nicht zu verhindern. Nur die Ausprägung ist durch angemessenes Elternverhalten modifizierbar. Zuerst müssen die Eltern verstehen, dass ganz besonders die Zwei- und Dreijährigen kein Verständnis für die Bedürfnisse des Geschwisterkindes haben. Nur bei Wohlbefinden oder unter Wirkung der Gefühlsansteckung ist das kindliche Verhalten positiv. Das kognitive Erfassen der Empfindungen des anderen ist erst später möglich, wenn die weitere Entwicklung zunehmend Impulskontrolle ermöglicht.

Wenn sich, nach entsprechender Vorbereitung während der Schwangerschaft, das Interesse des Kindes für das Neugeborene gelegt hat, wird das ältere Kind in seinem Verhalten gegenüber dem Geschwister oder der Mutter durch Eifersucht gelenkt. Während der Phase des Selbsterkennens bezieht sich das eifersüchtige Verhalten vorwiegend auf die Mutter. Dies zeigt sich in verstärkter „Bockigkeit“ und in gehäuften Wutanfällen. Dann ist anzuraten, die mütterliche Aufmerksamkeit hauptsächlich auf das ältere Kind zu lenken und dies bei der Versorgung des Babys weitgehend einzubeziehen. Darüber hinaus reduziert die Beschäftigung mit dem älteren Kind dessen Eifersucht. Zeitlich möglich wird dies für die Mutter durch die langen Schlafperioden des Babys; außerdem lässt sich ein Baby in den ersten Monaten (bevor es fremdelt und vor der Zeit der Trennungs- und Verlassenheitsängste) gut durch den Vater oder die Großeltern beruhigen, wenn sie anwesend sind. Eine solche Arbeitsteilung der Eltern, wenn der Vater zu Hause ist, fördert auch die Bindungsentwicklung zwischen dem Baby und dem Vater.

Das Interesse des älteren Kindes am Geschwisterkind wird stärker, je sicherer es sich der Zuneigung der Mutter ist. Es will das Kind halten und mit ihm spielen. Dies darf jedoch nur unter Aufsicht der Erwachsenen geschehen, denn Verlässlichkeit im Hinblick auf richtiges Verhalten bei Kindern unter vier bis fünf Jahren ist nicht gegeben.

Mit dem Heranwachsen des zweitgeborenen Kindes entwickelt sich die Geschwisterbeziehung durch das große Interesse des jüngeren Kindes an den Aktivitäten des älteren. In den ersten zwei bis drei Jahren der Geschwisterschaft müssen die Kinder weitgehend unter Aufsicht sein, um Konflikte zwischen ihnen zu regeln, wenn sie dies selbst nicht mehr können. Dabei ist der Zeitpunkt des Eingreifens wichtig. Um die Eifersucht des älteren im Rahmen zu halten, sollte eingegriffen werden, wenn das jüngere Kind das Spiel des anderen so sehr stört, dass es zu verzweifeltem Geschrei des älteren kommt. Die jüngeren Kinder können vom Schauplatz entfernt werden, weil sie sich noch gut ablenken lassen. Das ältere Kind registriert die Hilfe der Eltern mit einem beruhigenden Gefühl, so dass seine Geduld beim nächsten Mal länger anhält.

Ebenso ist striktes Eingreifen nötig, wenn das jüngere Kind vom älteren geärgert wird. Hierbei ist wichtig, das ältere Kind nicht zu bestrafen. Es genügt eine klar Ansage zum negativen Verhalten und das Trennen der Kinder oder das Wegnehmen des umstrittenen Spielzeugs. Dann sind die Kinder schnell wieder zum gemeinsamen Spiel bereit. Auf dieser Basis entwickelt sich eine positive Geschwisterbeziehung.

In einem vom älteren Kind ausgelösten Konfliktfall sollte in den ersten Jahren keine Entschuldigung vom Kind eingefordert werden, solange es noch kein Unrechtsbewusstsein hat. Das ist frühestens mit vier Jahren der Fall. Wird das Kind dazu gedrängt (obwohl es sich nach seinem Maßstab im Recht fühlt), ist der nächste Konflikt schon vorprogrammiert. Die Bedeutung einer Entschuldigung erkennt das Kind erst, wenn es sich über die Perspektive des anderen im Klaren ist. Das kann bis zum Schulbeginn dauern. Dann begreift es erst die Verletzung, die es dem anderen zugefügt hat, und erkennt den Sinn einer Entschuldigung. Wenn Kinder von klein auf immer wieder aufgefordert werden, sich für „Vergehen“ zu entschuldigen, wird daraus ein oberflächliches Lernen des Begriffes ohne Verständnis dafür. Das Kind geht dann davon aus, mit einer Entschuldigung jedes Fehlverhalten abhaken zu können. Wirksamer ist hierbei, ebenso wie beim Handgeben oder „Danke“ und „Bitte“ sagen, wenn die Eltern ein positives Vorbild abgeben. Dies funktioniert bereits im zweiten Lebensjahr, da die Kinder sehr genau das Verhalten der Eltern nachahmen.

Die Geschwisterbeziehung entwickelt sich positiv, wenn Eltern weitgehend unparteiisch sind und die Kinder ihre Gefühle dem Geschwister gegenüber frei äußern können. Dabei sollten die Eltern später nur dann eingreifen, wenn deutliche physische oder psychische Verletzungsgefahr besteht. Sonst können die Kinder die Fähigkeit zur Konfliktlösung nicht entwickeln. Geschwisterkinder brauchen ein gewisses Maß an „aggressiver Interaktion“ ohne die Einmischung der Eltern. Besonders Jungen sind auf körperliche Auseinandersetzungen für ihr Wohlbefinden angewiesen. Wenn es Eltern gelingt, keines der Kinder deutlich vorzuziehen, vergessen die Kinder Streitigkeiten ganz schnell.

Das Positive an ihrer Geschwisterbeziehung ist Kindern immer bewusst, besonders wenn der Altersabstand zwischen ihnen nicht zu groß ist. Sie geben sich gegenseitig Sicherheit und sind schon als Kleinkinder im Spiel und im Notfall füreinander da.

Das „nervende“ Verhalten der Vierjährigen

Ständiges Austesten der Grenzen: Das ständige Austesten der Grenzen bei den Drei- und Vierjährigen ist eine für Eltern äußerst anstrengende Begleiterscheinung des sozialen Lernprozesses beim Kind. Mithilfe der Erläuterungen zu den Ursachen dieses Verhaltens (im theoretischen Teil) sollten Eltern gelassener mit den Grenzverletzungen der Kinder umgehen können. Gleichzeitig muss ihnen bewusst sein, dass gerade in dieser Zeit die Einhaltung von Grenzen und Regeln ständig einzufordern ist, weil sonst der Regellernprozess beim Kind nicht vorankommt. Regeln, Grenzen und Konsequenzen bei Nichteinhaltung sollten klar und deutlich, auch mit Missbilligung geäußert werden. Das Kind kann sich daran orientieren und wird sich bei guter Eltern-Kind-Beziehung bemühen, die Regeln einzuhalten. Konflikte sind dabei unvermeidlich, sie dürfen nur nicht zur ständigen Überforderung des Kindes und zu elterlichen Gewaltausbrüchen führen. Das bedeutet aber nicht, immer ruhig bleiben zu müssen. Die Kinder sollen durchaus mitbekommen, welche Gefühle sie mit ihrem Verhalten bei den Eltern auslösen, denn zu dieser Zeit beginnen die Kinder, Gefühle bei sich selbst und bei anderen einschätzen zu lernen.

Bei solchen Konflikten sollten Eltern unbedingt darauf achten, dass sich nur derjenige mit dem Kind auseinandersetzt, mit dem es den Konflikt hat. Der andere sollte sich nicht einmischen, solange die Sache unter Kontrolle ist. Das Kind kommt nämlich sonst sehr schnell in eine hilflose Situation, weil es nicht die Perspektive des anderen einnehmen kann. Die Einwände der zweiten Person kann es gar nicht mehr verarbeiten, so dass es nur unkontrolliert agieren wird.

An der klassischen Situation im Supermarkt, wo das Setzen von Grenzen besonders schwer fällt, zeigen sich die Probleme des Kindes in der vorsozialen Phase: Das Überangebot an Dingen, die das Kind in seiner ichbezogenen Weltsicht haben will, die mangelnde Impulskontrolle und die fehlende Einsichtsfähigkeit verhindern ein angemessenes Verhalten. Eltern können also nur dem Kind helfen, mit dieser Situation umzugehen. Dazu gehört das deutliche Festlegen, dass es nichts gibt; dies muss direkt vor dem Eintritt in den Supermarkt passierten. Oder dem Kind wird ein kleines Teil zugestanden, das es sich aussuchen kann. Kommt es trotzdem zu einem Wutanfall im Supermarkt, gibt es nur das Abwarten, bis der Anfall vorüber ist oder das Hinaustragen des Kindes. Ein Nachgeben in solchen Situationen provoziert weiterhin regelmäßige Wutanfälle. Da das Einkaufen in großen Geschäften mit einem ungeheueren Angebot für Kinder unter sechs Jahren schwer zu verkraften ist, sollten Eltern eher allein einkaufen, wenn die persönliche Situation das zulässt.

Beim Thema „Grenzen setzen“ gibt es noch eine Besonderheit, die auf die unterschiedliche Denkstruktur von Frauen und Männern zurückzuführen ist (aus Kapitel 2.1): Wenn die Väter Grenzen setzen, halten sich die Kinder eher daran, als wenn die Mütter dies tun. Das hat häufig negative Nebenwirkungen auf die Beziehung. Deshalb ist eine Klärung in der Seminarsituation angebracht: Wenn Frauen ihren Kindern etwas Negatives zumuten, sind ihre Gefühle dazu ambivalent, weil sie unsicher sind, ob dies für das Kind zu viel ist. Die meisten Kinder spüren diese Unsicherheit über die Gefühlsansteckung und haken nach, um zu ihrem subjektiven Recht zu kommen. So kommt es zu einem stärkeren Austesten der Grenzen und zu mehr Provokationen bei Müttern.

Väter haben in der Regel kein Problem, klare Ansagen zu machen und auf die Einhaltung der Regeln zu bestehen. Sie fokussieren das Ziel und denken weniger an mögliche Nebenwirkungen. Ausnahmen bilden die erlebte Erziehung in der Herkunftsfamilie und die hormonell beeinflusste Persönlichkeitsstruktur. Wenn Väter eine unzuträglich strenge Erziehung erfahren und diese reflektiert haben, vermeiden sie bewusst eine Wiederholung.

Wenn Mütter eine sehr außenorientierte, maskulinere Persönlichkeitsstruktur haben, gelingt ihnen die klare Grenzsetzung besser. Das Gleiche funktioniert auch umgekehrt.

Diese unterschiedliche Umgangsweise von Eltern beim Setzen der Grenzen ist für das Kind durchaus verträglich, weil es in der Zeit des Regellernens, durch seine mangelnde Einsichtsfähigkeit, bei gleich strengen Eltern oft verzweifelt ist. Wenn die Unterschiede nicht zu krass sind und die Eltern sich nicht darüber streiten, kann das Kind damit umgehen. Problematisch wird es, wenn die Kinder mitbekommen, dass ihr Verhalten der Anlass für heftigen Streit zwischen den Eltern ist. Das stört den Regellernprozess und setzt das Kind stark unter Stress.

Das soziale Verstehen der Vierjährigen ermöglicht es dann auch, Konsequenzen anzudrohen, wenn die Kinder sich verweigern. Sie können dann die Perspektive des anderen fragmentarisch übernehmen, vergessen kurzzeitig ihre eigene Ansicht und lassen sich dann auf die Wünsche der Eltern mit der Aussage ein: „na gut“.

Grenzsetzungsfälle häufen sich bei den alltäglichen Notwendigkeiten. Hier helfen den Kindern Rituale, die es ihnen erleichtern, mit unangenehmen Aktionen umzugehen.

Die Übernahme der sozialen Sichtweise der anderen vollzieht sich im Erziehungsalltag hauptsächlich über das Akzeptieren der Grenzen durch das Kind. Das ist allerdings kein Selbstläufer, da die Bedürfnisse der anderen meistens nicht mit den eigenen übereinstimmen. Deshalb kommt der Festsetzung und der Durchsetzung von Grenzen durch die Eltern ein hoher

Stellenwert zu. Es ist die wichtigste Erziehungsaufgabe auch noch bei den älteren Kindern.

Die Erwartung, dass Kinder sich den Eltern gegenüber dankbar zeigen sollten, indem sie sich besser an die Regeln halten, ist noch überhöht. Die ichbezogene Denkweise lässt beim Kind kaum Dankbarkeit aufkommen, da das Kind lange glaubt, die Eltern seien für all seine Bedürfnisse zuständig. Nur wenn es den Kindern gut geht, bemühen sie sich um Regeleinhaltung, weil sie den Eltern den Gefallen tun wollen. Das Motiv der Kinder ist dann die emotionale Abhängigkeit von den Eltern und keine Dankbarkeitsgefühle; diese werden den Kindern erst im Grundschulalter bewusst.

In der Seminarsituation ist es bei diesem Thema sinnvoll, an konkreten Beispielen einige Grenzsetzungsfälle zu bearbeiten, wenn die Eltern dies wollen und der zeitliche Rahmen es zulässt. Eine Methode zu diesem Thema wird unter Kapitel 3.4 beschrieben.

Ohren auf Durchzug stellen; Ohren zuhalten; unzugänglich sein für Erklärungen; Bedürfnisse anderer werden nicht berücksichtigt: Die Dreijährigen „machen dicht", die Vierjährigen halten sich die Ohren zu, wenn sie die Signale von außen nicht einordnen können. In beiden Fällen ist es keine böse Absicht oder Ignoranz, sondern unreflektiertes Verhalten ohne Unrechtsbewusstsein. Piaget (1976) beschreibt den Prozess des Akzeptierens einer äußeren Störung in gleicher Weise, wie das die Hirnforscher für schwierige Lernprozesse machen (Spitzer 2002): Die erste Reaktion des Kindes besteht aus dem Versuch, die Störung zu neutralisieren oder abzustellen, indem sie willentlich ignoriert wird (das Kind „macht dicht", hält sich die Ohren zu, ist unzugänglich für Erklärungen). Bei einer wiederholten Aufforderung registriert das Kind die Missbilligung der Eltern und überlegt, etwas zu verändern, wobei die egozentrische Perspektive noch handlungsleitend ist. Das können vorlogische Begründungen für das Verweigern oder für Ausflüchte sein. Erst bei der dritten Einwirkung von außen ist im Normalfall das Ziel erreicht, wenn das Kind sich auf die Anforderung einlässt; wenn es also verstanden hat, dass es sich anpassen muss.

Für Eltern bedeutet das, Geduld mit sich und dem Kind zu haben, „dranzubleiben" und auf ihrem Erfolg zu bestehen. Nur auf diese Weise lernen Kinder mit der Zeit, die Perspektive des anderen nachzuvollziehen.

Wenn dieses kindliche Verhalten in schwierigen Situationen oder bei Überforderung auftritt, kann es vorkommen, dass die Kinder nur „auf Durchzug schalten". Sie sind dann nicht mehr in der Lage, den oben beschriebenen Lernprozess zu vollziehen. Hier ist Stressabbau, Unterstützung und Ruhe nötig, damit das Kind wieder sozial lernen kann.

Lügen, Geschichten erzählen, Petzen: Im theoretischen Teil ist ausführlich erläutert, warum Vierjährige lügen, petzen und Geschichten erzählen. Auch bei den älteren Kindern kommt dies immer noch vor, solange sie den Sinn der Regeln nicht verstehen. Deshalb ist das angemessene Elternverhalten von großer Bedeutung, weil die Kinder das Verhalten sonst noch im späteren Grundschulalter zeigen.

Die negative Bedeutung der Lüge wird erst den Sieben- bis Achtjährigen bewusst. Bis dahin kommen Lügen immer wieder vor. Die Aufrechterhaltung des positiven Selbstwertgefühls steht beim Kind solange im Vordergrund, bis die Missachtung des anderen mit der Lüge in Zusammenhang gebracht wird. Beispiele aus einer Elternzeitschrift (Eltern, 1995/9, 202ff) zur Befragung von Schulkindern zum Thema „Lügen" zeigen, wie schwer den Kindern das Begreifen dieses Zusammenhangs fällt:

„Ein achtjähriges Mädchen sagte: ‚Ich lüge nie. Es passiert höchstens mal, wenn ich es nicht merke!' Ein gleichaltriger Junge berichtete: ‚Wenn ich lüge, bekomme ich plötzlich arge Bauchschmerzen.' Ein anderes Mädchen sagte: ‚Ich bin total gegen Lügen, aber es geht oft nicht ohne Schummeln.'"

Bei Vierjährigen sollten Eltern mit dem kindlichen Lügen und dem Erzählen unglaubwürdiger Geschichten moderat umgehen: Eine erstaunte Frage an das Kind, ob es denn wirklich so gewesen sei, reicht anfangs aus. Kritik und Bestrafung nach dem Muster „Lügen darf man nicht" verhindern das Nachdenken beim Kind. Es zieht sich dann auf seinen ichbezogenen Standpunkt zurück. Später ist es angebracht, dem Kind eine Brücke zu bauen, indem Vermutungen geäußert werden: „Ist dies vielleicht dir passiert? Das kannst du ruhig sagen." Mit solchen Reaktionen bleibt das Selbstwertgefühl stabil, dem Kind gelingt es besser, Fantasie und Realität künftig auseinanderzuhalten.

Parallel dazu hören die Kinder im Kindergarten von den anderen ständig, dass man nicht lügen soll. Zusammen mit der positiven Beziehungserfahrung zu den Eltern lernen Kinder dann, in einem angemessenen Zeitraum, den Sinn dieser Regel zu verstehen und Lügen weitgehend zu vermeiden.

Mit dem Petzen zeigen Kinder ihr Regelverständnis. Die Erwachsenen werden als zuständige Instanz für die Regelüberwachung gesehen, denn sie haben ja die Regel eingeführt. Die Erwartung des Kindes, dass der Regelverstoß geahndet werden muss, ist dann folgerichtig. Es erwartet Lob. Das Petzen hat einen die positive Selbstwahrnehmung fördernden Aspekt, in gleicher Weise wie das Einfordern von Lob bei Regeleinhaltung. Wird das Kind nun kritisiert, weil „man nicht petzen darf", kommt seine ganze Selbst- und Fremdwahrnehmung durcheinander.

Damit das Kind später auch diese Regel begreift, sollten Eltern die Meldung über den Regelverstoß als solche annehmen, das Kind kurz für seine Aufmerksamkeit loben und versichern, dass sie sich später um den Fall kümmern. Meistens sind die Kinder damit zufrieden. Ihr situationsbezogenes Denken lässt sie den Vorfall schnell vergessen.

Auch hierbei fördert, ebenso wie beim Lügen, die Interaktion mit den Gleichaltrigen, parallel zur positiven Eltern-Kind-Interaktion, das Begreifen der Regel „Petzen darf man nicht!"

Trödeln und Verzögerungstaktiken: Kleine Kinder müssen sich heute schon früh an der von den Erwachsenen vorgegebenen Zeitplanung orientieren, obwohl sie erst ab fünf Jahren kulturabhängiges Zeitempfinden entwickeln. In den ersten vier bis fünf Jahren haben sie ein sogenanntes „archaisches Zeitempfinden" und leben eher im Augenblick, so dass sie mit dem Zeitdruck der Erwachsenen nicht umgehen können. Dies ist, zusätzlich zu der bereits beschriebenen Denkstruktur des vierjährigen Kindes mit Problemen beim Situationswechsel, ein triftiger Grund für das Trödeln und die Verzögerungstaktiken. Wenn der Druck auf die Kinder beim Trödeln erhöht wird, verstärkt sich ihr Verhalten. Aus diesem Grund trödeln die älteren Kinder noch, auch wenn sich das soziale Denken weiterentwickelt hat.

Was können Eltern also tun, damit sich die Kinder mit den Zeitplänen der Erwachsenen arrangieren? Bei den kleinen Kindern ist es wichtig, jeden Zeitdruck zu vermeiden. Vor Verlassen des Hauses sollten alle notwendigen Dinge vorbereitet und zurechtgelegt werden, so dass zum Schluss nur noch das Kind anzuziehen ist. Zwischendurch ist bestenfalls nebenbei das eine oder andere zum Fortgang des Programms zu sagen. Wenn das Kind sich nicht selbst anzieht, sollte das toleriert werden. Es macht Kindern und Eltern unnötigen Stress, wenn das Kind sich unter Zeitdruck auch noch anziehen soll. Das gilt auch noch für Fünfjährige, wenn sie morgens vor der Zeit aufstehen müssen. Kurz vor dem Weggehen genügt eine kurze Ansage, dass das Kind gleich angezogen wird. Das Anziehen sollte dann schnell und ohne Beachtung der Einwände der Kinder vonstattengehen. Beklagt sich das Kind, soll es sich hurtig selbst anziehen.

Zum Thema „Trödeln" ist ein Aspekt zu beachten, der mit der angeborenen Persönlichkeitsstruktur des Kindes zu tun hat: Wenn ein Kind eher chaotisch strukturiert ist und wenig Sinn für Ordnung hat, fehlt ihm in der Regel auch ein gutes Zeitempfinden. Diese Kinder trödeln immer, wenn Zeitdruck entsteht, und benötigen auch später noch Hilfen, um pünktlich aus dem Haus zu kommen.

Eskapaden bei Situationsänderungen: Gemeint sind hier Situationsveränderungen beim Abholen des Kindes aus dem Kindergarten, von Verwandten, von Betreuungspersonen oder beim Abholen von Spielkameraden. Manche Kinder schreien dann, werden aggressiv, gehen über Tische und Bänke; ungerichtete Impulse bestimmen ihr Verhalten.

Dabei ist es unerheblich, ob das Kind sich über den Situationswechsel freut oder nicht. In Spielsituationen protestieren zunächst fast alle Vorschulkinder, wenn ein weiteres Kind mitspielen will. Besonders die eher außenorientierten, aggressionsbereiten Kinder reagieren so, weil sie stärker auf die konkrete Situation fixiert sind als die eher angstbereiten Kinder.

Im theoretischen Teil wurde bereits beschrieben, dass die sozial-kognitive Denkstruktur der Vierjährigen Ursache für dieses seltsame Verhalten ist. Das Kind hat zu dieser Zeit große Probleme mit von außen gesteuerten Situationswechseln. Hier benötigen die Kinder Überbrückungshilfen durch die Erwachsenen. Beim Abholen aus dem Kindergarten hilft es, eine Weile zu warten, bevor das Kind zum Anziehen aufgefordert oder angezogen wird. In anderen Betreuungssituationen könnten die Eltern notfalls nach einer kurzen Begrüßung warten, bis die Betreuungsperson das Kind angezogen und nach draußen gebracht hat. In Spielsituationen sollten Erwachsene möglichst nicht eingreifen, um einem neuen Kind eine Chance zu geben. Meistens regeln die Kinder das unter sich, indem sich das neue Kind spielend den anderen nähert.

Diese Schwierigkeit zeigt sich auch im normalen Familienalltag, wenn Kinder an den Tisch kommen sollen, wenn sie ins Bett gehen sollen oder wenn einer der Eltern das Haus verlassen will – oder später wieder zurückkehrt. Jeder Situationswechsel kann eine Verweigerungshaltung oder negatives Agieren beim Kind hervorrufen. Wenn Eltern dieses Wissen haben, fällt es ihnen leichter, dem Kind beim Übergang von der einen in die andere Situation zu helfen.

Im Kindergarten so lieb, zu Hause so eigen: Damit ist das unterschiedliche Regelverständnis der Kinder zu Hause und im Kindergarten gemeint. Die Hintergründe für das Verhalten der Vier- und Fünfjährigen wurden bereits erläutert. Sie liegen in der Charakteristik von Entwicklungsvorgängen, die das kindliche Verhalten nicht nur auf einer Entwicklungsstufe festlegt; das Wechseln zwischen der dominanten Stufe, der überwundenen und der zukünftigen, ist als normal anzusehen.

Im Kindergarten und in anderen außerhäuslichen Situationen verhalten sich die Kinder auf der dominanten und der zukünftigen Entwicklungsstufe, weil sie sich dort nicht so sicher fühlen. Sie halten sich also an die Regeln. Zu Hause lassen sie sich „hängen" und agieren auf der dominanten und der eigentlich überwundenen Stufe; denn sie sind davon überzeugt, dass die Eltern für all ihre Bedürfnisse zuständig sind. Für Mütter bedeutet es, dass sie zu Hause große Mühe mit den Dingen haben, die im Kindergarten gut laufen, wie z. B. das Händewaschen, das Anziehen und das Aufräumen. Sie wissen meistens nicht, warum das so ist und sind frustriert darüber, dass den ErzieherInnen die Dinge besser gelingen. Nicht selten lasten ErzieherInnen dieses kindliche Verhalten wiederum den Müttern an, die angeblich ihre Kinder nicht „im Griff haben". Das ist eine ungute Geschichte, die sich durch die Information über das im Denken des Kindes begründete Verhalten auflösen lässt.

Zu diesem Problembereich gehört auch die allgemeine Beobachtung von Eltern, dass viele Kinder nach dem Kindergarten zu übermäßigen Wutanfällen neigen. Das gilt insbesondere bei Kleinkindern, die ganztags betreut werden. Da die Kinder in der außerhäuslichen Situation weitgehend auf der zukünftigen Entwicklungsstufe agieren, um in den reizstarken Handlungsfeldern mit Gleichaltrigen mithalten zu können, sind ihre Fähigkeiten nach einem solchen Tag sehr strapaziert. Zu Hause ist dann altersangemessenes Verhalten kaum noch möglich. Das gilt auch für ältere ganztagsbetreute Kinder. Wenn sich das Verhalten verfestigt hat, ist es notwendig, dem Kind zu Hause Entspannungsmöglichkeiten zu verschaffen und elterliche Anforderungen vorerst zurückzustellen.

Essverhalten: „Es wird nicht probiert, nur gemeckert und beim Essen aufgestanden“: Wenn bei Vierjährigen solches Verhalten im Vordergrund steht, sollte das gleiche Programm wie bei den Zweijährigen, in strengerer Form angewandt werden: Das Kind wird nur einmal aufgefordert, an den Tisch zu kommen. Kommt es nicht, gibt es bis zur nächsten Mahlzeit nur Obst. Darüber muss das Kind informiert werden. Sitzt das Kind bei Tisch, sollte es nur eine kleine Portion auf den Teller bekommen. Auf jeden Protest nur mit Schweigen reagieren und ansonsten weiteressen. Das Kind ist durch das ihm ungewohnte Elternverhalten irritiert und wird darauf achten, wie es sich jetzt selbst verhält. Das Naheliegende ist für es, zu essen – und das wird es tun. Angebote, etwas Neues zu probieren, sollten unterbleiben. Es genügt, wenn Eltern zeigen, dass es ihnen schmeckt. Wenn das Kind aufsteht, ist das Essen beendet.

Bei festgefahrenen negativen Situationen beim Essen, in denen Kindern immer wieder Missgeschicke passieren, ist es sinnvoll, darauf zu achten, dass z. B. Gläser außerhalb des „Gefahrenbereichs“ stehen. Missgeschicke passieren immer dann, wenn die Situation beim Essen stressbelastet ist. Dann sind Kinder irritiert, spüren ihren Hunger nicht, haben keinen Appetit und agieren unkontrolliert. Auch bei diesen älteren Kindern sollten eine Zeit lang Gespräche bei Tisch reduziert werden.

Theater beim Anziehen: Je nach Ausmaß der Aggressionsbereitschaft sträuben sich Kinder schon als Säuglinge gegen das Wickeln und das Anziehen. Mit dem Bewusstwerden ihrer Eigenständigkeit und des eigenen Willens wehren sich Kinder manchmal so massiv, dass Eltern nur mit Zwangsmaßnahmen diese Notwendigkeit gelingt. Während der Phase, in der die Kinder selbst Versuche unternehmen, mit ihren Kleidungsstücken umzugehen, beruhigt sich die Situation vorübergehend. Wenn das Anziehen für das Kind nicht mehr interessant ist und es diese Handlung prinzipiell als störend empfindet, sucht es in der Folge Wege, sich dem Anziehen zu entziehen. Wenn Eltern (aufgrund einer restriktiven Kindheitserfahrung) unsicher sind, reden sie auf ihre Kinder ein, drohen ihnen oder laufen ihnen hinterher. Solche Situationen eskalieren bald, da die Kinder das Ganze anfangs als Spiel sehen, durch die Wechselhaftigkeit der elterlichen Reaktionen jedoch zunehmend verunsichert werden. Aufgrund der eindimensionalen Denkstruktur ist das Kind nicht fähig, zwei widersprüchliche Gefühle zusammenzubringen. Das lustvolle Gefühl des Weglaufens und wieder Gefangenwerdens und die negativen Signale der Bezugsperson verwirren das Kind, so dass es nur ungezielt agieren kann.

Wenn es Eltern nicht gelingt, das Anziehen von Beginn an als Nebensächlichkeit einzuführen, indem sie die Aufmerksamkeit des Kindes währenddessen auf etwas anderes lenken (Erzählen, Singen), sind die hier beschriebenen Abläufe unvermeidbar. Sie können dann nur mit einer kategorischen Durchführung der Anziehaktion beendet werden. Das bedeutet: Eltern bestimmen weitgehend, was die Kinder anziehen und halten sie an, sich, soweit es geht, selbst anzuziehen. Mit der Auswahl der Kleidung sind die Kinder so lange überfordert, bis sie sich selbst von außen betrachten können. Das kann bis ins Schulalter reichen. Einige Kinder entwickeln trotzdem klare Vorstellungen darüber, was sie anziehen möchten, was häufig eher unpassend ist. Solche Diskussionen sollten von den Eltern weitgehend unterbunden werden. Das gelingt jedoch nur, wenn Kinder nicht schon von Beginn an als „Anziehpuppen“ gesehen und für „schöne Kleidung“ übermäßig bewundert werden. Dadurch verliert das Anziehen für die kleinen Kinder seine normale Funktion und führt durch ihre ichbezogene Weltsicht zu Stress im Familienalltag. Hier können Eltern also wählen, was ihnen wichtiger ist.

Es gibt allerdings auch Kinder, die schon mit zwei Jahren auf bestimmte Kleidungsstücke bestehen, wobei die richtige Farbe die entscheidende Rolle spielt. Bei Kindern mit einer hohen Empfindsamkeit kann es solche Diskussionen im Hinblick auf die Hautverträglichkeit der Kleidung geben.

Schüchternheit, Ängstlichkeit; Kind ist oft beleidigt, übervorsichtig, probiert nichts Neues: Wie in den bisherigen Ausführungen immer wieder erwähnt, handelt es sich bei den Kindern, die dieses Verhaltensmuster aufzeigen, um Kinder mit einer angeborenen hohen sozialen Sensibilität und Angstbereitschaft (Butzmann 2000, Asendorpf 2006, Crawford 2010). Diese Kinder zeigen vom ersten Lebensjahr an mehr Ängste und reagieren empfindlicher auf alle möglichen Außenreize als andere. Aus der Temperamentforschung (Zentner 1993) ist bekannt, dass es, trotz eines angemessenen Elternverhaltens, acht Jahre dauern kann, bis das Kind seine ängstlichen Impulse unter Kontrolle hat. Damit dies gelingt, müssen Eltern von Beginn an auf die besonderen Bedürfnisse des Kindes nach Nähe und Schutz unbedingt eingehen. Im Einzelnen bedeutet das: Die Trennungs- und Verlassenheitsangst des Kindes ernst zu nehmen; nicht zu versuchen, dem Kind das Klammern abzugewöhnen; das Kind immer aufnehmen, wenn es danach verlangt. Diesen Kindern sollte, wenn möglich, in den ersten drei bis vier Jahren keine durchgängige Fremdbetreuung zugemutet werden. Im besten Fall vertragen sie die zeitweise Betreuung von vertrauten Bezugspersonen (Verwandten, Freunden, Nachbarn etc.).

Die Schüchternheit in fremden Situationen ist bei diesen Kindern unvermeidlich. Um sie abzubauen, kann ab dem vierten Geburtstag begonnen werden, das Kind aktiv zu Handlungen in fremden Situationen zu ermutigen. Vorher bekommt es schnell Panik, wenn die Eltern es „wegschicken". Eltern dürfen das Kind wegen seines schüchternen Verhaltens niemals kritisieren, drängen oder nötigen. Das verstärkt die Unselbstständigkeit und die Ängste. Wenn das Kind sich in einer Situation sicher fühlt, geht es von allein auf andere zu. Die sozialen Fähigkeiten sind nämlich bei diesen Kindern besonders gut ausgeprägt. Die Gefühlsansteckung wirkt stärker, das soziale Verstehen gelingt ihnen besser und schneller. Die Regeln werden schneller begriffen und eingehalten. Diese besonderen sozialen Fähigkeiten kommen zum Vorschein, wenn sich das Kind in seiner Familie sicher und geborgen fühlt. Es verhält sich dann angepasst und ist sehr leistungsbereit. Mit zunehmendem Alter verschwinden die Ängste in sicheren Situationen vollkommen und das Kind wirkt selbstbewusst. So kann es seine Angst auch in fremder Umgebung mit der Zeit kontrollieren.

Wenn sich diese Kinder aus ihrer egozentrischen Sichtweise heraus nicht verstanden fühlen, reagieren sie kaum mit Wutanfällen, sondern ziehen sich beleidigt zurück. Im theoretischen Teil wurde bereits beschrieben, dass diese Kinder keine Wiedergutmachung betreiben wie alle anderen. Sie erwarten dies von den Eltern. Es hilft dem Kind bei der Stabilisierung seines Selbstwertgefühls und verhindert seinen emotionalen Rückzug, wenn die Eltern das Einvernehmen wiederherstellen. Auch im späteren Alter erwarten dies die Kinder, wenn sie sich ungerecht behandelt fühlen. Sie lassen sich jedoch auch besser auf Gespräche über ihr Verhalten ein, wenn sie Verständnis bei den Eltern finden. Die eher außenorientierten Kinder verweigern oft die Gespräche, weil sie schneller in ihrer ichbezogenen Denkweise festhängen.

Bei Jungen mit einem eher schüchternen und ängstlichen Temperament gibt es eine Besonderheit: Wenn diese zu starken und zu vielen äußeren Reizen ausgesetzt sind oder wenn innerfamiliärer Stress das Kind in seinem Wohlbefinden zu sehr einschränkt, reagieren Jungen mit starken Wutanfällen. Solche Wahrnehmungen führen zu überbordenden Ängsten, die mit häufigen und starken Wutanfällen ausagiert werden.

Bei den ängstlichen, schüchternen und empfindsamen Kindern ist noch etwas zu beachten: In der Klinischen Psychologie wird dieses Verhalten allgemein dem Neurotizismus zugeordnet und damit als pathologisch bezeichnet. Bei Kindern sollte man hier vorsichtig sein. Dabei wird nämlich nicht bedacht, dass Angst und hohe Empfindsamkeit ein ganz normales Verhalten sind, das bei den Menschen von Geburt an unterschiedlich stark zum Ausdruck kommt. Es wird auch kaum beachtet, welche Rolle den Eltern in der frühen Kindheit zukommt, damit das hochsensible Empfinden des Kindes nicht zu einer neurotischen Ausprägung führt.

In der heutigen Forschung wird oft nicht mehr berücksichtigt, dass diese Kinder über einen biologischen Schutzmechanismus verfügen, der sie vor pathologischen „Ausrutschern" bewahrt, wenn sie in ihrer frühen Entwicklung ausreichend Schutz und Geborgenheit gefunden haben. Das bedeutet konkret: Auf die Trennungs- und Situationsängste eines Kindes muss in dessen ersten Jahren (wie bisher mehrfach beschrieben) von den Eltern angemessen eingegangen werden.

Bei den hochängstlichen Kindern ist die Gefühlsansteckung (Bischof-Köhler 1989, Bauer 2006) stärker ausgeprägt, d. h., sie fühlen stärker und schneller das Leid der anderen. Das kann zur Belastung werden, wenn die Kinder nicht durch angemessenes Elternverhalten ausreichend geschützt sind. Für diese besondere Fähigkeit hat Hoffman (1983, 245), der die frühe Sensibilität und Empathiefähigkeit eingehend untersuchte, den Effekt der „empathischen Übererregung" beschrieben: „Empathisches Mitleiden löst zwar mit zunehmender Stärke prosoziales Handeln aus, aber nur bis zu einer Schwelle der Leidenstoleranz. Jenseits dieser Schwelle kann es zu Selbstschutzhandeln kommen." (Hoffmann 1979, 264; Eisenberg/Mussen 1989, 146; Asendorpf 1996, 129). Was damit gemeint ist, zeigen die beiden folgenden Beispiele von zwei hochempfindsamen Kindern:

„Ein dreijähriger Junge, der Zeuge eines Streitgesprächs zwischen seinen Eltern wird, sagt laut zu sich selbst: ‚Damit habe ich nichts zu tun!' Dies ist eine Selbstschutzaussage.

Ein anderer Dreijähriger bittet seine Mutter, bei ihm zu bleiben, weil er sich fürchtet. Auf die Frage der Mutter, wovor er sich fürchtet, antwortet er: ‚Das darf ich dir nicht sagen, sonst fürchtest du dich auch!'„ (Eltern 9/90, 30). Dieses Kind hat Erfahrung mit der Gefühlsansteckung und weiß, dass die Angst der Mutter seine eigene Angst erhöht, so dass es den Grund nicht nennen will. Mit der Aussage schützt es sich vor noch größerer Angst.

Damit ängstliche, schüchterne und empfindsame Kinder später als stabile Persönlichkeiten ihr eigenes Leben organisieren können, darf dieser Schutzmechanismus und die starke Angstbereitschaft in der frühen Kindheit nicht überstrapaziert werden. Das bedeutet, das oben beschriebene Elternverhalten hilft dem Kind, Selbstschutzhandeln auszubilden und eine stabile Persönlichkeit zu entwickeln. Diese Fähigkeiten helfen Kindern, Verantwortung für sich selbst und für andere zu tragen, ohne sich selbst aufgeben zu müssen.

Eine der wenigen Untersuchungen zu den Reaktionen der besonders empfindsamen Kinder zeigt, dass Eltern und ErzieherInnen auf die Bedürfnisse nach Nähe und Schutz auf jeden Fall eingehen sollten. Diese Kinder brauchen mehr Ermutigung und ein geregelteres Leben als die anderen. Dann entwickeln sie sich auch zu einer starken Persönlichkeit (GEO-Wissen 08/2001, 51).

Bei Kindern mit den bisher beschriebenen Eigenschaften sind noch weitere Besonderheiten zu beachten: Sie haben eine stärkere Körperwahrnehmung und eine höhere Schmerzempfindlichkeit, reagieren schneller auf Lärm, sind temperaturempfindlicher, haben eine hohe Geschmacksempfindlichkeit, vertragen manche Nahrungsmittel nicht und sind häufig grobmotorisch weniger geschickt. Das wird durch ihre vielfältigen sozialen Fähigkeiten und ihre hohe Leistungsbereitschaft ausgeglichen.

Ausspielen der Eltern gegeneinander, Beschimpfungen der Eltern: Kinder spielen Eltern gegeneinander in der Zeit aus, in der ihr Regelverstehen noch sehr oberflächlich ist und sie vorwiegend darauf bedacht sind, den eigenen Willen durchzusetzen. Ihre inzwischen weiterentwickelte Intelligenz führt dazu, dass sie viel Energie in das Erreichen der eigenen Ziele stecken. Entsteht deshalb ein Konflikt mit einem Elternteil, liegt es für das Kind nahe, den noch nicht beteiligten Erwachsenen zu instrumentalisieren, um sein Ziel zu erreichen. Auf die Frage des Vaters, was Mama „dazu" gesagt hat, kommt deshalb bei vielen Vierjährigen eine überzeugte „Lüge" als Antwort. Wenn Eltern die Gründe für dieses Verhalten kennen, ist es ihnen möglich, dieses „Spiel" zu durchschauen und entsprechend zu handeln.

Im fünften Lebensjahr kommt es in solchen Fällen häufig vor, dass das Kind mit den Eltern verhandelt, um sein Ziel zu erreichen. Hier operiert es punktuell schon mit zweidimensionalen kognitiven Schemata, denn es hat sowohl seinen Wunsch als auch die Perspektive des anderen im Blick. Es überlegt, wie es den anderen manipulieren kann. Hat das Kind mit seinen Instrumentalisierungsversuchen keinen Erfolg, zieht es sich auf seinen Standpunkt zurück und seine Impulse nehmen wieder überhand.

Im Gegensatz zur vorherigen Entwicklungsstufe, wo es vollständig in seine Impulse eingebunden war und mit heftigen Wutanfällen reagierte, kann es sie jetzt insofern steuern, als es seine Wut verbal gegen den anderen richtet. Dabei ist dem Kind die verletzende Bedeutung der Schimpfwörter nicht bewusst. Es ahmt unreflektiert das nach, was es von anderen gehört hat und ist lediglich zufrieden darüber, ein wirksames Instrument zur Äußerung seiner Wut zu haben. Solange das Kind die Perspektive des anderen nicht vollständig nachvollziehen kann, versteht es weder die Auswirkungen noch die Betroffenheit der Eltern. Ein Beispiel aus der Praxis macht deutlich, wie sich solche Situationen für das Kind darstellen:

Der fünfjährige Arne beschimpft seit einiger Zeit seine Mutter in rüder Form. Eines Tages sagt die Mutter zu Arne: „Du machst mich ganz traurig damit. Findest du das eigentlich gut?“ Arne: „Nein Mama, ich finde das nicht gut. Aber ich kann doch nichts dafür, ich verliere einfach den Verstand!“

Mit dem Wissen über die sozial-kognitiven Voraussetzungen beim Kind können Eltern das Verhalten als Problem des Kindes erkennen und eine angemessene Grenze setzen.

Das „nervende“ Verhalten der fünf- bis sechsjährigen Kinder

Das Kind will ständig im Mittelpunkt stehen und gelobt werden; es hat ein extremes Geltungsbedürfnis, kann nicht verlieren: In diesem Alter konzentriert sich das Kind, wie bereits in der Theorie dargelegt, bewusst auf sich selbst, wenn es mit fünf Jahren versteht, dass die Gedanken, die Gefühle und Absichten der anderen sich von seinen unterscheiden. Das führt zu einer starken Konzentration auf die eigene Person. Die Auswirkungen dieser Erkenntnis zeigen sich in seinem ständigen Bemühen, im Mittelpunkt zu stehen und gelobt zu werden. Das Kind treibt damit aktiv sein Selbsterkennen bzw. seinen Identitätsprozess voran. Wenn Eltern den Hintergrund für dieses sehr „nervende“ Verhalten kennen, haben sie bessere Möglichkeiten, darauf zu reagieren.

Durch den identitätsbildenden Stellenwert des kindlichen Handelns ist es angemessen, soweit wie möglich dieses Verhalten zu ignorieren und nur die eigene Grenze zum Maßstab für Reaktionen zu machen. Damit wird die Fähigkeit zur Perspektivenübernahme beim Kind gefördert und sein Selbstwertgefühl kann stabil bleiben. Die Phase dieses störenden Verhaltens verkürzt sich dadurch.

Das Nicht-verlieren-Können der fünf- bis sechsjährigen Kinder zeigt besonders prägnant die Bedeutung der eigenen Leistung für die bewusste Selbstwahrnehmung. Beim Regel- und Wettkampfspiel kann das Kind sein Bedürfnis, als Gewinner im Mittelpunkt zu stehen, am besten befriedigen. Aus diesem Grund nehmen die Kinder Spielangebote gern an. Zu Beginn hat das Kind wenig Überblick über den Spielverlauf, so dass es bei fehlender Unterstützung verliert. Der Ausraster ist dann oft unvermeidbar. Da die eigene Leistungsfähigkeit im Vordergrund steht und noch nicht im kompensierenden Vergleich zum anderen gesehen wird, ist das Verlieren eine mittlere Katastrophe für das Kind. Erst wenn sich die bewusste Selbstwahrnehmung in ein positives Selbstbewusstsein verwandelt, kann das Kind ein relatives Gleichgewicht in Spielsituationen bewahren. Eltern bemerken diesen Entwicklungsprozess daran, dass das Kind deren Unterstützung beim Spiel feststellt und darauf besteht, dass „richtig“ gespielt wird. Das ist meistens erst im sechsten Lebensjahr der Fall. Wenn es dann verliert, kompensiert es seinen Verliererstatus durch die Forderung nach einem neuen

Spiel. Es kennt dann die Regeln genau und hat den Überblick über die Spielsituation, so dass es seine Gewinnchancen einschätzen kann.

Bestimmerverhalten, Chef spielen wollen, Mackerverhalten; immer Erster sein wollen: Dieses Verhalten ist eine Begleiterscheinung der beschriebenen identitätsbildenden Aktivitäten der fünf- bis sechsjährigen Kinder, insbesondere bei den Jungen. Die bewusste Konzentration auf die eigene Person und auf die eigene Leistung geht mit starken Machtgefühlen als Kompensation der Erkenntnis einher, dass die Erwachsenen sagen, wo es langgeht. Was bisher im Rollenspiel ausagiert wurde, führt jetzt zu ständig initiierten verbalen und aktionalen Machtspielen. Die Jungen wollen zu Hause der „Chef" sein und über die anderen bestimmen. In der Kindergruppe beanspruchen sie gezielt die Anführerschaft und wollen unabhängig von Rollenspielen der Anführer sein. Mädchen hingegen betonen, dass sie größer, schneller und besser seien als die anderen; allen gemeinsam ist, dass sie „Erste" sein wollen.

Eltern müssen besonders dem Bestimmerverhalten klare Grenzen entgegensetzen und dem Kind verdeutlichen, dass sie selbst hauptsächlich bestimmen und nur in Ausnahmefällen die Kinder bestimmen dürfen. Erwachsene sollten allerdings bei den Bandenspielen in den Streit um die Anführerschaft nur eingreifen, wenn Kinder drohen, zu Schaden zu kommen. Normalerweise regeln die Kinder diese Spiele von selbst.

Alle diese Verhaltensweisen haben die Funktion der Identitätsfindung. Sie erscheinen auf den ersten Blick als antisozial, sind aber entwicklungsbedingt nicht zu vermeiden. Das Kind muss sich selbst auffallend in der beschriebenen Form in den Mittelpunkt stellen, um sich über die Anerkennung durch andere als Subjekt zu begreifen, um also seine eigene Bedeutung zu spüren.

Zu diesen identitätsrelevanten Verhaltensweisen gehört auch das „Mackerverhalten" der fünfjährigen Jungen, mit ihrer Vorliebe für Waffen jeder Art. Diese Vorliebe sollte weitgehend ignoriert werden. Gerade die Jungen müssen sich stark in den Mittelpunkt stellen, um sich selbst besser wahrnehmen zu können. Das geht am besten durch die Darstellung von Stärke mithilfe von Waffen. Wie lange diese Phase anhält und wie heftig sie ist, hängt von der Dynamik in der Kindergruppe ab. Sind Kinder dabei, deren Eltern dieses Verhalten fördern (über entsprechende männliche Vorbilder und die passende Ausstattung mit Spielzeugwaffen), werden die anderen Kinder davon beeinflusst. Die Faszination von Waffen ist in dieser Zeit sehr stark, gleichzeitig wird aber deren Bedeutung nicht verstanden. Hier sollten Eltern Aufklärung über die Auswirkungen des Waffengebrauchs betreiben, auch wenn dies die Jungen noch nicht ganz verstehen. Es darf dabei nicht insistiert werden, weil Kinder diese Informationen nicht einordnen können und der Widerstand der Eltern eher den Wert der Waffen erhöht; die eine oder andere kritische Bemerkung am Rande genügt. Ein zusätzlicher Effekt kommt durch das eingeschränkte Regelverstehen der fünf- bis sechsjährigen hinzu. Gerade Jungen sehen in diesem Alter Gut und Böse als klare Gegensätze. Sie bekämpfen vehement das Böse in ihren wilden Spielen. Dafür brauchen sie Waffen. Auch ihre Ängste, die durch vorgestellte Fantasiegeschichten (während der normalen Angstentwicklung) entstehen, werden in diesen Spielen bekämpft. Solange solche Spiele nicht überhandnehmen, sollten sie jedoch toleriert werden. Wenn ein Kind allerdings ständig übermäßig aufgeregt in solchen Spielen festhängt und es insgesamt sehr unruhig wirkt, muss versucht werden, über ruhige Beschäftigungen dem Kind Entspannung zu verschaffen.

Wenig kompromissbereit, lässt sich bedienen, räumt nicht auf: Auch diese Eigenschaften gehören noch weitgehend zu den oben beschriebenen Einschränkungen im sozialen Denken und Selbsterkennen, besonders wenn sich das Kind unter Stress befindet. Kommt dies bei den Sechsjährigen häufiger vor, handelt es sich um regressives Verhalten. Trennungserfahrungen, Stress in der Familie, Überforderung im Leistungsbereich können Gründe dafür sein. Ansonsten sind hier klare Grenzen aufzuzeigen, besonders wenn es um Dinge geht, die das Kind schon gut allein erledigen kann.

Das „Nichtaufräumen“ ist ein Dauerkonflikt in den Familien. Dafür gibt es zwei wesentliche Gründe: Wenn Kinder schon sehr früh ständig zum Aufräumen angehalten werden, obwohl sie den Sinn des Aufräumens nicht verstehen, entwickeln sie eine dauerhafte Abwehr dagegen. Am Anfang sollten die Eltern das Aufräumen übernehmen und das Kind ab dem zweiten Geburtstag einbeziehen. Damit lernt das Kind nach und nach, wie aufgeräumt werden soll. Ab vier Jahren kann dann das Kind aufgefordert werden, aufzuräumen – allerdings ohne Konsequenzen anzudrohen, wenn es sich weigert. Gutes Zureden ist immer ein Weg und auch das Verweisen auf positive Dinge, die dann folgen. In diesem Alter sind die Kinder bemüht, den Anforderungen der Eltern nachzukommen, denn Lob für richtiges Verhalten ist jetzt ein hoher Wert. Bei Kindern zwischen fünf und sechs Jahren kann dann darauf bestanden werden, dass es aufräumt, wobei eine „Nacharbeit“ der Eltern immer noch nötig ist. Ab dann wird es Aufgabe der Eltern bleiben, die Kinder zum Aufräumen anzuhalten.

Der zweite Grund dafür, dass das Nichtaufräumen zu einem Dauerkonflikt werden kann, liegt manchmal in einer angeborenen (mehr oder weniger starken) Unfähigkeit, Ordnung zu halten. Diese Fähigkeit lässt sich auf einer zweipoligen Skala darstellen: An dem einen Pol befinden sich die Kinder mit einem ausgeprägten Ordnungssinn. Sie lernen das Aufräumen sehr schnell, denn Ordnung ist für sie ein hoher Wert. Den Kindern am anderen Pol fehlt diese Fähigkeit weitgehend. Sie sind eher chaotisch strukturiert und entwickeln ihre eigene Ordnung, die sich vom Ordnungsverständnis der anderen unterscheidet. Dies gehört – ebenso wie das oben beschriebene, eher ängstliche oder aggressionsbereite Temperament – zum normalen Verhaltensspektrum. Für Eltern eines wenig ordnungsliebenden Kindes bedeutet das, dem Kind zu helfen, wo es nötig ist. Diese Kinder haben auch Probleme mit der Pünktlichkeit, sie sind vergesslicher als die anderen und verlieren häufig Dinge. Je nachdem, welche Fähigkeiten das Kind von Natur aus für das Aufräumen hat, benötigt es entweder lange die Hilfe der Eltern oder kann es schon früh allein. Wenn Eltern achtsam mit solchen Situationen umgehen, verringern sich die Konflikte um das Aufräumen.

Hält sich nicht an bekannte Regeln; lügt und erzählt Fantasiegeschichten: Bei diesem Verhalten der Sechsjährigen handelt es sich häufig um sehr außenorientierte, aggressionsbereite Jungen, denen die Regeleinhaltung schwerfällt, weil deren Ichbezogenheit stärker ausgeprägt ist. Sie verstehen die negativen Auswirkungen des Lügens erst viel später und versuchen häufig, sich mit erfundenen Geschichten aus der Affäre zu ziehen.

Diese Kinder brauchen klare Anweisungen sowie Konsequenzen bei Fehlverhalten und müssen stärker kontrolliert werde. Die Auswirkungen ihres negativen Verhaltens auf andere müssen sie immer wieder deutlich von den Eltern hören. Damit entwickelt sich auch bei ihnen soziales Denken und Verstehen, auch wenn das erst nach dem sechsten Lebensjahr zum Vorschein kommt (Butzmann 2000, 95). Gerade bei diesen Kindern ist angemessenes, an den Entwicklungsmerkmalen angepasstes Eltern- und Erzieherverhalten wichtig, damit sich die Ichbezogenheit nicht so verfestigt, dass die Bedürfnisse anderer später gar nicht wahrgenommen werden.

Wenn es sich bei obigem Verhalten um Kinder ohne die beschriebenen Persönlichkeitsmerkmale handelt, sollte auf Überforderungsanzeichen geachtet werden. Bei Überforderungen durch einen stressreichen Alltag zeigen Kinder meistens regressives Verhalten. In diesem Fall kann es schon helfen, wenn Eltern für aktionsfreie Wochenenden sorgen, an denen sich das Kind, seinen eigenen Bedürfnissen entsprechend, beschäftigen kann. Ebenso sollten die Nachmittagstermine des Kindes überprüft und möglichst reduziert werden.

Übermäßiger Fernsehkonsum: Dies von den Eltern als „nervend“ beklagte Verhalten bei Fünfjährigen beinhaltet die Annahme, dass Vorschulkinder ihren Fernsehkonsum selbst regulieren können. Der Umgang mit einem solch faszinierenden Gerät ist aber für Kinder bis ins zehnte Lebensjahr hinein nicht möglich und muss von den Eltern geregelt werden. Dazu gehört das Fernhalten der Kinder von dem Fernseher, solange es irgendwie möglich ist. Zumindest bis zu dem Zeitpunkt, wo die Kinder zwischen Fantasie und Realität genau unterscheiden können. Das ist frühestens mit

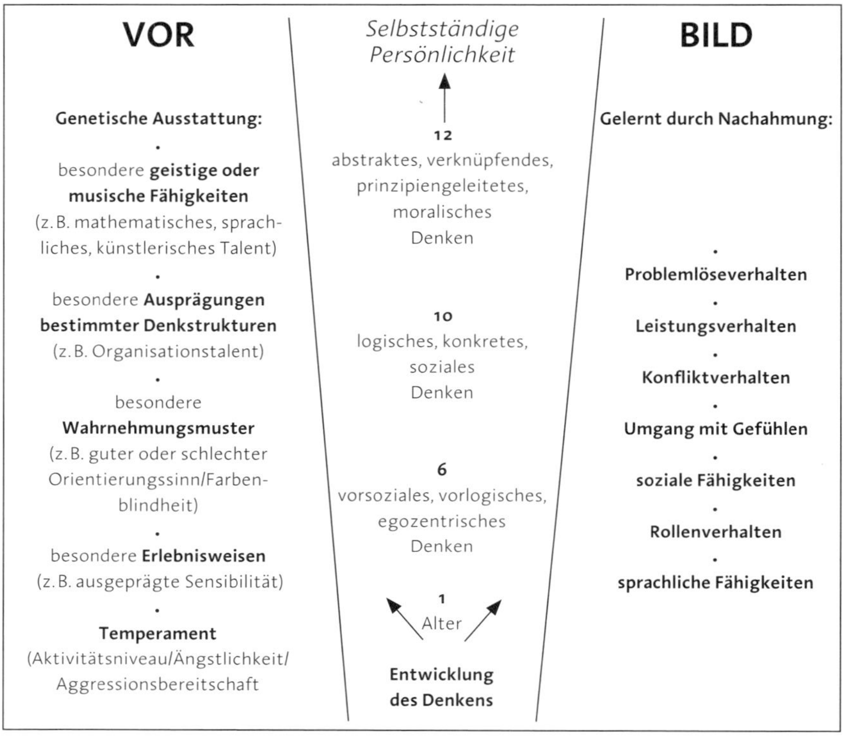

Abb. 4: Die drei Einflussfaktoren auf die Entwicklung (Plakat und Handout)

vier Jahren der Fall. Auch dann ist es für die Entwicklung des Kindes günstiger, wenn das Fernsehen unterbleibt.

Über die negativen Auswirkungen des Fernsehens wird seit Langem in der Fachwelt diskutiert. Neurobiologen haben bei Langzeituntersuchungen festgestellt, dass sich die Gehirne von Kindern anders entwickeln, wenn sie viel fernsehen (Spitzer 2006): Sinne verkümmern, das Bewegungsvermögen bleibt defizitär, Aggressionen nehmen zu. All dies schränkt schließlich auch die Lernfähigkeit ein.

Für Eltern ist es also vordringliche Aufgabe, den Fernsehkonsum der Kinder zu regeln bzw. ihn zu überwachen, wenn fernsehen zum Alltag der Familie gehört. Dabei sind Vorgaben über die Art der Sendung, die gesehen werden soll, und über die entsprechenden Zeiträume zu machen; außerdem sollten Eltern möglichst mit den Kindern zusammen fernsehen. Bei Vorschulkindern sollten zwanzig Minuten pro Tag nicht überschritten werden. Dabei ist es wichtig, Fernsehverbote als negative Konsequenz bei Fehlverhalten zu vermeiden, weil dies den Wert des Fernsehens erhöht. Ebenso sollten wegen täglich laufender Sendungen keine Spielaktionen der Kinder unterbrochen werden. So bleibt das Fernsehen für Kinder eine Nebensächlichkeit und kann keinen Schaden anrichten.

Zum Schluss des Bildungsmoduls zu den Erziehungsproblemen in der frühen Kindheit gibt es eine *Zusammenfassung* mit dem in Abbildung 4 dargestellten Plakat. Damit wird die hier zugrunde gelegte sozial-kognitive Entwicklung der Kinder in die beiden anderen Einflussfaktoren eingebettet, die auf die kindliche Entwicklung einwirken: die angeborene Persönlichkeitsstruktur und die Rolle des Vorbilds. Dabei ist zu erläutern, dass sich diese drei Bereiche gegenseitig beeinflussen. Das kann an dem bereits mehrfach genannten Beispiel der Kinder mit einer hohen Aggressionsbereitschaft verdeutlicht werden, deren sozial-kognitive Entwicklung langsamer verläuft.

2.2.3 Ergebnisse

Aus dieser Einheit resultieren keine von den Eltern erarbeiteten Ergebnisse. Lösungswege entstehen immer während der Plenumssitzung im Dialog, so dass alle Mütter und Väter brauchbare Handlungsmöglichkeiten für ihren konkreten Fall erhalten.

Die Erleichterung bei den Eltern darüber, dass ihre Kinder „normal" sind und sie sich keine Sorgen machen müssen, ist nach dieser Einheit immer spürbar. Ebenso empfinden die Eltern eine deutliche Entlastung, wenn sie für ihre besonderen Probleme Lösungsansätze mitnehmen können. Ein positives Ergebnis, im Verlauf der hier beispielhaft zugrunde gelegten Bildungswoche, war auch die Tatsache, dass der elterliche Umgang mit den Kindern täglich entspannter wurde. Wie gut das Kindern tut, ist in solchen Fällen an ihrem zunehmend positiven Verhalten und dem häufigen Lachen zu erkennen.

Viele der besprochenen Lösungsmöglichkeiten werden bereits im Laufe einer Seminarwoche ausprobiert. Eine deutlich spürbare Entspannung der Eltern hat auch noch einen weiteren Grund: Durch den Fokus auf die normalen, entwicklungsbedingten Verhaltensweisen der Kinder erklärt sich vieles, was die Eltern zu Beginn als problematisch ansehen – und wofür sie sich meistens als Verursacher betrachten.

Dieses Bildungsmodul beansprucht einen ganzen Seminartag, mindestens jedoch acht Unterrichtsstunden. Es wurde bei der retrospektiven Befragung der Eltern als sehr positiv bewertet (Evaluation in Kapitel 3.2). Wenn dieses Thema in Form eines Wochenend-Seminars angeboten wird, ist es sinnvoll, das Modul zur Herkunftsfamilie (2.4) einzubeziehen.

2.3 Streitverhalten der Eltern und die Auswirkungen auf die Entwicklung des Kindes

Dieses dritte Bildungsmodul befasst sich mit dem Streitverhalten von Männern und Frauen und bezieht die Auswirkungen von häufigem Elternstreit auf die Entwicklung der Kinder mit ein. Streit ist durch die Veränderungen und Belastungen im Familienalltag mit Kleinkindern unvermeidbar. Häufiger Streit ist auch ein wesentlicher Auslöser für Trennung und Scheidung. Kinder leiden unter dem Streit der Eltern sehr stark, Trennungs- und Scheidungserfahrung beeinträchtigen sie in ihrer Entwicklung (Wallerstein et al. 2002). Dass Konflikte zwischen den Eltern auch ein Risikofaktor für die Eltern-Kind-Beziehung sind, zeigt nicht nur die Scheidungsforschung, sondern auch die Forschung zu den Folgen ehelicher Probleme. Als besonders belastend für die Kinder haben sich solche Konflikte erwiesen, die eine hohe Frequenz und Intensität aufweisen, nicht aufgelöst werden und überdies die Kinder betreffen (Walper 2003). Die Behandlung des Themas in Familienbildungs-Veranstaltungen ist deshalb von großer Bedeutung.

Streit hat für Frauen und Männer eine starke psychische Komponente, die den unbefangenen Umgang mit Aggressionen erschwert. Das erlebte Vorbild in der Herkunftsfamilie und die aktuelle Beziehungssicherheit spielen darüber hinaus eine wesentliche Rolle.

Die Komplexität des Themas erfordert ein gut strukturiertes methodisches Vorgehen, das Schritt für Schritt neue Erkenntnisse hervorbringt. In der Seminarpraxis wird deshalb der unverfängliche geschlechtsspezifische Ansatz zuerst behandelt, wobei mehr an einem Seminartag oft nicht möglich ist. Die TeilnehmerInnen sind in der Regel auch mit einem ersten Ergebnis zufrieden. Die Auswirkungen des Vorbildes aus der Herkunftsfamilie auf das Streitverhalten, die psychische Komponente sowie die Zusammenfassung mit der Erstellung eines Gesamtlösungsbildes werden in der Regel in einem weiteren Seminar behandelt. Für die Bearbeitung des Themas im Gesamtzusammenhang wird im Folgenden das Modul umfassend und am Stück dargestellt.

Das *Ziel dieses Moduls* ist es, den Eltern neue Handlungsmöglichkeiten im Umgang mit den eigenen Aggressionen und mit denen des Partners zu eröffnen, so dass einerseits die Streitfrequenz in der Partnerschaft reduziert wird und andererseits konstruktive Streitmuster zugelassen werden. Damit können sich die negativen Auswirkungen des Elternstreits auf die Kinder verringern und ein positives Vorbild für Konfliktverhalten wirksam werden.

Zuerst wird im Folgenden der theoretische Hintergrund zum ersten Teil, dem geschlechtsspezifischen Streitverhalten, dargestellt. Daran schließt die Beschreibung des Seminarablaufs für diesen Teil an.

2.3.1 Theoretischer Hintergrund zum Streitverhalten

Dass es für das Phänomen des geschlechtsspezifischen Streitverhaltens noch einen anderen als den sozialisationsbedingten Grund geben muss, geht aus den immer wieder gleichen Ergebnissen dieses Moduls hervor (Butzmann 2003). Neben den bei Männern und Frauen gleichermaßen aggressiven Verhaltensweisen (wie das Schreien, Brüllen, Türenknallen, Gegenstände werfen, Handgreiflichkeiten und gezielte verbale Verletzungen) gab es immer typische Unterschiede. Dabei wurden von den Beteiligten die aggressiven Äußerungen und Handlungen im Streit nicht so negativ gesehen, wie die geschlechtsspezifischen.

Die Berücksichtigung des erlernten Streitverhaltens wies größtenteils die Übernahme des vom gleichgeschlechtlichen Vorbild erlernten Streitmusters auf. Die wenigen Frauen und Männer, die beim gegengeschlechtlichen Elternteil aufwuchsen, zeigten trotzdem das geschlechtstypische Verhalten (Butzmann 2003).

Die in Kapitel 2.1 erläuterten Ursachen für die unterschiedliche Wahrnehmung des Familienalltags von Frauen und Männern können auch das unterschiedliche Streitverhalten der Geschlechter erklären. Es wurden dort zwei Unterschiede in der Funktionsweise des Gehirns näher beschrieben: Die Nervenfaserbündel des Corpus Callosums, die beide Großhirnhälften miteinander verbinden (Roth 2001, 136), gehören ebenso dazu, wie die ungleiche Verteilung der weißen und grauen Substanz im Gehirn von Frauen und Männern (Haier 2005). Durch die stärkeren Verbindungen zwischen beiden Gehirnhälften und die größere Masse an weißer Gehirnsubstanz (myelinisierte Axone) können Frauen vieles gleichzeitig bedenken. Durch die schwächere Verbindung bzw. stärkere Lateralisierung beider Gehirnhälften können sich Männer besser auf eine für sie wichtige Sache konzentrieren und sich besser von allem abgrenzen, was ihnen nicht guttut.

Was bedeuten diese Erkenntnisse für das gegensätzliche Streitverhalten? Die Männer zeigen im Streit das, was sie (aufgrund ihrer Gehirnstruktur) sehr gut können: Sie grenzen sich ab und schaffen Distanz, indem sie sich entziehen oder verbale Mittel anwenden (Ironie, Sarkasmus, Provokationen). Diese von den Frauen als besonders negativ angesehenen Aggressionsformen haben starke kognitive Elemente. Auf Nachfragen erklärten die Männer den „zivilisierten" Anteil ihres Streitverhaltens damit, dass die Distanzierung bewusst eingesetzt würde, wenn aggressive Impulse hochkommen. Eine Untersuchung zu diesem Themenbereich von Micus (2002, 233) bestätigt die Suche der Männer nach räumlicher und emotionaler Distanz zum Geschehen, um eigene Spannungen abzubauen.

Frauen beginnen häufig die Auseinandersetzung, weil ihre Erwartungen an die Unterstützung durch die Männer sehr hoch sind. Dabei dauert es unter Umständen einige Zeit, bis diese Auseinandersetzung geführt wird oder geführt werden kann, so dass angesammelter Frust beim Aufgreifen des Themas mittransportiert wird (Klees 1992, 149). So kommt es schnell zu Vorwürfen, worauf die Männer mit Unverständnis und Abwehr reagieren. Wenn der Mann dann das oben beschriebene Verhalten zeigt, hat die Frau keine Chance auf Klärung des für sie wichtigen Themas. Die Rückzugsstrategien der Männer bewirken, dass das Streitthema nicht aufgelöst werden kann. Sachargumente und negative Gefühle bleiben im Bewusstsein der Frauen, so dass sich „Nörgeln und schlechte Laune“ kaum vermeiden lassen. Frust wird angesammelt und bei der nächsten strittigen Kleinigkeit kommt es zur „Explosion“.

Die stärkere Vernetzung beider Gehirnhälften mit der umfassenderen Wahrnehmungsfähigkeit (Kimura 1992, 110, Bischof-Köhler 2002) führt dazu, dass Frauen sich unter starker emotionaler Belastung kaum auf das Wesentliche im Streit konzentrieren können. Ein Konglomerat aus Argumenten und Gefühlen verhindert die von den Männern so gut beherrschbare Abgrenzungs- und Rückzugschoreografie. Insofern sind die meisten Frauen stärker involviert. Sie haben sofort alle schlechten Erfahrungen mit dem Partner und alle Ohnmachtsgefühle der Vergangenheit präsent, deshalb holen sie im Streit „die alten Geschichten“ hervor, sind „nachtragend“ und rennen dem Partner hinterher, um eine Stellungnahme zu erzwingen. Diese denkstrukturbedingten Unterschiede im Streitverhalten verhindern eine konstruktive Auseinandersetzung und sorgen kontinuierlich für neue Streitsituationen.

Das Wissen über die unterschiedlichen Reaktionsweisen von Männern und Frauen, im Zusammenhang mit der Akzeptanz aggressiver Gefühle, entlastet beide Beteiligten, weil das Streitverhalten nicht mehr als persönliches Versagen mit den entsprechenden Schuldzuweisungen gesehen werden muss. Diese andere Wahrnehmung ermöglicht das Ausbalancieren der Metamorphose des Selbstwertgefühls, so dass die Auseinandersetzung ein konstruktives Ende nehmen kann. Der Einfluss des erlebten Streitmusters aus der Herkunftsfamilie kann darüber hinaus relativiert werden.

Auf dieser Grundlage können die aus der Konfliktforschung hervorgegangenen positiven Kommunikationsfertigkeiten (wie Ich-Botschaften, beim Thema bleiben, aufnehmendes Zuhören und offenes Nachfragen) erfolgreich angewendet werden. Die dadurch erreichbare weitgehende Stabilität des Selbstwertgefühls führt schließlich zu einem tieferen Verständnis der Probleme des Partners, weil die diffuse psychophysiologische Erregung und die damit einhergehende Einschränkung im Denken und Wahrnehmen unterbleibt (Gottman 1993).

Das Wissen über die denkstrukturbedingten Ursachen für geschlechtsspezifisches Streitverhalten muss jedoch erst etabliert werden, um im konkreten Streitfall präsent und wirksam zu sein. Der andere Umgang mit dem, durch genetische Einflüsse verursachten und durch erlernte Streitmuster verfestigten Verhalten müssen sich die Paare erarbeiten. Das bessere Selbstverständnis, das mit diesem Wissen einhergeht und zunehmende Erfolgserlebnisse mit konstruktiven Problemlösungen forcieren schließlich den Prozess. Gegenüber den psychologischen Trainingsprogrammen für Kommunikationsfertigkeiten ist das bessere Selbst- und Fremdverständnis, das sich mit diesen Erkenntnissen entwickeln lässt, der effektivere Motor für Verhaltensänderungen. So kann eine fehlgelaufene Auseinandersetzung im Nachhinein von einem neutralen Punkt aus, d.h. ohne Schuldzuschreibungen, analysiert werden, so dass sich neue Handlungsmöglichkeiten für den nächsten Streit gewinnen lassen (Butzmann 2003).

2.3.2 Gestaltung des Bildungsmoduls „Streitverhalten von Männern und Frauen"

Aus der Collage des ersten Bildungsmoduls geht das erhöhte Konfliktpotenzial hervor, welches durch die unterschiedliche Wahrnehmung des Familienalltags mit Kleinkindern von Frauen und Männern verursacht wird. Diese unterschiedlichen Sichtweisen führen unweigerlich zu mehr Streit. In der Diskussion zur Collage wird das zwar kaum direkt formuliert, auf Nachfrage jedoch immer bestätigt.

Bei der *Zielformulierung* für dieses Modul knüpfe ich an die Aussagen der Collagen an – mit dem Hinweis, dass auch das Streitverhalten eine geschlechtsspezifische Komponente hat, die die Streitfrequenz, unabhängig von den individuellen und situativen Streitgründen, erhöht. Deshalb soll es jetzt um die Beschäftigung mit dem unterschiedlichen Streitverhalten von Frauen und Männern gehen, um Folgendes herauszufinden:

- Warum hilft Streitvermeidung nicht?
- Auf welche Weise kann „unnötiger" Streit reduziert werden?
- Welche Wege führen zum konstruktiven Streiten?
- Wie muss konstruktives Streitverhalten aussehen, um für die eigenen Kinder ein gutes Vorbild abzugeben?

Da dieses Thema für alle Beteiligten hochbelastend ist, sollten die TeilnehmerInnen nach dieser Zielformulierung gefragt werden, ob sie sich auf das Thema einlassen wollen. Wenn sie das bejahen, wird die methodische Vorgehensweise erklärt.

Über die *Methode* des Bildungsmoduls muss die Voraussetzung geschaffen werden, dass sich jeder nach seinem eigenen Befinden einbringen kann, denn das Selbstverständnis der Frauen und Männer steht hierbei besonders stark im Mittelpunkt. Des Weiteren muss ein weitgehender Erfahrungsaustausch möglich sein, was beim Thema „Streiten" schwierig ist, weil die TeilnehmerInnen aufgrund der persönlichen Betroffenheit zurückhaltend sind. Das „Außer-sich-Sein“ ist, psychologisch gesehen, im Streit sehr bedrohlich und niemand möchte diese Gefühle heraufbeschwören. Aus diesem Grund werden die TeilnehmerInnen während des ganzen Erkenntnisprozesses von den TeamerInnen begleitet. Es gibt keine selbstverantwortlichen Arbeitsgruppen.

Was mache ich, wenn ich auf meinen Partner/meine Partnerin wütend bin?

Diese Fragestellung für die erste Gruppenarbeit befindet sich auf zwei vorbereiteten Wandzeitungen für je eine Männer- und eine Frauengruppe. Die TeilnehmerInnen folgen den TeamerInnen in die jeweiligen Gruppenräume, wo diese die Fragestellung wiederholen und, wenn nötig, präzisieren. Erfahrungsgemäß dauert es meistens eine ganze Weile, bis sich die Eltern auf dieses Thema einlassen können. Wenn jemand mit der Schilderung seines Streitverhaltens beginnt, schreibt der Teamer/die Teamerin dies groß und deutlich auf die Wandzeitung und fragt die anderen Gruppenmitglieder, ob sie eine ähnliche Erfahrung gemacht haben. Auf diese Weise kommt langsam ein Erfahrungsaustausch in Gang, aus dem sich immer mehr Aussagen über das eigene Streitverhalten ergeben, so dass die Liste des „typisch“ männlichen bzw. weiblichen Streitverhaltens immer länger wird.

Es entwickelt sich dabei schnell die Erkenntnis, dass sich das Verhalten innerhalb der Gruppen sehr ähnelt, und das Erstaunen darüber ist groß. Das ist nun der erste Schritt, um zu verstehen, dass Aggressionen und Streit im Zusammenleben unvermeidbar sind und es letzten Endes darauf ankommt, wie man mit dem empfundenen Ärger und den Aggressionen umgeht.

Sollte es bei dieser Gruppenarbeit vorkommen, dass Beteiligte von eigenen Gewaltausbrüchen gegenüber dem Partner sprechen, muss diese Situation vom Seminarleiter aufgefangen werden. Dies kann geschehen, indem schon hier auf die in der Kindheit möglicherweise erlebten destruktiven Streitvorbilder Bezug genommen wird. Ebenso muss auf die (in Kapitel 2.2 behandelten) Wutanfälle bei Kleinkindern verwiesen werden mit folgender Erklärung: Ein fehlerhafter Umgang der Eltern mit starken „Ausrastern“ des Kindes führt in der Folge dazu, dass das Kind die eigenen aggressiven Impulse nicht unter Kontrolle halten kann. Kommt weiteres unzuträgliches Elternverhalten hinzu, kann das zu späteren Gewaltausbrüchen im Partnerschaftsstreit führen, die kaum zu steuern sind. Wenn der berichtete Vorfall der Teilnehmer kein einmaliger Ausrutscher war, muss zu einer Paarberatung oder zu einer Therapie geraten werden, bei männlicher Gewalttätigkeit zu entsprechenden Männertherapiegruppen.

In der Regel gelingt es nach diesem angeleiteten Erfahrungsaustausch, die Männer und Frauen für ein Rollenspiel zu gewinnen. Aus jeder Gruppe spielen zwei Personen eine der aufgeschriebenen problematischen „Szenen“ nach. Beim Finden der passenden Szene und bei der Umsetzung in ein Rollenspiel helfen die TeamerInnen. Diese müssen auch darauf achten, dass die Szenen nicht zu sehr den persönlichen Bereich des im Spiel dargestellten Partners berühren, wenn dieser anwesend ist.

Das Rollenspiel bietet jetzt einen methodischen Schnitt, der die TeilnehmerInnen stärker in Aktion bringt und spielerische Komponenten enthält. Es gibt immer zwei Leute in einer Gruppe, die genug Spielfreude haben, um sich auf ein Rollenspiel einzulassen. Das Rollenspiel lockert die Atmosphäre bei diesem schwierigen Thema auf und bietet über den erlebnisorientierten Inhalt Anhaltspunkte für die spätere Lösungssuche.

Nach einer längeren Pause werden die beiden Rollenspiele im Plenum aufgeführt. Dem Spiel schließt sich die Auswertung des Geschehens an. Zuerst schildern die Darsteller, wie sie sich in der Rolle gefühlt haben. Dies ist dann von besonderer Relevanz, wenn eine der Personen in die Rolle des eigenen Partners geschlüpft ist. Beim Spielen den Empfindungen des anderen nachzuspüren, fördert das Verständnis für ihn, auch wenn im Alltag das gespielte Verhalten belastend ist. Danach bekommen die Beobachter die Gelegenheit mitzuteilen, was sie während des Zuschauens gesehen und empfunden haben. Diese Anmerkungen fördern neue Sichtweisen des gespielten Problems zutage, die den Betroffenen helfen. Je nach Aussage der einzelnen Spieler und den Ergebnissen der anschließenden Diskussion kann ein angeleitetes neues Rollenspiel zur Lösungssuche angeschlossen werden. Nach den Rollenspielen und der dann folgenden Pause hängen die Listen mit dem Streitverhalten von Frauen und Männern nebeneinander an der Wand. Hier einige Beispiele aus der Praxis:

Die Wandzeitung der Frauen

Was mache ich, wenn ich auf meinen Partner wütend bin?

- weinen, heulen, schreien
- Gegenstände werfen
- den Partner anmuffeln, über Kleinigkeiten nörgeln
- schlechte Laune entwickeln, Frust ansammeln und irgendwann explodieren
- alte Geschichten hervorholen, nachtragend sein
- hinter dem Partner herrennen und ihn zur Stellungnahme zwingen
- auf ihn einreden
- Vorwürfe machen
- schmollen, Ärger schlucken, beleidigt sein
- bei einer Freundin aussprechen

Die Wandzeitung der Männer

Was mache ich, wenn ich auf meine Partnerin wütend bin?

- ironische Bemerkungen, Sarkasmus, Zynismus, dumme Sprüche
- Diskussion abbrechen, schweigen, nicht antworten
- rausgehen, abhauen, Distanz herstellen, zurückziehen
- dichtmachen
- die Partnerin ignorieren, sich abschotten,
- Gesprächsverweigerung
- provozieren
- ruhig und sachlich reagieren
- Herunterspielen der Meinung der Partnerin

Auch wenn die TeilnehmerInnen diese Verhaltensweisen von ihren Partnern kennen, werden die meisten über solche Ergebnisse doch erstaunt sein. Frauen, die in meinem Beispielseminar ohne ihre Männer gekommen sind, stellten verwundert fest, dass auf der einen Wandzeitung auch das Verhalten ihrer Männer steht. Diese Situation wiederholt sich seit vielen Jahren in jedem Seminar und auch die Verhaltensweisen von Männern und Frauen waren bisher immer die gleichen. Warum das so ist, und warum die Äußerung von Aggressionen notwendig ist, wird im Seminar mit den folgenden Schritten gemeinsam erarbeitet.

In der Plenumsrunde sollen die Männer und Frauen zuerst die aufgeschriebenen Verhaltensweisen der jeweils anderen Gruppe lesen, um klärende Fragen stellen zu können. Die Auswertung dieser Wandzeitungen beginnt mit der Markierung der Verhaltensweisen auf der eigenen Wandzeitung, die selbst belasten: Frauen und Männer erhalten Filzstifte mit der Bitte, an ihrem Gruppenplakat dort ein Kreuz zu machen, wo sie sich durch das eigene Verhalten belastet fühlen. Bei der anschließenden Betrachtung der Markierungen wird sich zeigen, dass nur die Verhaltensweisen entlasten, die weder gegen sich selbst noch gegen den anderen gerichtet waren. Bei den Frauen ist es das „Weinen“ und das Reden „mit der Freundin“, bei den Männern das „ruhige und sachliche Reagieren“. Die meisten Verhaltensweisen werden also abgelehnt, obwohl sie kaum deutlich aggressiven Charakter haben. Es ist anzunehmen, dass der Versuch, die eigene Aggression im Griff zu haben, zu Verhaltensweisen führt, die den Akteuren auch nicht gut tun.

In der dann folgenden Plenumsdiskussion wird vermutlich Übereinstimmung darüber herrschen, dass die Äußerung von Aggressionen normal ist und es Formen gibt, die ohne Schaden für sich selbst und andere bleiben.

Die Eltern tauschen dann meistens spontan ihre Erfahrungen mit verträglichen Formen der Aggressionsäußerung aus.

Als erstes Ergebnis wird damit für alle deutlich, dass Streit im Familienalltag mit Kleinkindern unvermeidlich ist. Nun geht es darum, Formen für verträgliche Auseinandersetzungen zu finden.

Für den nächsten Schritt erhalten alle Frauen eine Anzahl roter Klebepunkte und alle Männer grüne Punkte – mit der Bitte, an der Wandzeitung der jeweils anderen Gruppe das für jeden problematische Streitverhalten zu markieren. Bei dieser Aktion stehen die meisten zunächst eher abwartend davor und achten darauf, wo die Ersten ihre Punkte kleben; denn auch in diesem Fall ist, wegen der Rücksicht auf den Partner, noch viel Vorsicht im Spiel. (Dann wird jedoch meistens munter geklebt, wenn klar ist, dass es dieselben Verhaltensweisen sind, die Frauen und Männern beim jeweils anderen Probleme machen.)

An der Wandzeitung der Frauen sind erfahrungsgemäß danach alle Punkte markiert, d. h., die Männer finden alles belastend. Und genauso sieht es auch an der Wandzeitung der Männer aus: Genau wie die Männer finden die Frauen alle aufgeführten Verhaltensweisen als sehr belastend, weil auf diese Weise keine konstruktiven Auseinandersetzungen zu führen sind. Das trifft auch auf das „ruhige und sachliche Reagieren" der Männer zu. Diese Feststellung ruft bei den meisten Teilnehmenden Ratlosigkeit hervor. Es ist nämlich nicht gleich verständlich, warum dieses eher kontrollierte Streitverhalten so negativ beim anderen ankommt. Inzwischen fällt den Teilnehmenden vermutlich auf, dass sich das Verhalten im Streit der Männer und Frauen gegenseitig bedingt, aber Klarheit darüber, warum das so ist, stellt sich noch nicht ein. An dieser Stelle ist es notwendig, den oben dargestellten theoretischen Hintergrund für die geschlechtsspezifischen Unterschiede im Streitverhalten zu referieren, um die Lösungssuche voranzubringen.

Nach dem theoretischen Input sollte nun die Frage im Raum stehen, was bei zukünftigen Streitsituationen als Erstes zu beachten ist, damit die Auseinandersetzung zum Erfolg führen kann. Offensichtlich ist, dass das angegebene Streitverhalten nur zum Abbruch des Streites führen kann, weil unter den vorhandenen Bedingungen kein Ergebnis zu erwarten ist. Da die Männer mit ihrem Verhalten den Abbruch des Streites bewirken, sollten die Frauen gefragt werden, was sie sich – bei Berücksichtigung der Rückzugsbedürfnisse der Männer – in einem solchen Fall wünschen. Was soll also passieren, bevor die Männer sich zurückziehen? (Bislang wünschten sich alle von mir gefragten Frauen eine Ansage über den Grund des Rückzugs und die Wiederaufnahme des Gespräches.)

Während des bisherigen Lernprozesses wird vermutlich den Männern eines klar: Ihre Annahme stimmt nicht, dass es sich beim Streitverhalten der Frauen um einen „Ausbruch" handelt – und wenn der vorbei ist, ist alles in Ordnung (Buchholz 1992).

In der hier dargestellten Plenumsdiskussion äußerten die Männer die Bereitschaft, auf den Wunsch der Frauen einzugehen, genauer gesagt: Nach einer Auskunft über den Grund ihres Rückzuges wollten sie sich zurückziehen, waren aber bereit, das Gespräch nach einem angemessenen Zeitraum wieder aufzunehmen. (Dann ist ihnen nämlich das Thema des Streites präsent und sie haben dennoch ausreichend Gelegenheit, ihre Ansichten zu überdenken.) Die Frauen wollten aber nicht glauben, dass eine Wiederaufnahme des Gespräches wirklich stattfinden würde, und fragten in der Plenumsrunde, ob sie das spätere Gespräch auch einfordern könnten. Die Männer waren damit einverstanden.

Am Ende dieses ersten Teiles des Bildungsmoduls steht als Ergebnis die Erkenntnis, dass dem beklagten Streitverhalten ein gewisser Automatismus zugrunde liegt, der durch die unterschiedliche Denkstruktur von Männern und Frauen bedingt ist. Wird dieser Tatbestand akzeptiert, entwickelt sich die Motivation, mehr Kontrolle über sich selbst zu erreichen. Mit dem besprochenen ersten Lösungsschritt haben die Männer und Frauen ein Werkzeug, um es beim nächsten Streit anders zu machen. Damit reduziert sich der Frust über den anderen, so dass sich die Streitfrequenz verringern kann.

Für diesen ersten Teil des Moduls müssen sechs bis acht Unterrichtsstunden eingeplant werden. Die weiteren Teile umfassen ebenfalls einen solchen Zeitraum. Sie sollten an einem weiteren Seminartag behandelt werden, der aber innerhalb eines überschaubaren Zeitraumes stattfinden muss; so kann man an die hier besprochenen Inhalte anknüpfen und die Lösungssuche fortführen.

Der zweite Teil greift dann das obige Ergebnis auf und vertieft das Thema des Auseinandergehens. Die weiteren Teile werden dann angeschlossen. Es handelt sich um die folgenden Themen:

- die Veränderung des Selbstwertgefühls im Streit
- die Bedeutung des erlernten Streitvorbildes aus der Herkunftsfamilie
- die gemeinsame Zusammenfassung aller Erkenntnisse aus den drei Teilen dieser Einheit mit der Lösungssuche

Die Veränderung des Selbstwertgefühls im Streit

In diesem Teil wird der psychologische Aspekt des Streitverhaltens fokussiert. Für die Zielformulierung soll Bezug darauf genommen werden, dass es gerade für Frauen schwer ist, den Abbruch einer Auseinandersetzung zu akzeptieren. Es geht jetzt darum, deutlich zu machen, warum dies den Frauen schwerfällt und warum es unbedingt nötig ist, auseinanderzugehen, wenn der Streit eskaliert.

In der Plenumsrunde sollte nun die Frage gestellt werden, ob die TeilnehmerInnen sehen wollen, was mit ihnen auf dem Höhepunkt des Streits passiert. Sind alle einverstanden, werden zwei vorbereitete lange Wandzeitungspapiere ausgerollt und eine der Frauen aufgefordert, sich auf das Papier zu legen, damit ihr Partner sie abzeichnen kann. Das Gleiche erfolgt dann in umgekehrter Weise. Die Fragestellung für die dann folgende, angeleitete Gruppenarbeit lautet: „Was passiert mit mir auf dem Höhepunkt des Streits? Was geht in meinem Kopf vor, was in meinem Körper? Was wollen meine Arme, Hände, Beine, Füße?" Die TeamerInnen gehen anschließend mit Papierfiguren und TeilnehmerInnen in die Gruppenräume, um die aufgezeichneten Figuren mit diesen Angaben zu füllen. In den Gruppen wird es, nach der bisherigen intensiven Beschäftigung mit dem Thema „Streiten" jetzt nicht mehr schwerfallen, über diese Extremsituation zu reden.

Wenn diese Figuren aus Abbildung 5 an der Wand hängen, stehen meistens alle sehr nachdenklich davor. In den Gruppen ist inzwischen emotional viel passiert. Viele werden beruhigt sein, dass alle anderen auch so „schlimme" Gedanken haben. Erfahrungsgemäß wundern sich die Männer über die heftigeren Aussagen im Kopfbereich der Frauenfigur.

In der Plenumsrunde muss die Frage am Anfang stehen, welche Unterschiede zwischen diesen beiden Figuren gesehen werden. Bei einer oberflächlichen Betrachtung fällt den Teilnehmenden dazu meistens nichts auf, denn besonders die körperlichen Reaktionen sind identisch. Die im Kopfbereich stehenden Gedanken stimmen auch weitgehend überein, bei den Frauen geht die Verzweiflung jedoch tiefer. Die Männer denken kontrollierter und distanzierter, das Denken der Frauen wird heftiger von Gefühlen überschwemmt.

Warum ist das so? Der Grund dafür, dass das weibliche Denken heftiger als das männliche von Gefühlen überschwemmt wird, ist, dass das Selbstwertgefühl der meisten Frauen weniger stabil ist als das der Männer. Sie denken intensiver über sich selbst nach, sind selbstkritischer als die meisten Männer und registrieren ihre negativen Seiten sehr bewusst. Das destabilisiert ihr Selbstwertgefühl und ist der Motor für viele Gegenmaßnahmen. Gerade Frauen, die während der frühen Familienphase nicht berufstätig sind und aus ihrer Arbeit zu Hause keine Anerkennung ziehen können, sind davon betroffen. Die Hausarbeit und die Kindererziehung bietet gerade zu dieser Zeit wenig „Futter" für das eigene Selbstwertgefühl, denn die Ergebnisse der getanen Arbeit sind kaum sichtbar. Berufstätigkeit ist dann ein Ausweg. Ein Ergebnis der eigenen Arbeit zu sehen und die Anerkennung anderer zu haben, ist Basis für ein stabiles Selbstwertgefühl.

Untersuchungen zum Selbstwertgefühl bestätigen diese, aus der unterschiedlichen Denkstruktur von Männern und Frauen explizierte Annahme. Sandmeier (2005) repliziert mit einer eigenen Untersuchung mehrere Studien aus den 1990er Jahren, die aussagen, dass Männer über einen signifikant höheren Selbstwert verfügen als Frauen.

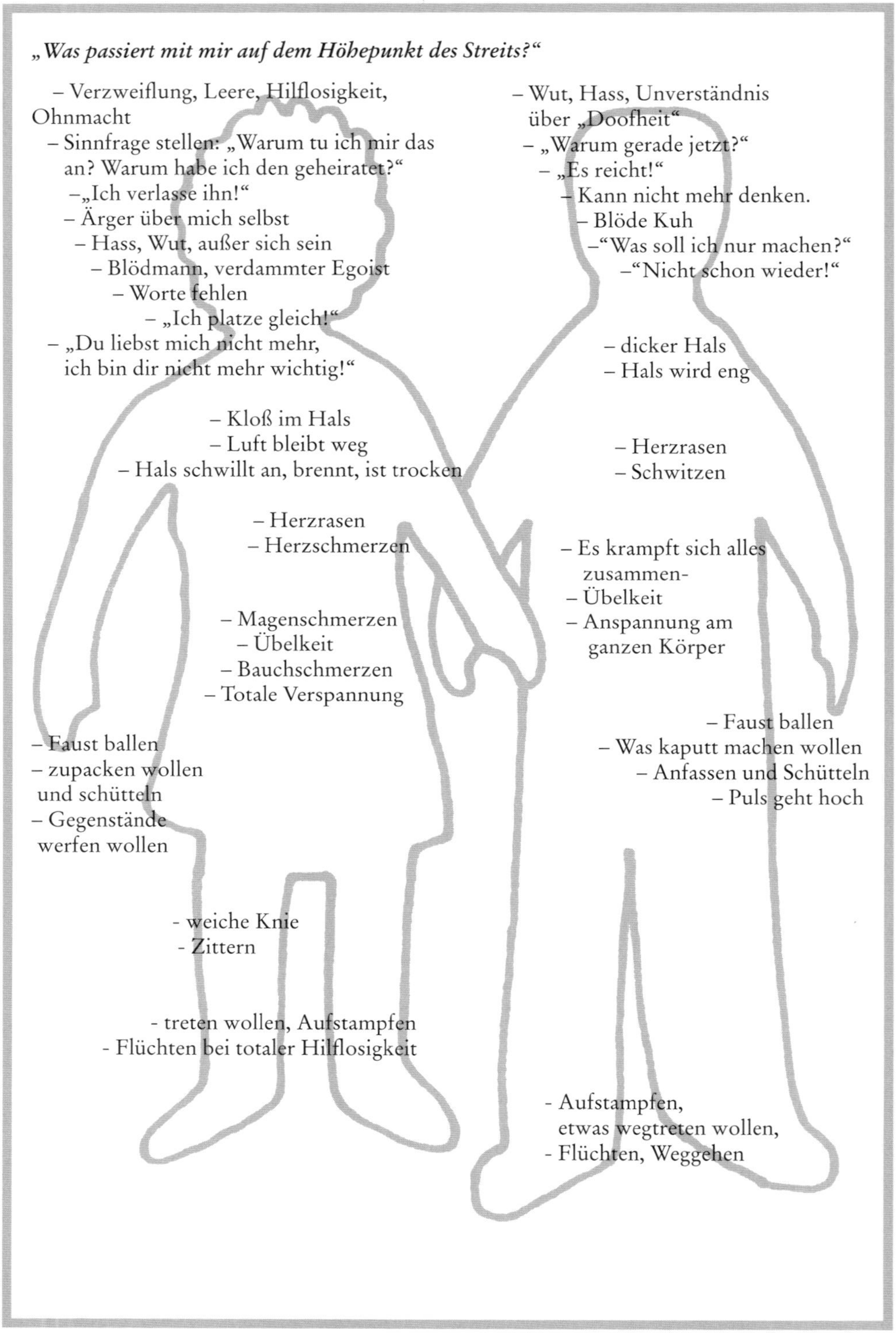

Abb. 5: Was passiert mit mir auf dem Höhepunkt des Streits

Beim Streiten zeigt sich das weniger stabile Selbstwertgefühl der Frauen darin, dass die „Metamorphose des Selbstwertgefühls“ bei ihnen stärker ist als bei den Männern. Sie sind stärker betroffen und involviert. Im Streit geht es nämlich um das Ganze einer Person, um das Ansehen und dessen Gegenstück, die Scham und ihre Vermeidung. Man wird im Streit, durch die oben beschriebenen Gefühle, affektiv und kognitiv ein anderer, fühlt sich selbst gegenüber fremd und kämpft, um das positive Selbstwertgefühl wiederherzustellen. Es steht also im Streit das Selbstwertgefühl auf dem Spiel. Es wird um die Anerkennung der ganzen Person gestritten und nicht allein um die Sache (Buchholz 1992).

Die Betrachtung des geschlechtsspezifischen Streitverhaltens der Frauen, unter dem Blickwinkel der „Metamorphose des Selbstwertgefühls“, zeigt, dass Frauen im Streit lange versuchen, ihr Selbstwertgefühl wieder zu stabilisieren: Sie laufen dem Partner hinterher und zwingen ihn zur Stellungnahme. Sie kultivieren ihren Frust über die ausgebliebene Anerkennung. Verzweiflung, Hilflosigkeit und Ohnmachtsgefühle implodieren zum Weinen.

Das Selbstwertgefühl der Männer steht während des Streites dagegen kaum auf der Kippe. Sie ziehen sich zurück, stellen Distanz durch Ironie, Schweigsamkeit oder Sachlichkeit her und warten ab. Das Rückzugs- und Verweigerungsmuster der Männer wird von den Frauen als Missachtung gedeutet, womit neue Anerkennungsbemühungen initiiert werden. Und hier ist der Punkt, von dem aus die Spirale des destruktiven Streitverhaltens unterbrochen werden kann: Wenn Frauen das Rückzugsverhalten der Männer als Notlösung bzw. als ein Verhalten verstehen können, das signalisiert: „Hier geht es für mich nicht mehr weiter, weil ich meine aggressiven Impulse bald nicht mehr unter Kontrolle habe“, werden sie deren Rückzug nicht mehr länger als Missachtung ihrer Person deuten. Ihr Selbstwertgefühl kann sich wieder stabilisieren. Im Gegenzug hilft den Männern das Wissen über die starke Metamorphose des Selbstwertgefühls bei Frauen während des Streites, so dass sie das Streitthema später leichter wieder aufnehmen können. Auf diese Weise können sie ihrer Partnerin die Anerkennung und Wertschätzung geben, die sie benötigt (Butzmann 2003).

Für die meisten Teilnehmerinnen und Teilnehmer des Seminars werden diese Erkenntnisse neu sein. Besonders den Männern ist vorher nicht klar, dass es im Selbstwertempfinden der Geschlechter diesen Unterschied gibt. Somit verstehen sie erst jetzt die für sie befremdlichen Reaktionen der Frauen auf dem Höhepunkt des Streits besser – ebenso wie die Wichtigkeit einer Ansage, bevor sie sich zurückziehen wollen. Die Frauen wiederum können nun akzeptieren, dass die besprochene Lösung, in dieser Situation zunächst auseinanderzugehen, sinnvoll ist. Mit diesen neuen Kenntnissen können sich die TeilnehmerInnen nach einer längeren Pause auf den nächsten Schritt einlassen:

Streit als Wiederkehr des Verdrängten – der Einfluss des erlebten Streitverhaltens in der Herkunftsfamilie

Dass Eltern nicht „richtig“ streiten können, belastet viele von ihnen auch deshalb, weil sie ihren Kindern ein besseres Vorbild für Konfliktverhalten geben wollen, als sie es selbst erlebt haben. Kindern macht der Streit der Eltern große Angst, wie alle Untersuchungen zu diesem Thema zeigen. Deshalb ist es nötig, den Einfluss des erlebten Streitverhaltens in den Herkunftsfamilien der Teilnehmenden im Seminar zu thematisieren. Einerseits sollen auf diese Weise ihre Schuldgefühle (wegen ihres Streitverhaltens) reduziert werden, andererseits müssen Anhaltspunkte für den Umgang mit den Kindern in Streitsituationen herausgearbeitet werden.

Die *Zielformulierung* für diesen dritten Teil beginnt mit dem Hinweis darauf, dass Streit in den Herkunftsfamilien häufig ein Tabu war. Deshalb gibt es für die meisten kein Vorbild für konstruktives Streitverhalten. Da offener elterlicher Streit oder unterdrücktes Nichtstreiten Kindern Angst macht, muss ihnen gezeigt werden, dass Streiten normal ist. Sie müssen über das Vorbild erfahren können, dass Wut ein augenblickliches Gefühl ist, das wieder vergeht. Dafür holen wir mit diesem Teil der Einheit das erlebte Streitverhalten in den Herkunftsfamilien ins Bewusstsein, damit das eigene Streitverhalten verständlicher und damit eher veränderbar wird.

Als *Methode* wird die moderierte Gruppenarbeit eingesetzt, d. h., die SeminarleiterInnen begleiten intensiv den Prozess des Erfahrungsaustausches in den Gruppen. Die Männer und Frauen sollen sich nach ihrer eigenen Geschwisterposition aufteilen, so dass zwei Gruppen entstehen. In der einen Gruppe befinden sich die jüngsten und mittleren Geschwister und in der anderen die ältesten Geschwister und die Einzelkinder. Diese Aufteilung ist nötig, weil hier von unterschiedlichen Erfahrungen auszugehen ist.

In den Gruppen wird der Erfahrungsaustausch durch zwei Fragen in Gang gesetzt: „Welches Streitverhalten der Eltern habt ihr als Kinder erlebt?“ und „Wie seid ihr damals damit umgegangen?“ Die Teamer leiten den Erfahrungsaustausch innerhalb der Gruppen ein, indem sie die Fragen an die Runde richten und warten, bis jemand anfängt. Es erfolgen dann mehr oder weniger belastende Erzählungen der TeilnehmerInnen, die die Teamer und Teamerinnen über aufnehmendes Zuhören und offenes Nachfragen steuern.

Es gibt innerhalb der Gruppen häufig die gleichen Erfahrungen, die zeigen, warum Männer und Frauen mit dem Streiten so große Probleme haben. Bei den meisten gab es keinen offenen Streit zu Hause, „nur ständig schwarze Wolken über den Kindern, aus denen jederzeit Blitze und Donner kommen konnten.“ Diese Aussage einer Teilnehmerin beschreibt das Gefühl, welches ein großer Teil der heutigen Eltern mit Streiten verbindet. Der offene Streit war nicht vorhanden, weil die Väter bestimmten, wo es lang geht und die Mütter dazu schwiegen. Die schlechte Stimmung war für die Kinder jedoch spürbar und die Botschaft, Streit muss vermieden werden, wirkte. Andere haben gewalttätige Väter oder schreiende Mütter erlebt, so dass sie selbst kein brauchbares Muster für konstruktive Auseinandersetzungen haben, sondern Streiten eher angstbesetzt ist. Sie sind somit doppelt eingeschränkt in ihrer Fähigkeit zu streiten, weil ein brauchbares Streitvorbild nicht existiert hat und sie ihren Kindern die erlebten Ängste nicht zumuten wollen.

Unterschiede zwischen den Geschwistergruppen ergeben sich daraus, dass die jüngsten und mittleren Kinder meistens nicht so stark belastet sind wie die älteren und die Einzelkinder. Die älteren Geschwister haben in belastenden Streitsituationen die jüngeren meistens geschützt und selbst sehr viel Angst ausgestanden. Die Einzelkinder waren in dieser Hinsicht besonders stark betroffen.

Die Gespräche darüber innerhalb der Gruppen helfen den Einzelnen, die negativen Erfahrungen, durch die Übereinstimmung mit den anderen und die Zuwendung die sie dort erfahren, zu relativieren. Damit ist es möglich, dieses Problem mit mehr Distanz zu betrachten, so dass sich neue Perspektiven für den Umgang mit Streitsituationen ergeben. Besonders positiv wirkt sich aus, wenn beide Partner durch ihre Geschwisterposition in einer Gruppe sind und damit über die Erfahrungen des anderen etwas hören.

In der anschließenden Plenumsrunde fassen die Teamer die Ergebnisse aus den Gruppen zusammen und wiederholen die geschilderten Zusammenhänge, so dass die Erfahrungen aus jeder Gruppe auch für die anderen nachvollziehbar sind. Wenn dieser Erkenntnisprozess abgeschlossen ist, lässt sich das andere Ziel dieses Bildungsmoduls ins Auge fassen:

Die Angst der eigenen Kinder beim Streit der Eltern

Die Angst der Kinder beim Streit der Eltern hat heute eine andere Qualität als früher, was einen besonderen Umgang mit ihnen in Streitsituationen erfordert. Kinder erleben immer wieder, dass ihre Spielkameraden von Trennung und Scheidung der Eltern betroffen sind und haben, aufgrund ihrer transduktiven Denkweise (Piaget 1975) Sorge, dass dies auch ihnen passieren kann, wenn die Eltern häufig streiten.

Es ist in der Seminarsituation hilfreich, die Eltern schildern zu lassen, was ihre Kinder machen, wenn sich die Eltern streiten. In den meisten Fällen gehen die Kinder dazwischen und bitten die Eltern, damit aufzuhören – was diese in der Regel auch machen. An diesem Punkt hilft bei vier- und fünfjährigen Kindern schon die Erklärung, dass es normal ist, sich mal zu streiten; denn das kennen die Kinder ja auch von sich und ihren Spielkameraden. Danach muss die beruhigende Zusicherung folgen, dass die Eltern sich später wieder vertragen, aber erst einmal wütend aufeinander sind. Und das ist gar nicht schlimm! Wenn die Kinder dann auch noch das Wiedervertragen der Eltern erleben, ist der Prozess des Vorbildlernens schon auf dem richtigen Weg.

So dürften die Kinder, zusammen mit dem im nächsten Schritt zu erstellenden konstruktiven Streitmuster, beste Voraussetzungen für das eigene Verhalten in Konfliktsituationen haben.

2.3.3 Ergebnisse

Wenn die beiden zuletzt geschilderten Teile der Einheit abgehandelt sind, ist die Beschäftigung mit den Erfahrungen daraus noch sehr stark, so dass die Zusammenfassung von der Seminarleitung weitgehend gesteuert werden muss. Die vorgesehene Methode erzwingt die Beteiligung der Eltern, damit die jetzt festzuhaltenden Lösungswege ins Bewusstsein dringen.

Die Eltern werden aufgefordert, sich um einen großen Tisch zu setzen, auf dem eine große Wandzeitung und verschiedenfarbige Stifte liegen. Ein Teamer setzt sich an das untere Ende der Wandzeitung und erläutert den Sinn der Übung: Die Ergebnisse aller Teile des Moduls sollen in Form eines Baumes festgehalten werden:

In den Wurzelbereich sind die Voraussetzungen einzutragen, die bei der späteren Analyse eines fehlgelaufenen Streites zu bedenken sind. Unter dem Blickwinkel des systemtheoretischen Umgangs mit Konflikten ist das der ressourcenorientierte Bereich.

In den Baumstamm gehören die im ersten Teil der Einheit besprochenen Schritte und die aus der Konfliktforschung hervorgegangenen positiven Kommunikationsfertigkeiten. Dies ist, systemtheoretisch betrachtet, der lösungsorientierte Teil.

In die Krone des Baumes werden die Wünsche der Männer und Frauen über die möglichen Veränderungen in ihrer Beziehung durch weniger und besseren Streit geschrieben. Dies ist schließlich der zielorientierte Bereich. Ein solcher „Streitbaum" könnte so aussehen wie in Abbildung 6 dargestellt.

Während der Erstellung des Streitbaumes werden sich die Eltern zusehends entspannen. Nach meinen Erfahrungen lachen sie viel, machen witzige Bemerkungen bei den einzelnen Punkten und sind sehr kreativ.

Die folgende schriftliche Zusammenfassung mit den Kernaussagen und Ergebnissen wird ihnen am Schluss ausgehändigt.

Zusammenfassung zum geschlechtsspezifischen Streitverhalten

Das menschliche Ausmaß der Aggressionsbereitschaft ist angeboren. Deshalb müssen aggressive Gefühle bei sich selbst und beim anderen akzeptiert werden. Die Aggressionsbereitschaft ist hormonell bedingt – bei Männern stärker als bei Frauen.

Abb. 6: Der Streitbaum

Aufgrund der unterschiedlichen Denkstruktur ist auch das Streitverhalten bei Männern und Frauen unterschiedlich: Männer ziehen sich zurück, Frauen „bleiben dran". Streit war für viele in der Herkunftsfamilie ein Tabu, deshalb gibt es für die meisten kein Vorbild für konstruktive Konfliktlösungen. Da elterlicher (unterdrückter oder offener) Streit Kindern immer Angst macht, muss ihnen gezeigt werden, dass Streiten normal ist. Sie müssen erfahren, dass die Wut auf den anderen ein augenblickliches Gefühl ist, das wieder vergeht (Hinweis auf die eigenen Wutgefühle der Kinder).

Zur Veränderung des Selbstwertgefühls im Streit: Im Streit wird man ein anderer – ein Mensch, der mit dem eigenen Selbstbild nicht identisch ist. Gefühle des Selbstzweifels, der Ohnmacht und Hilflosigkeit sind dann starke Initialzündungen für das Auf-die-Spitze-Treiben des Streits. Männer können, aufgrund ihrer denkstrukturbedingten besseren Abgrenzungsfähigkeit, ihr Selbstwertgefühl besser bewahren als Frauen und sich in solchen Situationen zurückziehen. Das denkstrukturbedingte, weniger stabile Selbstwertgefühl der Frauen führt dazu, dass sie den Streit weiterführen in der Hoffnung, ihr Selbstwertgefühl durch die Anerkennung des Partners wieder stabilisieren zu können. Das gelingt meistens nicht, so dass Frauen „nachtragend" sind. Dieser psychologische Grund für das Verhalten der Frauen ist den meisten Männern nicht bekannt, so dass sie die Wiederaufnahme des Konfliktthemas vermeiden. Die Wiederaufnahme der Auseinandersetzung ist jedoch der Schlüssel zum konstruktiven Streitverhalten.

Die einzelnen Schritte zum konstruktiven Streitverhalten

- Überlegungen im Vorfeld: Diffusen Frust konkretisieren und prüfen, ob sich der Streit lohnt.
- Wann ist der richtige Zeitpunkt für die Auseinandersetzung?
- Bei Beginn der Auseinandersetzung: Ich-Botschaften statt „Anklagen" äußern.
- Die Meinung des anderen anhören.
- Den eigenen Standpunkt überdenken.
- Eigene Grenzen wahrnehmen und die des anderen akzeptieren.
- Evtl. Akzeptanz, Kompromiss oder das Gespräch verschieben.
- Verletzende Bemerkungen unterlassen, möglichst inhaltlich reagieren.
- Wenn das nicht klappt: Brüllen oder Schreien. (Der Ausdruck negativer Gefühle wirkt sich positiv auf die Bewältigung des Konfliktes aus, weil er dem einen die Belastungsgrenze zeigt und dem anderen Entlastung verschafft.)

- Eigene Grenze deutlich machen und notfalls auseinandergehen, spätere Gesprächsbereitschaft signalisieren.
- Gespräch zu einem späteren Zeitpunkt wieder aufnehmen, wenn jeder für sich die Sache unter den oben genannten Aspekten analysiert hat.

Jede gelungene Auseinandersetzung (wenn also beide mit dem Ergebnis zufrieden sind) festigt die Beziehung!

Die Bewertung dieser Einheit gibt die Evaluation in Kapitel 3.2 wieder.

Das gesamte hier dargestellte Modul benötigt einen Zeitraum von zwei Seminartagen. Es kann auch als Wochenend-Seminar angeboten werden. Es ist jedoch sinnvoll, diese Einheit im Zusammenhang mit den anderen hier vorgestellten Bildungsmodulen während einer mehrtägigen Veranstaltung durchzuführen.

2.4 Einfluss der erlebten Erziehung in der Herkunftsfamilie auf das eigene Erziehungsverhalten

Was in der Psychologie als „Gespenster im Kinderzimmer" (Fraiberg et al. 1975) bezeichnet wird, kommt automatisch zum Vorschein, wenn Eltern in bestimmten Situationen immer wieder die gleichen Probleme mit ihren Kindern haben. Wenn Eltern aus diesem Grund Familienbildungsveranstaltungen besuchen, muss der Einfluss der Herkunftsfamilie auf das eigene Erziehungsverhalten thematisiert werden. Auf diese Weise sollen sie das Verhalten der Kinder und ihre eigenen Reaktionen besser verstehen.

Dieses Thema ist für die meisten Eltern jedoch sehr belastend, so dass es in dem hier vorgestellten Konzept erst zum Schluss, als viertes Modul, behandelt wird. Dann kennt sich nämlich die Elterngruppe bereits gut und das Vertrauen zur Seminarleitung ist gefestigt.

Ziel dieses Moduls ist die Herstellung des Zusammenhangs zwischen der erlebten Erziehung in der Herkunftsfamilie und Problemen im eigenen Erziehungshandeln. Auf diese Weise sollen die Eltern neue Sichtweisen und damit angemesseneres Erziehungsverhalten entwickeln können.

2.4.1 Theoretischer Hintergrund

Je nach psychosozialer Problemsituation ist die künftige Elternqualität durch die frühen Kindheitserlebnisse geprägt. Bei entsprechend negativen frühen Erfahrungen kann die Fähigkeit zur erfolgreichen Elternschaft dauerhaft beschädigt werden. Das zeigen die Forschungen aus dem Bereich der Entwicklungspsychopathologie. Hier gilt die These vom Wiederholungszwang (Göppel 1995, Kaiser 2000), von der intergenerationellen Transmission des defizitären, unempathischen und misshandelnden Umgangs mit den Kindern. Erst wenn es eine dieser Generationen schafft, über die Reflexion der eigenen Erfahrung aus dem Regelkreis auszubrechen, besteht die Chance zur Veränderung. Dafür sind Bildungsangebote für Eltern dringend erforderlich, denn auch bei besten Absichten führt das Ausbrechen aus dem Regelkreis nicht zum Erfolg, wenn die Unterstützung von außen fehlt. Haben die Erfahrungen traumatische Qualität, ist in den meisten Fällen eine Therapie notwendig. Die Hirnforschung bestätigt mit ihren Ausführungen über die frühe emotionale Entwicklung, dass therapeutische Langzeitbehandlungen helfen, frühe traumatische Erfahrungen zu überlernen (Roth 2001, 371).

Aus der Resilienzforschung ist bekannt, welche Schutzfaktoren wirken, wenn traumatische Kindheitserfahrungen nicht zur Wiederholung des in der Herkunftsfamilie erlernten Verhaltens führen. Für die hier fokussierte Elterngruppe sind Untersuchungen aus den 1980er Jahren zu diesem, seit ewigen Zeiten immer wieder gleichen Problembereich interessant: Bei einer dieser Studien zur transgenerativen Weitergabe von Erziehungsmustern wurde festgestellt, dass eine harmonische und unterstützende Partnerschaft einen entscheidenden Einfluss auf die Elternqualität hat. Die befragten Mütter, die in einer solchen Beziehung lebten, hatten (trotz ihrer eigenen belasteten Kindheitsgeschichte) kein erhöhtes Risiko, in der Erziehung der eigenen Kinder zu versagen. Unter solch günstigen Voraussetzungen sehen die Autoren eine Chance, dass die Erfahrung der Elternschaft selbst zu einem bedeutsamen Faktor der Persönlichkeitsstabilisierung werden kann (Quinton/Rutter 1988, 206).

Dabei gibt es einen geschlechtsspezifischen Unterschied in der Unterstützerfähigkeit der Partner. Ist der Mann von unzuträglichen Kindheitserlebnissen betroffen, gelingt es der unbelasteten Frau eher nicht, dies aufzufangen. Solche Beziehungen sind in Gefahr, an dem Problem zu scheitern. Hier kann es, je nach Ausmaß der Problematik des Mannes, zu Gewalttätigkeiten kommen. Die Versuche der (unbelasteten) Partnerin, ihrem Mann zu helfen, werden – aufgrund der negativen Beziehungserfahrung in der Herkunftsfamilie – von ihm in der Regel fehlgedeutet und verschlimmern die Situation.

Verhält es sich umgekehrt, ist also der Mann unbelastet, hat die Beziehung und die Familie eine große Chance. Die Bemühungen und Hilfen des Mannes können von der belasteten Partnerin eher angenommen werden, so dass sie davon profitiert. Bei der oben genannten Untersuchung wurden nur Mütter befragt. In diesen Beziehungen mit unbelasteten Partnern konnte sich die Erziehungsqualität verbessern.

Auch bei den TeilnehmerInnen der hier beschriebenen Veranstaltung sind häufig die Frauen von negativen Kindheitserfahrungen betroffen. Die Väter haben in diesen Fällen die Initiative für den Besuch der Veranstaltung ergriffen.

Göppel (1995) resümiert aufgrund empirischer Befunde, dass Eltern nicht im Wiederholungszwang gefangen bleiben, wenn es ihnen gelingt, sich mit den Schwächen und Versäumnissen der eigenen Eltern offen auseinanderzusetzen. Wenn sie zu einem realistischen, ungeschönten Bild ihrer Kindheitssituation gelangen, haben sie eine gute Chance, aus jenem Kreislauf auszubrechen.

Das kann gelingen, wenn kontinuierliche Bildungsangebote für betroffene Eltern vorhanden sind, die neben dem allgemeinen Erziehungswissen auch die belastenden Kindheitserfahrungen einbeziehen. Um in solchen Fällen Elternkompetenz zu erlangen, muss zuerst die eigene Vergangenheit anders bewertet werden. Das kann sowohl in Bildungsveranstaltungen als auch in der Beratung angeregt werden, d.h., es bedarf nicht in jedem Fall einer psychotherapeutischen Behandlung.

Mit diesem Bildungsmodul zur Herkunftsfamilie erhalten auch die jeweils unbelasteten Partner Einblick in die Ursachen für fehlverlaufendes Erziehungs- und Beziehungshandeln des anderen. Sie lernen so, Zusammenhänge für die eigene Beziehung und für die Beziehungen der anderen zu erkennen. Damit wächst das Verständnis für die Geschichte des anderen und es entstehen Vorstellungen, wie der andere unterstützt werden kann.

In der Bildungssituation helfen die gemeinsamen Erfahrungen in den Seminargruppen und die Kenntnisse über die entwicklungsbedingten vorsozialen Verhaltensweisen von kleinen Kindern, um das Verhalten der eigenen Eltern anders zu sehen und es ein bisschen besser zu verstehen. Daraus entwickelt sich die Einsicht, dass die eigene Vergangenheit nicht zu ändern ist, aber die Zukunft mitbestimmt werden kann. Wie das gelingt, ist Inhalt des weiteren Seminarverlaufs.

2.4.2 Gestaltung des Bildungsmoduls „Einfluss der Herkunftsfamilie auf das eigene Erziehungsverhalten"

Für die Teilnehmerinnen und Teilnehmer ist die Behandlung ihrer eigenen Kindheitserfahrung hochbelastend – auch wenn sie sich vorher schon intensiv mit Problemen aus dem Familienalltag mit Kleinkindern beschäftigt haben und die Atmosphäre in der Gruppe gut ist. Deshalb ist es zwingend erforderlich, bereits bei der Vorstellung des inhaltlichen Programms einer Familienbildungsveranstaltung einiges dazu zu sagen: Es muss darauf hingewiesen werden, dass der Zusammenhang von erlebter Erziehung und eigenem Erziehungsverhalten eher oberflächlich behandelt wird und nur insofern berücksichtigt wird, als die Probleme mit den eigenen Kindern in einem anderen Licht gesehen werden können. Damit erhalten Eltern Anregungen für eine Veränderung ihres Verhaltens in immer wieder auftauchenden kritischen Situationen.

Bei der *Zielformulierung* für dieses vierte Modul wird angekündigt, dass über den Zusammenhang zwischen der erlebten Erziehung in der Herkunftsfamilie und den Schwierigkeiten in bestimmten Alltagssituationen gesprochen wird. Dadurch kann es nämlich gelingen, die Ursachen für misslingendes Erziehungshandeln klarer zu erkennen. Verhaltensänderungen werden damit eher möglich.

Die im zweiten Modul behandelten Erziehungsprobleme kommen diesmal aus einer anderen Perspektive noch einmal zur Diskussion. Die nachfolgend dargestellte methodische Form der Behandlung des Themas sollte von den vorher besprochenen Erziehungsproblemen nicht losgelöst werden. Eine andere Möglichkeit ist in Kapitel 3.4 beschrieben.

Eine *Methode,* die geeignet ist, die Entstehung therapeutischer Situationen zu verhindern, ist der „Stille Dialog". Jede/r kann sich dabei nach eigenem Befinden einbringen oder sich zurückhalten und nur zusehen. Es wird nicht gesprochen, sondern nur geschrieben – das hebt die Freiwilligkeit der Teilnahme hervor. Um Eltern zu helfen, die möglicherweise Befürchtungen bei der Behandlung des Themas haben, sollte auf die Freiwilligkeit ausdrücklich hingewiesen werden. Wenn sich dann jemand zurückzieht, weil die Teilnahme für sie oder ihn zu belastend ist, muss ein Teamer dieser Person helfen, mit der Situation umzugehen. So kann ihr vorgeschlagen werden, während der Zeit einen Spaziergang zu machen; für die Pause kann ihr auch ein Gespräch angeboten werden.

Die methodische Umsetzung erfordert ein sehr behutsames Vorgehen. Dazu gehört ein deutlicher zeitlicher Abstand zum vorherigen Thema. Der Raum ist vor Eintreten der TeilnehmerInnen so vorzubereiten, dass das Bildungsmodul sofort und ohne Störungen anlaufen kann. In der Mitte des Raumes sind mehrere Tische zusammengeschoben, damit eine Tischfläche von ca. 2x4 Metern entsteht. Diese wird mit Papierbahnen ausgelegt, die rundherum festgeklebt werden. Die Stühle stehen an der Seite, so dass um den Tisch herum ausreichend Platz entsteht. Auf dem Tisch liegt eine passende Anzahl farbiger Filzstifte.

Wenn die Männer und Frauen den Raum betreten, setzen sie sich erwartungsvoll auf die beiseitegeschobenen Stühle. Die Erläuterungen zum weiteren Vorgehen müssen jetzt sehr genau sein, um Rückfragen zu vermeiden. Auf diese Weise bleibt die Ruhe beim Erinnerungsprozess erhalten. Die Aufgabenstellung wird formuliert und gleichzeitig in die Mitte des papierbezogenen Tisches geschrieben: „Welche positiven und negativen Erinnerungen habt ihr an eure Herkunftsfamilie?" Die TeilnehmerInnen werden aufgefordert, um den großen Tisch zu gehen und mit den dort liegenden Stiften das aufzuschreiben, was ihnen zu dieser Fragestellung einfällt.

Die Bewegung um den Tisch fördert das Erinnern. Es darf dabei nicht gesprochen werden, weil dies den Prozess des Erinnerns bei den anderen unterbrechen würde. Der Gang um den Tisch wird kontinuierlich fortgesetzt und geschaut, was die anderen geschrieben haben. Wenn etwas dabei ist, was mit den eigenen Erfahrungen übereinstimmt, ist diese Angabe zu unterstreichen. So entsteht ein „Stiller Dialog“, der sehr bald seine Eigendynamik entfaltet, so dass letztendlich alle einbezogen sind und mitschreiben.

Wenn alles aufgeschrieben ist, was die Situation an Erinnerung zulässt, und wenn die Bewegung um den Tisch zur Ruhe kommt, werden die Teilnehmenden aufgefordert, die Aussagen mit einem Kreuz zu markieren, die – nach ihrer Einschätzung – eine Beziehung zu bestimmten Problemen im Umgang mit ihren Kindern haben.

Danach folgt eine längere Pause. Die Eltern benötigen nach dieser Einheit genügend unstrukturierte Zeit, um die hochgekommenen Erinnerungen zu verarbeiten und sich mit den anderen auszutauschen. Dieser Austausch findet automatisch statt, denn die TeilnehmerInnen kennen sich bei einer mehrtägigen Veranstaltung nun schon einige Tage, haben viele persönliche Erfahrungen ausgetauscht und stützen sich in dieser Situation jetzt gegenseitig.

Inzwischen übertragen die SeminarleiterInnen die mehrfach unterstrichenen und angekreuzten Aussagen, nach positiven und negativen Erfahrungen geordnet, auf eine Wandzeitung. Die Angaben werden in eine subjektive Reihenfolge gebracht, um die Diskussion im Plenum zu strukturieren. Es werden nur die Punkte übernommen, die mindestens dreimal unterstrichen oder angekreuzt sind. Eine solche Wandzeitung hat in der Regel folgenden Inhalt:

Negative Erinnerungen an die Herkunftsfamilie

- ruhig und artig sein, immer gehorchen müssen
- eigener Wille wurde nicht zugelassen
- immer an allem schuld gewesen
- Überforderung des Kindes, wenig sensible Eltern
- fehlende Unterstützung, Unverständnis der Eltern
- Beleidigungen
- keine positive Bestätigung durch die Eltern
- fehlende Zuwendung, fehlende Aufmerksamkeit
- Alleinsein, alles erkämpfen müssen

- Einsamkeit, keine Verbündeten
- auf sich selbst gestellt sein
- frühe Eigenständigkeit, zu viel Verantwortung
- Schläge/geschlagen werden, Schläge von der Mutter, Aggressionen der Eltern, Erziehung durch Schläge
- autoritärer/strenger/abwesender/distanzierter Vater
- keine Zärtlichkeit, wenig Beziehung zum Vater, wenig Lob von ihm
- ängstliche/überforderte/strenge/dominante Mutter
- Mutter „meckerte" und zeterte ständig, war launisch, machte gemeine Vorhaltungen, ließ Stress an den Kindern aus
- Mutter bemühte sich immer, es allen recht zu machen
- viel Streit, kein offener Streit, Spannungen, schlechte Stimmung; das Gefühl, für einen von beiden Partei ergreifen zu müssen
- auf kleine Geschwister aufpassen müssen, Bruder wurde vorgezogen
- Geschwisterstreit, Schwester wurde vorgezogen, Vergleich mit Geschwistern, der Bruder war immer besser, ständige Rücksichtnahme auf Bruder oder Schwester

Die meisten Punkte auf dieser Liste der negativen Kindheitserinnerungen werden in der psychologischen Forschung als „psychische Gewalt" eingeordnet (Tschöpe-Scheffler 2003, 95).

Positive Erinnerungen an die Herkunftsfamilie

- viel Freiheit, Spielen in der Natur
- Geborgenheit, Liebe, Fürsorge,
- Selbstständigkeit wurde gefördert
- Familienfeste, Ausflüge mit der Familie
- Nähe zur Mutter, Papas Liebling
- starke Bindung an die Großeltern
- Gemeinschaft mit den Geschwistern
- Eltern haben mich immer verteidigt
- Eltern haben sich viel Zeit genommen
- Mutter war immer da, wenn sie gebraucht wurde*)
- Es war immer jemand da*)
- liebevoller Vater, herzliche und lustige Mutter
- Vater hat viel mit mir gebaut und gebastelt
- Oma als Bezugsperson, hat Mutterrolle übernommen*)

(Die mit *) gekennzeichneten Angaben waren immer mit mehreren Kreuzen markiert, d. h., die Eltern haben damit bei den eigenen Kindern Probleme.)

Es ist davon auszugehen, dass die positiven und negativen Erinnerungen sich so auf die Eltern verteilen, dass entweder die positiven oder die negativen überwiegen. Bei den Eltern, die an dieser Form der Bildungsveranstaltung teilnehmen, ist es in der Regel so, dass einer von beiden eher positive und der andere eher negative Kindheitserfahrungen hat. Für das Gelingen einer solchen Partnerschaft ist viel Beziehungsarbeit nötig; außerdem ist bei dieser Form der Partnerschaft die Erziehungsarbeit erschwert. Aus diesem Grund nehmen die sogenannten „bildungsorientierten Eltern“ an solchen Seminaren teil. Und deshalb ist ein entsprechendes Angebot für diese Zielgruppe besonders wichtig.

Die Stimmung ist nach dem „Stillen Dialog“ zum Thema „Herkunftsfamilie“ bedrückt, angespannt und erwartungsvoll. An der Wand hängt die erstellte Liste und die Eltern sitzen im Halbkreis davor. Dann wird die Verbindung von den subjektiven Kindheitserfahrungen zu den objektiven aktuellen Erziehungs- und Beziehungsproblemen im Plenum vorgenommen. Dies geschieht zuerst in allgemeiner Form, anhand der aufgeführten Punkte – soweit dies möglich ist. Wenn Teilnehmende mehr über ihre Kindheitserlebnisse erzählen, lassen sich genauere Zusammenhänge herstellen.

Für eine bessere Veranschaulichung werden im Folgenden die einzelnen Punkte der oben abgebildeten „Wandzeitung“ mit dem Erziehungsverhalten der Eltern zusammengeführt:

Problembereich: Vermittlung von Normen und Werten

- Ruhig und artig sein und immer gehorchen müssen
- Eigener Wille wurde nicht zugelassen
- Immer an allem schuld gewesen

Eltern mit diesen Kindheitserfahrungen haben keine brauchbaren Handlungsmuster für entwicklungsförderndes Erziehungsverhalten. Das bedeutet, sie können ihre Kinder nicht „aus dem Bauch heraus“ erziehen, sondern müssen dies „über den Kopf“ machen. Das geht nur, wenn sie die eigenen, wenig zuträglichen Erfahrungen reflektieren konnten – und das gelingt in entspannten Situationen. Unter Stress setzen sich jedoch die alten Beziehungsmuster durch und das gefühlsmäßig erlernte Verhalten kommt ungefiltert zum Vorschein; die früh erworbenen Gefühle steuern nämlich im Stress das Verhalten (Roth 2001). Dies bringt gerade bildungsnahe Eltern, die sich schon viel Erziehungswissen angeeignet haben, zur Verzweiflung. Besonders dann, wenn sie im Beruf erfolgreich sind und ihr Selbstwertgefühl darüber aufbauen konnten, verstehen sie sich in solchen Situationen selbst nicht mehr. Das betrifft in erster Linie die Mütter, deren Selbstwertgefühl stärker vom Gelingen ihres Erziehungshandelns abhängt als das der Väter – eine Einstellung, die sich aus der unterschiedlichen Denkstruktur ergibt (wie in Kapitel 2.3 ausgeführt und in der Studie von Sandmeier (2005, 62) bestätigt).

Wenn Eltern als Kinder selbst immer „ruhig“ und „artig“ sein mussten und ihr eigener Wille unterdrückt wurde, versuchen sie bei ihren eigenen Kindern das Gegenteil. Das geht natürlich nicht gut, weil die Kinder sehr bald den Eltern auf der Nase herumtanzen. Die Probleme, die diese Eltern im Erziehungsalltag zu bewältigen haben, liegen in erster Linie darin, dass sie den Kindern keine klaren Grenzen setzen. Ein Wechsel zwischen Gewähren lassen und Verbieten bestimmt die tägliche Interaktion mit den Kindern. Der Versuch, das als unzuträglich empfundene Verhalten der eigenen Eltern nicht an die Kinder weiterzugeben, führt zu einem inkonsequenten, das Kind verunsichernden Erziehungshandeln. Die eigenen Grenzen (im Hinblick auf das, was Kinder Eltern zumuten können) werden häufig nicht mehr wahrgenommen. In Stresssituationen überreagieren diese Eltern, denn es kommen die früh gelernten negativen Gefühle hoch, die schließlich das aktuelle Verhalten steuern. Unsicherheit auf beiden Seiten ist die Folge. Die Kinder reagieren darauf mit Provokationen, was die Situation verschärft.

Eltern mit negativen Kindheitserfahrungen überfunktionieren im Bezug auf die Gefühle ihrer Kinder (wenn diese traurig, verletzt oder wütend sind) und unterfunktionieren, wenn es gilt, den eigenen Standpunkt zu klären, Regeln festzusetzen und Grenzen zu ziehen.

Wenn Eltern diese Zusammenhänge verstehen und akzeptieren können, sind sie in der Lage, sich auf die Probleme mit ihren Kindern zu konzentrieren. In der Seminarsituation versuchen wir dann, beispielhaft anhand konkreter Probleme aus dem Alltag aufzuzeigen, wie mit den Grenzverletzungen des Kindes altersangemessen umgegangen werden kann. Wurde dies schon ausführlich am zweiten Seminartag behandelt, verweise ich darauf.

Problembereich: Ausbildung des Selbstwertgefühls

- Überforderung des Kindes, wenig sensible Eltern
- Fehlende Unterstützung, Unverständnis der Eltern
- Beleidigungen
- Keine positive Bestätigung durch die Eltern
- Fehlende Zuwendung, fehlende Aufmerksamkeit

Jede einzelne der hier aufgeführten Erinnerungen kann das Selbstkonzept des Kindes schädigen, alle zusammen führen mit Sicherheit zu einem negativen Selbstbild – wenn nicht andere Bezugspersonen dies einigermaßen auffangen konnten. Die Ausbildung eines positiven Selbstkonzeptes ist abhängig von vielen Faktoren: von der bedingungslosen, liebevollen Zuwendung der Eltern zum Kind, vom angemessenen Umgang mit den entwicklungsbedingten Verhaltensweisen, von Anerkennung, Aufmerksamkeit und Geborgenheit, von rahmengebender Anleitung und umweltbezogener Anregung. In Kapitel 2.2 ist dargelegt, wie dies gelingen kann. Fehlt davon Wesentliches, kann sich das Selbstkonzept unter bestimmten Bedingungen, durch eigene Leistungen außerhalb der Familie oder mithilfe anderer Bezugspersonen, dennoch stabilisieren. Das trifft auf die meisten TeilnehmerInnen dieser Bildungsveranstaltung zu. Bei erfolgreicher Berufstätigkeit gelingt es dann, die negativen Kindheitserlebnisse „abzuhaken". Erst die eigenen Kinder, mit ihrem eigenen Willen, befördern diese negativen Selbstanteile wieder ans Tageslicht und bringen das positive Selbstwertgefühl ins Wanken.

Die oben aufgeführten, das Selbstwertgefühl beeinträchtigenden Erfahrungen machen sich nicht nur in konkreten Alltagssituationen bemerkbar, sondern beeinflussen die Eltern-Kind-Interaktion als Ganzes. Für diejenigen, die von ihren Eltern keine Wertschätzung erfahren haben, hat das eigene Kind einen besonders hohen Wert und wird über die Maßen ernst genommen. Neben diesem, in der persönlichen Erfahrung des Einzelnen begründeten „Wert" des Kindes, spielt ein besonderer gesellschaftlicher Aspekt eine Rolle, der den Wert des Kindes quasi verdoppelt – und damit viel von den heutigen Überanstrengungen im Elternverhalten erklärt: Dieser gesellschaftliche Aspekt betrifft die in den Sozialwissenschaften seit vielen Jahren diskutierte „Idealisierung des Kindes als Sinnmittelpunkt der privaten Existenz". Danach wird die Entscheidung für ein Kind aus emotionalen Motiven getroffen, es soll Quelle der Freude sein, der Sinnerfüllung und der persönlichen Entfaltung. Dafür wird viel an emotionalem und materiellem Einsatz investiert. Reagieren die Kinder aber darauf nicht angemessen, beeinträchtigt dies das Wohlbefinden der Eltern.

Diese Zusammenhänge sind den Eltern in der Regel nicht bekannt, werden sie aber einmal verdeutlicht, helfen sie, eine andere Sichtweise auf die Kinder einzunehmen und sich selbst nicht mehr so sehr unter Druck zu setzen. Im positiven Fall finden die Eltern ein gutes Mittelmaß beim Umgang mit dem Kind – im Hinblick auf Zuwendung, Aufmerksamkeit und Bestätigung. Denn auch ein Übermaß davon hat negative Auswirkungen auf die Entwicklung des Kindes: Es kann zur dauerhaften Selbstüberschätzung und zur häufigen Unterschätzung anderer führen.

Problembereich: Bindungsfähigkeit

- Alleinsein, alles erkämpfen müssen
- Einsamkeit, keine Verbündeten
- Auf sich selbst gestellt sein
- Frühe Eigenständigkeit, zu viel Verantwortung

Solche negativen Kindheitserinnerungen stehen häufig mit Bindungsproblemen im Zusammenhang. Hier ist es sinnvoll, zuerst noch einmal auf die Bindungsthematik aus dem zweiten Bildungsmodul zurückzukommen und die unsicheren Bindungsmuster und deren Ursachen zu erklären.

Es ist davon auszugehen, dass diese Eltern ein unsicher-vermeidendes Bindungsmuster ausgebildet haben, das die Gefühle der Einsamkeit und des Auf-sich-selbst-gestellt-Seins begründen. Auch wenn dies ein kompliziertes und emotional hochbelastetes Thema ist, kann nach den Tagen der gemeinsamen Bearbeitung von Erziehungs- und Beziehungsproblemen darüber gesprochen werden. Erläuterungen zu den unsicheren Bindungsmustern versachlichen die Situation.

Mit dem Hinweis auf die Merkmale der Äußerungen von Bindungsbedürfnissen bei den eigenen Kindern wird die Aufmerksamkeit dann auf das zukünftige Elternverhalten gelenkt. Die Kinder dieser Eltern könnten verstärktes Klammerverhalten zeigen, weil sie die gefühlsmäßige Distanz, besonders bei den Müttern, bemerken. Deshalb muss hier die dringende Empfehlung erfolgen, das Kind immer aufzunehmen, wenn es auf den Arm oder auf den Schoß will, und dabei nachzufühlen, warum das Kind dies macht. Der theoretische Hintergrund dazu ist in Kapitel 2.2 genau erklärt und sollte an dieser Stelle wiederholt werden.

Die oben aufgelisteten Erfahrungen können auch dazu führen, dass die eigenen Bindungsbedürfnisse beim Kind nachgeholt werden und es dadurch zu sehr bedrängt wird. Dann ist die Aufmerksamkeit der Eltern auf die Signale des Kindes bei emotionaler Überforderung zu lenken. In solchen Fällen zeigen die Kinder schon als Säuglinge deutlich, wenn ihnen die Zuneigung und Zuwendung der Bezugspersonen zu viel ist. Sie vermeiden den Blickkontakt oder wehren das „Schmusen“ ab und ziehen sich zurück. Auch wenn die älteren Kinder den Körperkontakt ablehnen, sollten Eltern das unbedingt respektieren. Dieses kindliche Verhalten ist nicht als Ablehnung der Eltern zu deuten, sondern Ausdruck des Abgrenzungsbedürfnisses in bestimmten Situationen. Mütter und Väter müssen darauf achten, dass sie die eigenen emotionalen Bedürfnisse nicht durch fortwährende körperliche Berührungen und verbale Liebesbeweise auf die Kinder übertragen. Es ist besonders schwer, einen verträglichen Mittelweg zu finden, wenn die Eltern die oben aufgelistete Kindheitserfahrungen haben.

Den betroffenen Eltern fällt es in der Regel auch schwer, den Kindern eine „optimale Frustration“ (Winnicott 1999) zuzumuten. Sie bemühen sich unter Umständen, die Bedürfnisse ihres Kindes sofort zu befriedigen und verhindern damit, dass es die Fähigkeit zur Selbstberuhigung und das Empfinden von Selbstwirksamkeit entwickelt. Selbstwirksamkeit ist die bereichernde Erfahrung des Kindes, dass eigenes Handeln irgendwann zu dem gewünschten Ergebnis führt. Kann sich dieses Gefühl durch zu verwöhnendes Elternverhalten nicht entwickeln, kommt es in der Folge zu Verhaltensauffälligkeiten und Einschränkungen in der Selbstentwicklung des Kindes. Gerade Erfahrungen von Frustration und Konflikt sind im Zusammenspiel mit der erfolgreichen Lösung von Konflikten und der Wiederherstellung von Harmonie unabdingbar für die kindliche Entwicklung. In Kapitel 2.2 ist dieses Zusammenspiel für die Bedeutung der sozial-kognitiven Entwicklung ausführlich beschrieben. Es kann dann auf die Erläuterungen zum Umgang mit Wutanfällen in solchen Konfliktsituationen Bezug genommen werden, um von den hier im Mittelpunkt stehenden emotionalen Problemen der Eltern Abstand zu nehmen. Bei diesem Thema ist alle Vorsicht geboten und es kann notwendig werden, im Einzelfall eine Therapie zu empfehlen.

Problembereich: Elterliche Gewalt im erlebten Erziehungshandeln

- Schläge
- Geschlagen werden
- Schläge von der Mutter
- Aggressionen der Eltern
- Erziehung durch Schläge

Gewalttätigkeiten gehörten in der Vergangenheit fast selbstverständlich zur Erziehung. Erst seit dem Jahr 2000 ist die gewaltfreie Erziehung in unserem Land gesetzlich festgeschrieben. So ist es kein Wunder, dass viele heutige Eltern noch Gewalttätigkeiten als Erziehungsmittel erlebt haben. Dieser entwürdigende, missachtende Umgang mit Kindern ist den Eltern, die Familienbildungsveranstaltungen besuchen, jedoch bewusst und sie sind fest entschlossen, ihren Kinder dies nicht zuzumuten. Je nach Ausmaß der erlebten Gewalttätigkeiten gelingt ihnen dies jedoch in Stresssituationen nicht immer. Dann kommt es vor, dass auch sie ihre Kinder schlagen, wenn sie sich (in Anbetracht der Provokationen und der unsozialen Verhaltensweisen der kleinen Kinder) hilflos fühlen und keine Handlungsmuster mehr haben.

An dieser Stelle ist es sinnvoll, erneut auf die im zweiten Modul behandelten Wutanfälle der kleinen Kinder zu sprechen zu kommen und die Gründe dafür noch einmal kurz zu erläutern. Es muss betont werden, dass die Eltern aus der Herkunftsfamilie diese Informationen nicht hatten und z. T. auch aus Hilflosigkeit ihre Kinder geschlagen haben. Natürlich ist nicht zu leugnen, dass in der Vergangenheit das Schlagen der Kinder als legitimes Erziehungsmittel gesellschaftlich akzeptiert war. Die Auswirkungen dieser Erziehung sind erst nach dem Zweiten Weltkrieg intensiv erforscht worden. Dass es zwei bis drei Generationen gedauert hat, um diese Ergebnisse ins Bewusstsein breiter Bevölkerungsschichten zu bringen, zeigt, wie schwierig Veränderungen sind, die mit tiefen emotionalen Störungen zusammenhängen.

Je nach der Auswirkung einer gewalttätigen Erziehung können sich die betroffenen Teilnehmer mit dieser Geschichte aussöhnen. Wenn jedoch eine solche Erfahrung auch noch mit anderen, ihre Persönlichkeitsentwicklung einschränkenden Erziehungshandlungen in der Herkunftsfamilie zusammenkommt, sind diese Eltern im gesamten Konfliktverhalten mit ihren Kindern eingeschränkt. Dazu gehört das Durchsetzen von Grenzen ebenso wie die Reaktionen auf Grenzverletzungen der Kinder. Da dieses Thema schon ausführlich beim zweiten Bildungsmodul und im Zusammenhang mit den erlernten Normen und Werten besprochen wurde, genügt an dieser Stelle ein Hinweis auf diese Ausführungen. Für den Fall, dass es in bestimmten Situationen zum Kontrollverlust bei den Eltern kommen sollte, ist anzuraten, sich sofort vom Kind zu entfernen, tief durchzuatmen und nachzudenken. Andere Handlungsmöglichkeiten als Gewalttätigkeiten gibt es immer.

Beim Thema „erlebte Gewalt in der Erziehung“ ist zu empfehlen, zunächst die Leistung hervorzuheben, die die TeilnehmerInnen im positiven Umgang mit ihren Kindern schon erbracht haben. Es hilft auch der Hinweis, dass die gemeinsame Auseinandersetzung mit diesen Zusammenhängen die Eltern-Kind-Interaktion weiterhin verbessern wird.

Problembereich: Vaterrolle

- Autoritärer Vater
- Strenger Vater
- Abwesender Vater
- Distanzierter Vater
- Keine Zärtlichkeit, wenig Beziehung zum Vater
- Wenig Lob vom Vater

Bei der Besprechung der Auswirkungen dieser Erfahrungen auf den Familienalltag muss beachtet werden, ob es sich um aufgeschriebene Erinnerungen der Männer oder der Frauen handelt. Für die aktuelle Vaterrolle und das Selbstbild des Mannes haben diese Erinnerungen nämlich eine besondere Bedeutung.

Wenn Väter ihre eigenen Väter so wahrgenommen haben und dies in der Seminarsituation aufschreiben, weist dies auf eine intensive Auseinandersetzung mit der eigenen Vaterrolle hin. Es kann bei diesem, wie bei allen vorherigen Problembereichen, davon ausgegangen werden, dass viele der heutigen Eltern solche Vatererfahrungen haben und deshalb die Ansprüche an die eigene Vaterrolle besonders hoch sind. Wie wirkt sich dies nun auf die Familienbeziehungen aus?

Zuerst ist davon auszugehen, dass viele der heutigen Väter keine klare Vorstellung von ihrem neuen Rollenbild haben. Das ist in der Literatur ausführlich beschrieben (Dammasch/Metzger 2006; Jurczyk/Lange 2009). Die hier teilnehmenden Väter wollen es in erster Linie bei ihren Kindern besser machen; dafür spricht auch ihr Interesse an der Familienbildung. In der Alltagspraxis verursacht dies jedoch vielfache Unsicherheit, die sich in unterschiedlichen Bereichen bemerkbar macht, je nach erfahrenem Mangel.

Wurde der eigene Vater als autoritär und streng wahrgenommen, ist davon auszugehen, dass die betroffenen Männer Probleme haben, ihren Kindern deutliche Grenzen zu setzen. Dies kommt in der Seminarsituation zum Vorschein, wenn die geschlechtsspezifischen Umgangsweisen beim Grenzen setzen thematisiert werden. Diese Väter sprechen dann davon, dass es (entgegen der theoretischen Annahme) ihren Frauen besser gelingt, dem Kind Grenzen zu setzen. Hier kann Entwarnung gegeben werden, wenn der Unterschied nicht zu krass ist: Gerade die kleinen Kinder können mit dem unterschiedlich konsequenten Elternverhalten gut umgehen. Sie verstehen nämlich die Regeln noch nicht richtig und sind bei gleich rigidem Einfordern der Regeln durch Mutter und Vater schnell überfordert.

Subtiler ist die Auswirkung, wenn ein Mann seinen Vater als abwesend oder distanziert erlebt hat. Der Anspruch an sich selbst, viel Zeit mit dem eigenen Kind zu verbringen, ist dann sehr hoch. Im Alltag führt das, je nach Lebensbedingungen, zu erhöhtem Stress, weil diese Väter versuchen, den eigenen hohen Ansprüchen an Vaterrolle und Partnerschaft sowie den Anforderungen von Beruf und Gesellschaft gerecht zu werden. Petri beschrieb bereits 1997 diesen Spagat heutiger Väter zwischen vier Polen: zwischen Beruf und Partnerschaft, Vatersein und Eigenzeit.

Für die Interaktion mit dem Kind bedeutet dies, dass die bindungsrelevante Spieltätigkeit mit dem Vater eingeschränkt ist. Der Zeitdruck, gerade in der frühen Familienphase, kann bei den betroffenen Männern dazu führen, dass sie sich nicht ganz auf das Kind einlassen können. Ihr Spielverhalten ist kopfgesteuert. Das ist auch der Fall, wenn der Mann seinem Vater in keinem Fall ähnlich sein will. Er geht dann ständig über seine Grenze, um ein guter Vater zu sein. So kann im Umgang mit dem Kind kaum Entspannung aufkommen. Das Kind registriert das und ist verunsichert. Diese Väter berichten häufig von unzufriedenen Kindern beim Spielen. Hier ist es angebracht, die betroffenen Väter darauf hinzuweisen, dass zeitlich weniger gemeinsame Spielzeit mit dem Kind ausreicht, wenn diese Zeit losgelöst von allen äußeren und inneren Hemmnissen genutzt wird. Das wird auch aus den positiven Erinnerungen deutlich, bei denen einige Eltern von häufig abwesenden Vätern berichteten. Diese waren trotzdem bei Anwesenheit die „Besten".

Das Erkennen des geschilderten Zusammenhangs – mit der Information, dass es bei der väterlichen Beschäftigung mit dem Kind auf die Qualität und nicht so sehr auf die Quantität ankommt – hilft, die Sache einzuordnen. Darüber hinaus ist es wichtig, wenn der Vater das Kind bei seiner normalen Tätigkeit in Haus und Garten einbezieht, soweit er es verträgt. Den Kindern hilft es nicht, wenn der Vater alles mit ihnen macht, aber in Wirklichkeit nicht bei der Sache ist.

Wenn Frauen die oben aufgelistete Erfahrung gemacht haben, setzen sie möglicherweise ihre Männer unter Druck und kritisieren sie bei ihrem Umgang mit den Kindern übermäßig. Viel Zündstoff für die Beziehung ist vorhanden, wenn die eigene Mutter dem Vater untergeordnet war. Das war bei den Herkunftsfamilien der heutigen Eltern häufig der Fall. In der Untersuchung von Klees (1992) waren fünfzig Prozent der befragten Männer und Frauen mit autoritären Machtstrukturen in der Herkunftsfamilie belastet. Haben Frauen diese Erfahrung, besteht die Gefahr der erhöhten Empfindlichkeit in der gesamten familialen Interaktion. Sowohl die Partnerbeziehung als auch die Vater-Kind-Beziehung sind dann übermäßig im Fokus. Die negative Vater-Erfahrung in der Herkunftsfamilie funkt besonders in Stresssituationen immer wieder dazwischen und die Wahrnehmung der betroffenen Frau ist verfälscht. Dieser Zusammenhang ist den Eltern meist nicht bekannt. Für die unbelasteten Männer bedeutet das, in Zukunft das Verhalten der Partnerin besser einordnen zu können und sich selbst nicht mehr so betroffen zu fühlen.

Wenn beide Partner in dieser Form belastet sind, kann dieses Wissen helfen, sich immer wieder aufs Neue mit fehlgelaufenen Interaktionen und deren herkunftsbedingten Ursachen auseinanderzusetzen. Die in diesem Seminar erarbeiteten Ergebnisse und Kenntnisse aus den Einheiten zum Familienalltag und zum geschlechtsspezifischen Streitverhalten können die Lösungssuche in solchen Fällen unterstützen. Differenzierte Auswirkungen auf die Partnerschaft bei negativer Vatererfahrung von Eltern sind ausführlich bei Klees (1992) beschrieben.

Problembereich: Mutterrolle

- Ängstliche/überforderte/strenge/dominante Mutter
- Mutter „meckerte" und zeterte ständig, war launisch, machte gemeine Vorhaltungen, ließ Stress an den Kindern aus
- Mutter bemühte sich immer, es allen recht zu machen

Je nach Ausmaß der negativen Interaktionen mit der eigenen Mutter können derartige Erfahrungen das Selbstbild von Frauen und von Männern erheblich beeinträchtigen – besonders dann, wenn eine negative Vatererfahrung hinzukommt.

Ein erlebtes Muttervorbild im Zwiespalt zwischen Unzufriedenheit und Aufopferung macht ganz besonders den betroffenen Frauen zu schaffen und hat vielfältige Auswirkungen auf den Familienalltag. Das eigene Rollenverständnis und das Familienleben als Wert sind hoch ambivalent, weil diese Frauen es besser machen wollen, aber keine brauchbaren Handlungsmuster haben. Diffuse Gefühle der Unzufriedenheit mit ihrer Rolle als Mutter sind häufig die Folge. Die selbstwertstabilisierende Berufstätigkeit schafft im positiven Fall dann einen Ausgleich. Die Familienarbeit wird durch die ablehnende Haltung gegenüber der eigenen Mutter abgewertet. Dies ist dann ein Grund für heftige Auseinandersetzungen mit dem Partner über die Arbeitsteilung im Haushalt und die Betreuung der Kinder. Unabhängig davon, wie jeder einzelne dies bewertet, ist es hilfreich für die Betroffenen und deren Partner, die Zusammenhänge zu thematisieren.

Die Auswirkungen dieser kindlichen Erfahrungen auf das eigene Elternverhalten sind folgende: In Stresssituationen kann es passieren, dass die Mütter sich ebenso ängstlich, ungewollt streng oder dominant verhalten, wie sie das als Kind bei ihrer eigenen Mutter erlebt haben. Insbesondere erlebtes „Meckern", Zetern oder Schreien der eigenen Mutter kommt dann zum Vorschein und hinterlässt Schuldgefühle, weil genau das passiert ist, was man unbedingt vermeiden wollte.

Das eigene Verständnis für diese Abläufe und das Aufgefangenwerden in der Gruppe von Menschen, die gleiche oder ähnliche Erfahrungen haben, helfen den betroffenen Frauen, konkrete Vorstellungen für zukünftiges Handeln in kritischen Situationen zu entwickeln.

Die beiden ersten Punkte der oben aufgeführten kurzen Liste könnten auch die Muttererfahrungen von Männern sein, deren Mütter mit den Bedürfnissen und Verhaltensweisen des Jungen nicht umzugehen wussten. Solche Interpretationen der Stichwörter aus dem „Stillen Dialog" durch die Seminarleitung sind nicht zu vermeiden und veranlassen die Betroffenen zur genaueren Darstellung von Kindheitserlebnissen. Eine derartige Erfahrung wirkt sich nämlich in doppelter Weise auf die Partnerin aus. Sollte diese einmal „meckern", zetern, schlechte Laune haben oder Vorhaltungen machen, reagiert der betroffene Mann überempfindlich oder macht auf der Stelle „dicht". Es ist die gleiche Art der Reaktion, die Männer als Jungen eingeübt haben, um der zeternden, ängstlichen, strengen oder dominanten Mutter zu entkommen. Des Weiteren könnte es Auseinandersetzungen geben, wenn die Partnerin den gemeinsamen Sohn in ähnlicher Weise einschränken sollte. Auch hier ist mit einer Überreaktion des betroffenen Mannes zu rechnen.

Hier ist es hilfreich, die besonderen Bedürfnisse der Jungen nach Bewegung, Rangelei, Freiheit, Risiko und Abenteuer aus geschlechtsspezifischer Sicht zu begründen.

Problembereich: Elterliches Konfliktverhalten

- Viel Streit
- Kein offener Streit
- Spannungen
- Schlechte Stimmung
- Gefühl, für einen von beiden Partei ergreifen zu müssen

Bei der Behandlung des geschlechtsspezifischen Streitverhaltens (Kapitel 2.3) wurde deutlich, dass die meisten Eltern ein negatives Vorbild zum Konfliktverhalten in ihrer Kindheit erlebt haben und deshalb über keine brauchbaren Streitformen verfügen. An dieser Stelle muss nun der Zusammenhang zwischen dem erlebten Konfliktverhalten in der Herkunftsfamilie und den eigenen Problemen beim Streiten behandelt werden, falls das Thema nicht bereits einbezogen war. Wenn die TeilnehmerInnen diese Erfahrungen aufschreiben, ist von einem starken Einfluss auf ihr Verhalten im Streit auszugehen. In erster Linie sind sie für das lange Hinausschieben der Auseinandersetzungen verantwortlich. Der angstbesetzte Streit ist so lange wie möglich zu vermeiden.

Die oben in knappen Worten aufgelisteten Erfahrungen lassen auf vielfältige gefühlsmäßige Verwirrungen im Zusammenhang mit Streit schließen. Unter solchen Bedingungen kommt es im Familienalltag mit Kleinkindern plötzlich und unreflektiert zu Vorwürfen, Beleidigungen, Beschuldigungen oder Wutanfällen. Das passiert besonders bei Frauen (mit unzuträglichen elterlichen Streitvorbildern), wenn ihre Partner aus den gleichen Gründen und aus geschlechtstypischer Sicht den Auseinandersetzungen aus dem Weg gehen. In der Einheit zum geschlechtsspezifischen Streitverhalten ist illustriert, auf welche Weise der Streit in so einem Fall kein Ende findet und der nächste Streit schon vorprogrammiert ist.

Hier sollte den Eltern erzählt werden, dass niemand mit solchen Vorbildern aus der Herkunftsfamilie konstruktives Streitverhalten erwarten kann. Erst wenn Verständnis für das eigene Denken und Handeln aufkommt, ist Lernen für zukünftige Streitsituationen möglich. Eine Wiederholung der Zusammenfassung aus dem Modul zum Streitverhalten kann diesen Problempunkt abschließen.

Problembereich: Geschwisterstreit/Geschwisterbeziehung

- Auf kleine Geschwister aufpassen müssen
- Bruder wurde vorgezogen
- Geschwisterstreit, Schwester wurde vorgezogen
- Ständige Rücksichtnahme auf Bruder oder Schwester
- Vergleich mit Geschwistern, der Bruder war immer besser

Haben Eltern eine negative Geschwisterbeziehung in der Herkunftsfamilie erfahren, äußert sich das in der Regel in Überreaktionen beim Streit der eigenen Kinder. In diesem Fall sollten zuerst die verschiedenen negativen Gefühle dieser Eltern (im Hinblick auf ihre misslungene Geschwisterbeziehung) Beachtung finden. Häufig wird vom Abbruch der Beziehungen zu den Geschwistern im Erwachsenenalter berichtet.

Wenn die Kinder immer aufeinander aufpassen mussten, weil die Eltern keine Zeit hatten, belastet das, je nach Altersabstand und Geschlecht des Kindes, massiv die Geschwisterbeziehung. Besonders das ständige Rücksichtnehmen auf Geschwister und das Vorziehen bestimmter Geschwister hat starke negative Auswirkungen auf die Beziehung der Kinder untereinander. Den davon betroffenen Teilnehmern hilft in diesen Fällen die Erklärung, dass sie als Kinder diese Entwicklungen nicht verschuldet haben, sondern unbewusst, falsches Verhalten in der Herkunftsfamilie Ursache dafür war. Die Intensität der daraus resultierten negativen Gefühle erklärt sich durch die erlebten, für Kinder kaum zu verwindenden Ungerechtigkeiten.

Erst mit den Informationen zum Geschwisterstreit aus dem Modul zu den Erziehungsproblemen (Kapitel 2.2) – die an diesem Punkt in groben Zügen zu wiederholen sind – können einige nachvollziehen, was in ihrer Herkunftsfamilie (im Hinblick auf die Geschwisterbeziehung) falsch gelaufen ist. Mit diesen Informationen können sie in der Regel auch verstehen, dass Geschwisterstreit normal und konstruktiv sein kann, wenn Eltern angemessen damit umgehen. Teilweise gibt es in der Elterngruppe Erfahrungen über die spätere Aussprache mit Geschwistern. Daraus lernen die anderen Teilnehmenden, dass es sich lohnt, diesen Austausch auch zu versuchen.

Die negativen Gefühle, hinsichtlich des Streites der eigenen Kinder, können betroffene Eltern anschließend besser einordnen. Sie wissen, was beim Geschwisterstreit und der Geschwisterbeziehung zu beachten ist. Nun geht es noch darum, die wiederkehrenden kritischen Situationen beim Streit der eigenen Kinder zu analysieren.

In der Regel bekommen die Mütter den Streit der Kinder mit. Über ein normales Streit-Maß hinaus kommt es zu Problemen, wenn die Mutter in ihrer eigenen Geschwisterfolge die Ältere war. Das ist meistens der Fall bei den oben aufgelisteten Erfahrungen. Bei wenig zuträglichem Elternverhalten dürfte die Eifersucht der ältesten Kinder nicht beachtet oder gar sanktioniert worden sein. Das führt beim Kind zu negativem Verhalten, das sich durch falsche elterliche Reaktionen verfestigt. Damit wird sowohl die Eltern-Kind-Beziehung als auch die Geschwisterbeziehung belastet und das Selbstbild des Kindes negativ beeinflusst. Die damals im Geschwisterstreit erlebten negativen Gefühle steuern schließlich das Handeln der (jetzigen) Mutter in ähnlichen Situationen mit den eigenen Kindern. In erster Linie zeigt sich das an der geringen Toleranz gegenüber dem Streit der Kinder. Dabei wird vorwiegend das ebenfalls ältere der eigenen Kinder schnell kritisiert, da die Gefühle aus der Vergangenheit im Stress hochkommen und die Wahrnehmung der Mutter verzerren. Es kann dann passieren, dass sie sich in der Rolle des bösen Kindes befindet und gleichzeitig durch die Identifikation mit der strafenden Mutter völlig unangemessen auf das eigene ältere Kind reagiert.

In einem solchen Fall muss zuerst das Bewusstsein der Teilnehmerin für die gefühlsmäßigen Verstrickungen geschärft werden, damit sie in zukünftigen Fällen mit dem neuen Wissen angemessener reagieren kann. Das ist dringend notwendig, weil die eigenen Kinder durch die Überreaktionen der Mutter verunsichert sind und dadurch häufiger streiten. Das eine bedingt das andere, und nur die Erwachsenen haben die Möglichkeit, diesen Kreislauf zu durchbrechen.

Nach Abschluss des Teils mit den negativen Kindheitserinnerungen sollte als Zusammenfassung Folgendes angemerkt werden: Mit dieser Einheit haben die Eltern zum Teil schmerzhaft gespürt, in welcher Form negative Kindheitserfahrungen ihr heutiges Elternverhalten steuern. Diese angeleitete biografische Selbstreflexion in der Gruppe hat ihnen ermöglicht, einen Schritt „von sich wegzugehen“, um sich dadurch selbst näher zu kommen. Die eigene Geschichte und die Geschichte des Partners sind dadurch besser zu verstehen. Es ist auch klar geworden, dass die betroffenen Frauen und Männer diese Erschwernisse in ihrem Erziehungshandeln nicht zu verantworten haben. Gleichwohl müssen sie viel mehr Energie und Kraft in ein gelingendes Familienleben investieren als diejenigen, die das Glück positiver Kindheitserinnerungen haben. Im Gegenzug ist es nicht das Verdienst derjenigen, die ihre Kinder locker „aus dem Bauch heraus“ erziehen können. Hier haben deren Eltern dafür gesorgt, dass das Zusammenleben in der eigenen Familie nicht so schwer oder so anstrengend ist.

Mit den beim zweiten Bildungsmodul erworbenen Kenntnissen über die besonderen sozial-kognitiven Entwicklungsmerkmale beim Kind haben die Eltern eine große Chance, über den zunehmenden Erfolg ihres Erziehungshandelns die eigene Geschichte zu relativieren.

Positive Kindheitserinnerungen

An den aufgeschriebenen positiven Kindheitserinnerungen lässt sich abschließend deutlich machen, was Kinder brauchen, um sich gut zu entwickeln und welches Glück es für Eltern bedeutet, eine solche Kindheit erlebt zu haben. Dieses empfundene Glück ist auch die Ursache für die Markierungen an einigen der aufgeführten positiven Punkte, wo Eltern Probleme im Hinblick auf ihre Kinder sehen.

Es sind die Erinnerungen an Mütter, die immer zur Verfügung standen, wenn die Kinder sie brauchten, und an das gute Gefühl, dass immer jemand da war. Es ist nicht schwer zu verstehen, dass Eltern solch gute Gefühle ihren Kindern auch gern ermöglichen würden und es sie bedrückt, dass dies aus unterschiedlichen Gründen oft nicht geht.

Etwas komplizierter ist die Markierung an der Erfahrung, dass die Großmutter die Bezugsperson war, die die Mutter ersetzte. Das Positive an der engen Beziehung der Großmutter wiegt den Verlust der Mutter, nach Aussagen der Betroffenen, nicht auf. Dies unterstreicht die Bedeutung der Mutter als wichtigste Bezugsperson für das kleine Kind. Wenn sie in der frühen Phase fehlt, bleibt der Mangel bis ins Erwachsenenalter präsent. Wenn eine solche Erinnerung beim „Stillen Dialog“ mehrfach unterstrichen wurde, ist es den Betroffenen wichtig, dies zu thematisieren, denn bei den Ausführungen zu den entwicklungsbedingten Verhaltensweisen (Kapitel 2.2) ist ihnen die Bedeutung der frühen Mutter-Kind-Beziehung noch einmal deutlich geworden.

2.4.3 Ergebnisse

Nach diesen neuen Erkenntnissen sind die Teilnehmerinnen und Teilnehmer meistens sehr nachdenklich. Es wird ihnen klar, dass die frühen Erfahrungen sowohl im positiven als auch im negativen Sinne die eigenen Wahrnehmungen im Familienalltag beeinflussen und den Interpretationsrahmen bilden, innerhalb dessen neue Erfahrungen bewertet werden. Mit den in diesem Bildungsmodul herausgearbeiteten neuen Bewertungen und Interpretation der alten Erfahrungen ist es ihnen nun eher möglich, veränderte Sichtweisen zu gewinnen. Wenn das gelingt, lassen sich die „Gespenster“ aus dem Kinderzimmer verjagen und die Entwicklungschancen ihrer Kinder verbessern. Ebenso besteht mit diesem Wissen die Chance, in der Beziehung zwischen den Partnern neue Wege zu gehen.

Die Belastungen, die Eltern bei der Behandlung dieses Themas empfinden, spiegeln sich auch in der Bewertung des Bildungsmoduls im Rahmen der Evaluation wieder. Von den durchweg positiven Bewertungen aller vorgestellten Einheiten hat diese Einheit eine geringfügig weniger positive Beurteilung (Kapitel 3.2).

Für dieses Thema sollte ein ganzer Seminartag während einer mehrtägigen Veranstaltung eingeplant werden, mindestens jedoch sechs Unterrichtsstunden. Ist ein Wochenend-Seminar dazu geplant, ist anzuraten, das Thema in Verbindung mit dem Modul zu den Erziehungsproblemen (Kapitel 2.2) durchzuführen.

3 Das Konzept in verschiedenen Formen von Elternbildungsveranstaltungen und bei speziellen Problemlagen

Das hier vorgestellte Konzept ist für alle Eltern- und Familienbildungsveranstaltungen geeignet. In diesem Kapitel wird dargelegt, welche Formen für welche speziellen Zielgruppen, mit welchen modifizierten Inhalten und Methoden durchgeführt werden können.

Zuerst geht es um Elternkurse in Kurzzeitformen für bildungsorientierte Familien. Diese Kurse werden üblicherweise mit einem zweistündigen Termin pro Woche, über einen Zeitraum von drei bis zwölf Wochen angeboten. Der Fokus liegt hier jedoch auf Kursen für Eltern mit Kindern unter drei Jahren in verschiedenen Zusammenhängen; die Kinder können mitgebracht werden. Damit wird erreicht, dass die Inhalte zur frühen Entwicklung direkt auf das Verhalten der anwesenden Kinder bezogen werden können und auf diese Weise sehr praxisorientiert vermittelbar sind.

Anschließend stehen Kompaktkurse im Mittelpunkt. Dabei werden Vorschläge gemacht, wie die Bildungsmodule aus Kapitel 2 für Tages-, Wochenend- und Wochenkurse, thematisch kombiniert, einsetzbar sind. Mit der Darstellung der Form des Bildungsurlaubs sind die Rahmenbedingungen für mehrtägige Veranstaltungen umfassend erläutert. Darüber hinaus werden die Ergebnisse der Evaluation des Konzeptes, das als Bildungsurlaub über einen langen Zeitraum erprobt wurde, aufgeführt.

Danach wird das Konzept auf unterschiedliche Bildungsveranstaltungen für Alleinerziehende bezogen, und zwar mit inhaltlichen und methodischen Ergänzungen für diese Zielgruppe.

Zum Schluss wird das Modul zu den Erziehungsproblemen für die Gruppe der Hochrisikofamilien und der vom Jugendamt betreuten Familien inhaltlich und methodisch vereinfacht aufbereitet. Dort wird gezeigt, wie Bildungsarbeit mit den Familien durchgeführt und wie diese Familien erreicht werden können.

3.1 Elternkurse in Kurzzeitformen

Bei diesen Elternkursen lassen sich die Inhalte aus Kapitel 2.2 am besten in Veranstaltungen vermitteln, die mit jeweils zwei Unterrichtsstunden einmal wöchentlich (an einem Vormittag), über einen Zeitraum von drei bis vier Wochen stattfinden. Die Eltern sollten ihre ein- bis dreijährigen Kinder mitbringen. Die Entwicklungstheorie der ersten drei Lebensjahre kann damit sowohl auf die konkreten Fragen der Teilnehmenden als auch auf die Interaktion der Kleinkinder innerhalb der Gruppe bezogen werden.

Solche Kurse mit Kindern sollten höchstens acht Teilnehmende umfassen, da die anwesenden Kinder bei größeren Gruppen schnell überfordert sind. Die Kinder halten sich während des Kurses innerhalb des Stuhlkreises auf und spielen oder sitzen auf dem Schoß der Mutter oder des Vaters. Einige Spielzeuge sollten vorhanden sein. Der wichtige Erfahrungsaustausch innerhalb solcher Gruppen lässt sich durch Fragen und Hinweise der Kursleitung anstoßen.

Beim ersten Termin ist wie bei allen Kursen zu verfahren: Begrüßung, Vorstellungen, Fragen nach den Gründen für die Teilnahme am Elternkurs. Diese Frage eröffnet den Zugang zu den Teilnehmenden, denn an die Antworten kann angeknüpft werden, um das Vorgehen beim Kurs zu schildern.

Ein möglicher Ausschreibungstext für einen solchen Elternkurs mit Kindern zwischen ein und drei Jahren könnte für die Programme verschiedener Bildungsträger so aussehen:

> Der Familienalltag mit Kleinkindern ist nicht immer die reine Freude. Häufig schreien und jammern die Kinder, manchmal sind sie sehr wütend oder ängstlich, wollen nicht schlafen oder essen; das Regellernen kommt nur mühsam voran.
>
> Das Wissen darüber, was dieses Verhalten mit der Entwicklung des Denkens, des sozialen Verstehens und der Ausbildung einer sicheren Bindung an die Eltern zu tun hat, kann helfen, den Familienalltag mit Kleinkindern zu entlasten und die Entwicklung des Kindes zu fördern. Kinder bis zu drei Jahren können mitgebracht werden.

Im Zentrum eines solchen Elternkurses sollte die Bindungsentwicklung in den ersten zwei Jahren stehen. Bei bildungsorientierten Eltern reicht es aus, auf die Ausführungen in Kapitel 2.2 zum theoretischen Hintergrund der Bindungsentwicklung und zum Klammerverhalten im praktischen Teil zurückzugreifen. Darüber hinaus ist die später nachfolgende Darstellung der Selbstständigkeitsentwicklung in den ersten zwei Jahren als Ergänzung hilfreich. Bei Elternkursen für bildungsungewohnte Eltern (darunter sollen im Folgenden Menschen ohne Schul- und Ausbildungsabschluss verstanden werden) aus sozial schwachen Bevölkerungsschichten (die also zusätzlich von staatlichen Transferleistungen abhängig sind), in denen es um grundlegende und umfassende Informationen zur ganz frühen Entwicklung geht, empfiehlt sich der Kurs für junge Eltern: „Auf den Anfang kommt es an“ von Ziegenhain et al. (2006 b). In Kapitel 3.4 finden sich dazu nähere Angaben.

Bei Kursen mit bildungsorientierten Eltern werden sich die Fragen zu den kindlichen Verhaltensweisen der unter eineinhalbjährigen Kinder eher in Grenzen halten, denn in der Regel treten in dieser Zeit weniger störende Verhaltensweisen auf als in der Zeit danach. Dann kann, anhand der nachfolgend beschriebenen Entwicklungsschritte im Denken und sozialen Verstehen der ersten zwei bis drei Lebensjahre, über die besonderen Verhaltensmerkmale informiert werden. Damit werden das Verständnis und das Interesse der Eltern für die eigentlich alltäglichen Handlungen des Kindes geweckt, so dass die besondere Bedeutung der ersten Jahre ins Bewusstsein dringt.

Die folgenden Beschreibungen ergänzen die Inhalte aus Kapitel 2.2, die dort für die frühe Entwicklung erläutert wurden.

Entwicklung des Denkens beim Kleinstkind: Nach der Geburt zeigt das Kind nur Reflexbewegungen wie Saugen, Greifen, flüchtiges Hin- und Hersehen. Ein Fortschritt wird erreicht durch ständiges reflexhaftes „Erfahren" (Übung des Saugreflexes, Suchverhalten beim Stillen).

Im zweiten Monat wird das Reflexsehen zum aufmerksamen Hinsehen; und das Sehen wird mit dem Greifreflex der Hand oder mit dem Hören verbunden. Die ständige Wiederholung der Reflexbewegungen führt zu teilweise gesteuerten Bewegungen. Das Kind kann jedoch einen Gegenstand, den es in der Hand fühlt, nicht bewusst in sein Sichtfeld bringen.

Mit drei Monaten zeigt sich allmählich absichtsvolles Handeln: Nachahmung der eigenen Bewegungen, Koordination von Hand und Auge. Das Kind kann einen Gegenstand in sein Sichtfeld bringen. Danach beginnt es, den eigenen Körper auszuprobieren: Hände anschauen, greifen, bewusstes Hinsehen. Es unterscheidet jetzt Geräusche und reagiert auf fremde Stimmen.

Mit vier bis fünf Monaten wiederholt das Baby seine eigenen Versuche, wenn es eine zufällige Wirkung bemerkt, zum Beispiel beim Schütteln einer Rassel. Gegenstände als solche existieren für das Kind noch nicht; ist ein Gegenstand nicht mehr zu sehen, wird er nicht gesucht. Das Kind hat noch kein Bewusstsein von sich selbst.

Mit fünf bis sechs Monaten kann das Kind Gesichter unterscheiden und damit bekannte und fremde Personen auseinanderhalten. Zu diesem Zeitpunkt zeigt es Interesse an anderen vertrauten Personen und an allen erreichbaren Gegenständen. Das Kind steckt alles in den Mund und lernt dadurch die Dinge kennen. Es kann dann die grundlegenden, von den Sinnen und Muskeln gesteuerten Bewegungen koordinieren. Beim Versuch des Löffelgebrauchs wird das deutlich: Das Kind hat ein Ziel und muss zu dessen Erreichung seine bisher ausgebildeten Fähigkeiten des Haltens, Sehens und Bewegens zusammenbringen.

Mit sieben bis acht Monaten verfügt das Kind über ein Wiedererkennungsgedächtnis: Wenn eine Person oder ein Gegenstand erneut auftaucht, werden sie vom Kind erkannt. Danach beginnt es, Ereignisse in Form von Versuch und Irrtum nachzuahmen. Es hat den Drang, alles anzufassen und zu untersuchen. Es versteht die Dinge durch Begreifen mit der Hand (als Vorform des Begreifens mit dem Kopf).

Mit zehn Monaten wiederholt das Kind bei seinen Aktionen in erster Linie das bisher Erfahrene. Diese Erfahrung ist nun schon Erinnerung und stellt das erste Wissen dar, auf das alles Weitere aufbaut.

Mit elf bis zwölf Monaten suchen Kinder nach versteckten Gegenständen, denn die können sie jetzt in Erinnerung behalten, wenn sie verschwunden sind. Alles Neue wird nun interessant. Dabei lernt ein Kind, seine bisherigen Erfahrungen zu kombinieren und findet damit immer neue Mittel, um ein Ziel zu erreichen.

Mit vierzehn bis sechszehn Monaten besitzt das Kind die Fähigkeit, Handlungen innerlich, d. h. in seiner Vorstellung, auszuführen. Mit diesem sich nun entwickelnden Vorstellungsgedächtnis kann es wesentlich schneller, gezielter und flexibler mit neuen Situationen umgehen, indem es überlegt, bevor es handelt (im Gegensatz zum vorherigen Stadium, wo es erst durch das Handeln die Dinge erfahren und verstanden hat).

Kinder erfinden jetzt neue Mittel durch geistige Kombinationen: In einer neuen Situation probieren sie erst die ihnen bekannte Möglichkeit aus; gelingt das nicht, überlegen sie und probieren Neues. Dadurch lernt ein Kind, mit Symbolen umzugehen: Ein Holzklotz wird als Spielauto benutzt.

Mit zwanzig bis vierundzwanzig Monaten realisiert das Kind endgültig, dass Personen und Dinge außerhalb seines Wahrnehmungsfeldes existieren. Das Vorstellungsgedächtnis ist nun ausgebildet. Damit verfügt das Kind über die Grundlagen systematischer Intelligenz, die von seinem selbstbezogenen Standpunkt ausgeht.

Mit dem bewussten Gebrauch der Sprache entsteht eine intensive Wechselwirkung zwischen Sprechen und Denken, die die Denkentwicklung rapide vorantreibt (Piaget 1992).

Das Denken des zwei- bis vier- oder fünfjährigen Kindes hat jedoch noch bestimmte einschränkende Merkmale, durch die es sich auffällig vom Denken des Grundschulkindes unterscheidet:

- Das Kind denkt „ichbezogen", der eigene Standpunkt ist bis zum Alter von ca. drei Jahren der einzig mögliche.
- Seine Gedanken sind „vorlogisch": Es reiht alle Gedanken willkürlich aneinander, so wie sie ihm gerade in den Kopf kommen, je nach äußeren Reizen oder eigener Aufmerksamkeit.

- Sein Denken ist seiner Wahrnehmung völlig ausgeliefert. Realität ist das, was das Kind wahrnimmt.
- Von Widersprüchen oder Lügen weiß es noch nichts.
- Das Kind versteht keine Ironie und nimmt alles wörtlich.
- Es kann teilweise seine Gedanken nicht für sich behalten.
- Das Kind erfindet Begriffe, wenn es die richtige Bezeichnung für eine Sache nicht kennt.
- Wenn es etwas nicht versteht, fabuliert es, es erfindet also eine passende Erklärung.
- Es wechselt seine Meinung, ohne etwas Besonderes dabei zu empfinden.

Einerseits deuten Kinder in diesem Alter alles Wahrgenommene nach ihrem Willen und Können. Sie schaffen sich so eine Fantasiewelt, in der alles möglich ist. Andererseits passen sie ihr Denken an die Wirklichkeit und die Mitmenschen an, denn sie werden durch das Handeln und Sprechen der anderen ständig dazu angehalten. Das führt dazu, dass ein Kind häufig Fantasie und Wirklichkeit miteinander verwechselt oder vermischt. Gedanken und Träume können als wirklich erlebt werden und leblose Dinge als ich-haltig, die zum Handeln auffordern und mit Willen ausgestattet sind – oder die Schuld an eigenen Missgeschicken haben.

Die Begrenztheit des kindlichen Denkens geht allmählich über in eine an die Wirklichkeit und die Mitmenschen angepasste Denkweise, die auf diese Weise das logische Denken des Grundschulkindes vorbereitet (Piaget 1975; 1980).

Entwicklung der Selbstständigkeit beim Kleinstkind – von der Abhängigkeit über die Anhänglichkeit zur Selbstständigkeit: Nach der Geburt kann das Kind nicht zwischen innen und außen unterscheiden, sondern nur innerhalb des biologischen Bereichs seines Körpers empfinden und wahrnehmen. Es zeigt nur Reflexverhalten.

Im zweiten Lebensmonat zeigt es reflexhafte Lächelreaktionen beim Ansehen eines Gesichts, d. h., es lächelt jedes Gesicht an. Dann taucht das absichtsvolle Lächeln beim Blickkontakt mit der Mutter auf. Das Kind reagiert auf die menschliche Stimme mit Lauten und stellt die Verbindung zwischen seinem Wohlgefühl und dem menschlichen Gesicht her. Es empfindet sich und seine Bezugsperson als eine Einheit.

Mit drei bis vier Monaten beginnt es, den eigenen Körper von dem der Mutter zu unterscheiden. Es stemmt seinen Körper von der Mutter weg, tastet ihr Gesicht ab. Seine Wahrnehmung richtet sich zunehmend nach außen, es hat jedoch noch keine Vorstellung von sich als eigenständiger Person. Es zeigt sichtbares Interesse und Freude am Ergebnis seines Tuns, an anderen Personen und an deren Reaktionen.

Mit fünf bis sechs Monaten lächelt das Kind kurzfristig nur seine Mutter an und reagiert auf andere mit Fremdeln (Gesicht abwenden, Blicke senken, weinen oder schreien). Das Baby hat jetzt eine besondere Bindung an die Mutter entwickelt. Es kann nun genau unterscheiden zwischen der Mutter und anderen Personen. Es erwirbt damit ein erstes Bewusstsein seiner Person und seiner Körperbewegungen, empfindet seinen Körper jedoch noch nicht als Ganzes.

Mit der Fähigkeit, sich selbstständig fortzubewegen (Krabbeln), beginnt die Selbstständigkeitsentwicklung. Das Kind löst sich jetzt in einem ersten Schritt aus der empfundenen Einheit mit der Mutter. Trotz des Forscherdrangs, den es nun zeigt, ist es auf die Anwesenheit der Mutter angewiesen, denn hier folgt die erste Krise im Leben eines Kindes: Mit zehn Monaten hat es noch kein Vorstellungsgedächtnis. Es kann sich also die Mutter nicht in einem anderen Raum vorstellen. Verschwindet diese aus seinem Blickfeld, bekommt das Kind, je nach Ausmaß der ererbten Angstbereitschaft, existenzielle Verlassenheitsängste. Es weint, schreit oder läuft der Mutter hinterher und klammert sich an. Das Verhalten ist aktives Bindungsverhalten des Kindes. Kann die Mutter immer darauf eingehen, festigt sich die Bindung. Das Kind nimmt seine Getrenntheit von der Mutter nun zum ersten Mal zur Kenntnis und begreift sich nach und nach als eigenständige Person, ohne die Bedeutung dieser Tatsache erfassen zu können.

Mit jeweils vierzehn bis sechzehn Monaten kann es sich dann, durch den Gebrauch des Körpers (gehen, aufstehen, sich setzen, etwas tragen) und den unbändigen Willen, die Dinge und seine Umgebung zu erforschen, über den ersten Schock des Getrenntseins hinweghelfen. Sein Wohlbefinden hängt nicht mehr ausschließlich von der Gegenwart der Mutter ab, bei Stimmungsabfall ist es jedoch unbedingt auf sie angewiesen. Dem Vater gelingt es während dieser Zeit oft nicht, das Kind zu trösten, wenn die Mutter anwesend ist.

Mit zunehmendem Begreifen der Tatsache, dass es von der Mutter getrennt ist, zeigt das Kind zwischen zwanzig und vierundzwanzig Monaten erneut scheues Verhalten vor Fremden und reagiert empfindlich auf Trennungen von der Mutter. Erst wenn es nach dieser Phase das Vorstellungsgedächtnis ausgebildet hat, kann es Trennungssituationen ertragen, wenn es während dieser Zeit durch andere, insbesondere durch den Vater oder die Großeltern, gut versorgt ist.

Mit vierundzwanzig bis sechsundzwanzig Monaten sagt das Kind „ich“ zu sich selbst und begreift sich damit endgültig als eigenständige Person. Damit einher gehen heftiges eigensinniges Verhalten und eine zeitweise Ablehnung der Mutter, die (aufgrund der ichbezogenen Denkweise des Kindes) für alle Enttäuschungen verantwortlich gemacht wird. Der Vater ist in der Phase besonders wichtig für das Kind, da es bei diesen ersten bewussten Ablösebestrebungen von der Mutter Halt braucht, um langfristig Selbstständigkeit entwickeln zu können. Während dieser Phase entsteht die besondere Bindung des Kindes an den Vater. Die Bindung wird im Zusammenhang mit der größeren Spielfreude des Vaters durch das gemeinsame Spiel gefestigt.

Die Entwicklung der Selbstständigkeit wird gefördert, wenn das Kind feststellt, dass es etwas bewirken kann. Das geschieht bereits zu Beginn der Entwicklung, wenn auf die Aktivitäten des Kindes reagiert wird, z. B. beim Aufheben und Zurückgeben von Gegenständen, die das Kind aus dem Bett wirft, beim Erwidern von Geräuschen, bei Fingerspielen usw.

Der Entdeckungsdrang des Kindes sollte soweit wie irgend möglich nicht eingeschränkt werden. Maßstab für das Selbstvertrauen des Kindes ist, inwieweit es seinen Körper beherrschen kann und er das tut, was das Kind sich vorgenommen hat. Das „Selbermachen" von Dingen, die sonst nur Erwachsene tun, ist eine wichtige Leistung für das Kind. Es ist sehr stolz, wenn ihm etwas gelingt.

Die Basis für gesundes Selbstvertrauen und die Selbstständigkeitsentwicklung sind Anerkennung und Zustimmung. Das Kind sollte gelobt werden, so oft echter Anlass dazu besteht.

Alles, was das Kind von sich aus machen will, fördert die Entwicklung seiner Selbstständigkeit und sollte so weit wie möglich zugelassen werden. Alles, was dem kleinen Kind häufig aufgezwungen wird, behindert die Selbstständigkeitsentwicklung.

Das Kind muss sowohl seine Fähigkeiten üben können als auch seine Grenzen kennenlernen. Diese Grenzen dürfen ihm nicht in Strafaktionen beigebracht werden. Aufgrund seiner ichbezogenen Denkstruktur versteht das Kind Strafen noch nicht. Stattdessen muss es an den verbotenen Aktivitäten gehindert werden.

Eine zu beschützende und überbesorgte Haltung dem Kind gegenüber kann das kindliche Selbstständigkeitsstreben ersticken und eine übermäßige Abhängigkeit vom Erwachsenen erzeugen.

Bei seiner Entwicklung zur Selbstständigkeit wird das Kind durch mehrere biologisch begründete Strategien des Erfahrungserwerbs angeregt und geleitet: Dazu gehört der Erkundungsantrieb, die Wissbegierde, die ständige Nachahmung, das Spielen und das schöpferische Erfinden. Das Lernen und die Entwicklung zur Selbstständigkeit erfolgen somit weitgehend aus eigenem Antrieb. Dieses Lernen kann jedoch nur in einer weitgehend angstfreien Umgebung erfolgen.

Zur Entwicklung des Spielens beim Kleinstkind: Mit zwei Monaten beginnt das Kind, den eigenen Körper auszuprobieren (Hände, Arme, Beine anschauen und bewegen) und zufällig Gegenstände zu bewegen. Danach ist das Spiel ein reines Funktionsspiel: Beim Schütteln einer Rassel bemerkt das Kind den Zusammenhang zwischen Bewegung, Geräusch und Bild und empfindet sich als Verursacher.

Dies führt mit drei bis vier Monaten zur ständigen Wiederholung der Aktion. Dabei sollten nur zwei bis drei Gegenstände in seiner Reichweite liegen.

Mit vier bis fünf Monaten probiert das Baby seine Stimme aus: Lall-Laute, Kreischen, Gurren usw. Es reagiert freudig auf Guck-Guck-Spiele und liebt Fingerkrabbelspiele. Es wirft Gegenstände weg und nimmt aufgeregt ihr Wiederauftauchen zur Kenntnis. Es steckt unermüdlich alles in den Mund und lernt damit die Beschaffenheit der Gegenstände kennen.

Mit sechs bis acht Monaten inszeniert das Kind selbst Guck-Guck-Spiele, indem es sich ein Tuch über den Kopf zieht oder beim Füttern den Kopf wegdreht und sich freut. Mit der Fähigkeit zum Krabbeln entsteht Freude an Jagd- und Verfolgungsspielen, wobei der Verfolger kein aggressives Gesicht machen darf; dann hat das Kind nämlich Angst.

Das zehn Monate alte Kind fasst alles an, denn es begreift die Dinge mit den Händen. Es ist die Vorform des Begreifens mit dem Kopf!

Mit einem Jahr erkennt das Kind Gegenstände wieder. Spielsachen müssen jetzt Ähnlichkeit mit wirklichen Dingen haben (Spielautos, Puppen, Becher, Löffel). Das Kind entwickelt jetzt eine große Vorliebe für das Aus- und Einräumen von Behältern jeglicher Art. Damit erfährt es die räumlichen Beziehungen zwischen Gegenständen und setzt sich in ersten Ansätzen mit den Dimensionen des Raumes und der Schwerkraft auseinander. Es begreift mit diesem Spiel die Worte „in“ und „auf“.

Durch das Spielen mit richtigen Gegenständen und das Verstehen, was man damit machen kann, entsteht mit ungefähr achtzehn Monaten die Fähigkeit, „zu tun als ob“. Das Kind ist damit in der Lage, Gegenstände umzudeuten und Situationen nachzuspielen. Es hantiert jetzt mit Bauklötzen, benutzt sie als Becher und tut so, als ob es trinkt; und es baut immer wieder Türme mit allem, was stapelbar ist.

Es spielt dann seine eigenen Verhaltensweisen nach – wie Essen, Schlafen, Baden. Vertraut gewordene Verhaltensweisen werden auf andere Personen und Dinge übertragen (die Puppe muss schlafen). Dann werden die Verhaltensweisen der Erwachsenen nachgeahmt (waschen des Spielautos oder der Puppe). Das Kind zeigt damit seine neu erworbene Fähigkeit der inneren Vorstellung einer Handlung durch verzögerte Nachahmung.

Mit zwanzig bis zweiundzwanzig Monaten werden Gegenstände immer und überall aneinandergereiht und dadurch die Wörter „hinter“ und „vor“ in ihrer Bedeutung verstanden. Das Spielen mit dem Puppenhaus unterstützt, ebenso wie das Spielen mit der Eisenbahn oder mit Lego- und Duplo-Steinen, die Entwicklung der räumlichen Vorstellungsfähigkeiten des Kindes. Szenen aus der Wirklichkeit werden jetzt zu Spielszenen und nach Lust und Laune fantasievoll ausgeschmückt. Wünsche werden in Spielszenen eingebaut und darin verwirklicht; Ärger und Kummer ebenso, um ihn zu überwinden. Das Kind spielt Ereignisse, die es betroffen machen, noch einmal durch, weil es das gedanklich noch nicht kann.

Mit vierundzwanzig bis sechsundzwanzig Monaten beginnt das Kind, vertikal und horizontal zu bauen. Die eigenen Wünsche und Vorstellungen werden nun im Spiel durchgesetzt. Dabei können Gleichaltrige sehr gut nebeneinander her spielen, ohne sich in die Quere zu kommen. Sie beobachten sich gegenseitig, greifen die Anregungen des anderen auf (indem sie sich imitieren) und bringen selbst neue Varianten ins Spiel. Das erste Miteinander ist noch stark geprägt von den egozentrischen Bedürfnissen der Kinder, so dass dabei Streit ganz normal ist. Im gemeinsamen Fantasiespiel entwickeln Kinder dann bemerkenswerte Strategien, um Spielhandlungen aufrechtzuerhalten: Sie schlüpfen in immer neue Rollen, um Konflikte abzufangen.

Zwischen zweieinhalb und drei Jahren beginnt das dreidimensionale Bauen. Bis zum fünften Lebensjahr ist das räumliche Vorstellungsvermögen so weit fortgeschritten, dass sie Räume nachbauen können. Beim Nachspielen der Wirklichkeit herrscht Dominanzpartnerschaft im Spiel: Einmal bestimmt der eine, einmal der andere.

Das Spiel ist ein biologisch verankertes Grundbedürfnis des Menschen. Es ist Mittel zum Einüben neuer Fähigkeiten, zum Weltverständnis und zum selbst gesteuerten Lernen, da über das Spiel die wahrgenommenen Dinge begriffen werden. Körper, Verstand und Persönlichkeit brauchen das Spiel (Sinnesorgane, Körperhaltung und Bewegung, Denken, Sprache, Sozialverhalten).

Ungestört allein zu spielen fördert die Fähigkeit zur Konzentration; Bewegungsspiele üben Kraft und Geschicklichkeit und fördern das Selbstvertrauen des Kindes. Das Spielen mit Erwachsenen und mit anderen Kindern entwickelt die Fähigkeit, Handlungen zu planen, andere zu beobachten und soziales Verhalten einzuüben.

Reizüberflutung (zu viele Spielsachen, zu viel fremdbestimmte Aktion) verhindert, dass das Kind spielen und lernen kann. Spielen erfolgt nur in entspannten und angstfreien Situationen. Für eine positive Spielentwicklung des Kindes müssen Eltern Zeit haben, sich auf das Spiel des Kindes einlassen, Anteil und Freude zeigen und Spielräume schaffen. Das Kind muss dabei die Kontrolle über das Spiel behalten können.

Weitere Einzelheiten zur Entwicklung des frühkindlichen Spiels finden sich bei Largo (1996).

Entwicklungsbedingte Ängste des Kleinstkindes: Das Ausmaß, in dem Kinder Ängste zeigen, ist von Beginn an abhängig von der ererbten Angstbereitschaft (Butzmann 2000, 78); dementsprechend sind bei einem Teil der Kinder die nachfolgend geschilderten Ängste sehr stark, bei anderen kaum zu bemerken:

In den ersten zwei Monaten empfindet das Kind nur „biologische Primärängste“. Diese bilden sich durch störende Empfindungen und Wahrnehmungen innerhalb des Körpers. So wird Angst durch organische Veränderungen ausgelöst – wie z.B. Veränderungen des Kreislaufs oder der Atmungsorgane, insbesondere bei Sauerstoffmangel (Erstickungsangst) – sowie durch akuten Schmerz und durch Erschrecken.

Zwischen dem dritten und dem vierten Monat eines Babys entstehen Ängste bei fremden Stimmen oder Geräuschen, weil das Kind jetzt Geräusche deutlicher wahrnimmt.

Mit fünf bis sechs Monaten folgt die Angst vor fremden Personen, auf die es jetzt anders reagiert als vorher. Inzwischen kann es nämlich den Unterschied zwischen den Gesichtern deutlicher wahrnehmen.

Zwischen dem achten und dem zehnten Monat treten Trennungs- und Verlassenheitsängste bei den Kindern hervor. Mit der Fähigkeit, sich in ersten Ansätzen als getrennt von der Mutter zu begreifen, entstehen diese Ängste, wenn die Mutter den Raum verlässt. Das Kind reagiert mit Protest und Schreiausbrüchen und sucht die Mutter an bekannten Stellen. Bei längerer Abwesenheit der Mutter zeigt es Traurigkeit, jedes Erkundungsverhalten wird eingestellt. Bei den Ersatzbetreuungspersonen verlangt es ständig deren Aufmerksamkeit. Diese Angst tritt in den folgenden Monaten bis zur Ausbildung des Vorstellungsgedächtnisses immer wieder auf, insbesondere bei beginnender Krankheit, bei Schmerz, Schreck, Enttäuschungen und in Stresssituationen.

Zwischen dem vierzehnten und dem achtzehnten Monat treten kurzzeitig noch einige sogenannte „Urängste“ auf. Dazu gehört die „Feindbildangst“; hierbei handelt es sich um das Erleben von Menschen in akuter Aggressionsstimmung, die sich im „bösen Blick“, in der Mimik, der Drohgestik oder im „bösen Gesicht“ zeigt. Vorher wird ein böses Gesicht nicht verstanden. Auch ein trauriges, depressives Gesicht kann vom Kind als Aggressionsmimik fehlinterpretiert werden und Angst erzeugen. Ebenso gehören Ängste vor Naturerscheinungen (wie Dunkelheit, Lichtblitze, Donner, Sturm, heftige Regenfälle, große Wasserflächen) und die Angst vor Tieren kurzfristig zu den Urängsten. Das heißt, die Kinder reagieren in einem bestimmten kurzen Zeitfenster mit großer Angst, wenn sie mit einer solchen Naturerscheinung oder mit Tieren konfrontiert werden. Es sind allerdings nicht alle Kinder davon betroffen.

Mit zwei Jahren treten, durch die beginnende Denkfähigkeit, neue Ängste auf: Die Ansammlung von Wissen, durch das Handeln und Sprechen, führt zu einer regen Fantasietätigkeit beim Kind. Die Unfähigkeit, dabei zwischen Fantasie und Wirklichkeit zu trennen, ist ein neuer Grund für Angst. So sind schlechte Träume, Schauergeschichten und Angstfantasien Auslöser für Angst.

Trennungsängste treten zu diesem Zeitpunkt wieder stärker hervor. Mit zwei Jahren erkennt das Kind endgültig, dass es eine eigenständige, von der Mutter getrennte Person ist. Dies führt teilweise zu starken Verlassenheitsängsten, die sich in erneutem Klammerverhalten zeigen.

Aufgrund der vorlogischen Denkweise kommt es in den folgenden zwei Jahren zu weiteren Ängsten, denn mangelndes Verständnis und für das Kind unerklärliche Geschehnisse tragen dazu bei. Viele Kinder haben z. B. Angst, sich auf die Toilette zu setzen, weil sie glauben, weggespült zu werden. Sie sehen alles, was dort drin ist, verschwinden und glauben (in ihrer transduktiven Denkweise), das könnte ihnen auch passieren.

Ebenso führen sprachliche Missverständnisse zu Ängsten, denn die Kinder nehmen zu dieser Zeit alles wörtlich. Ein Beispiel dazu: Der Vater will zum Volkslauf. Er fordert alle auf mitzukommen, um ihn anzufeuern. Der dreijährige Sohn ist entsetzt: „Ich will aber meinen Papa nicht verbrennen!"

Mit drei Jahren tritt die Angst vor der Verletzbarkeit der eigenen Person hervor. Das Kind braucht dann ein großes Pflaster für jede kleinste Verletzung.

Bei hochängstlichen Kindern sind Informationen für Eltern wichtig, wie sie mit dem Angstverhalten der Kinder umgehen können. Neben dem angemessenen Umgang mit den beschriebenen Trennungsängsten müssen Kleinkinder bei Angstäußerungen immer aufgenommen werden – mit dem Zuspruch, dass es gleich wieder gut ist. Die Aussage, dass es keine Angst zu haben braucht, hilft ihm nicht. Es hilft aber die Gewissheit des Kindes, dass es geschützt ist und dass das Angstgefühl abnimmt. Mit der Zeit lernt es, dass Angst ein starkes und schlimmes Gefühl ist, welches aber wieder vergeht, wenn man Hilfe bekommt oder sich Hilfe holt. Zwischen fünf und sechs Jahren haben die hochsensiblen und hochängstlichen Kinder dann ihre Ängste einigermaßen im Griff.

Bei den normal ängstlichen Kindern zeigt sich zwischen vier und sechs Jahren, dass sie ihre entwicklungsbedingten Ängste im Griff haben: Sie lieben dann Gruselgeschichten. Sie empfinden dabei Angstlust, die ihnen hilft, mit ihren Ängsten spielerisch umzugehen. Weiteres zu Kinderängsten findet sich bei Gürtler (1989).

In Elternkursen mit Kindern unter drei Jahren kommt das Thema „Sauberkeitserziehung" mit Sicherheit zur Sprache. Die nachfolgende kurze Zusammenfassung der Ausführungen von Haug-Schnabel (2004) zur Entwicklung der Blasenkontrolle kann Eltern helfen, gelassener mit diesem Thema umzugehen:

Zur Sauberkeitsentwicklung des Kleinstkindes: Der Ablauf dieser Entwicklung und die Geschwindigkeit der Blasenkontrolle sind bei jedem Kind als „festes Programm" angelegt und werden vom Gehirn aus gesteuert. Deshalb kann eine frühe Sauberkeitserziehung kaum etwas bewirken. Zwischen dem ersten und zweiten Geburtstag entwickelt das Kind zuerst das Gefühl für den Harndrang. Hierfür muss die Verschaltung im Gehirn soweit ausgereift sein, dass ein Kind die Körpersignale einer stark gefüllten Blase wahrnehmen kann. Um auf diese Wahrnehmung reagieren zu können, müssen weitere Verschaltungen im Nervensystem ausreifen. Das dauert mindestens bis zum Ende des zweiten, meistens passiert das erst im Verlauf des dritten Lebensjahres. Dann hat das Kind die Fähigkeit, seinen Blasenschließmuskel zu kontrollieren und die zunehmende Blasenfüllung zu spüren. Hier kann dann die Sauberkeitserziehung einsetzen.

Erst im vierten Lebensjahr ist die Blasenkontrolle so weit fortgeschritten, dass das Kind, trotz Harndrang, die Harnabgabe noch einige Zeit hinauszögern oder bei geringer Blasenfüllung eine Harnabgabe willentlich einleiten kann. Damit werden prophylaktische Toilettengänge möglich.

Wenn es dann nachts durchschläft (oder nachts selbstständig zur Toilette geht), ist das Kind trocken. Bei Mädchen verläuft diese Entwicklung meistens schneller, weil sie von Natur aus ihre Körpersignale stärker wahrnehmen als Jungen.

Weitere Informationen, besonders zu Problemen bei der Sauberkeitserziehung, sind bei Haug-Schnabel (2004) zu finden.

Über die bisher beschriebenen fünf Themenbereiche hinaus können die in Kapitel 2.2 beschriebenen Entwicklungsverläufe des Regelverstehens und die in Kapitel 3.4 beschriebenen Merkmale des vorsozialen Denkens bei Elternkursen in Kurzzeitformen einbezogen werden. Ebenso sind die Ausführungen zum Umgang mit Wutanfällen in Kapitel 2.2 und 3.4 wichtig. Zum Schlaf- und Essverhalten finden sich ebenfalls Beschreibungen in Kapitel 2.2.

Solche Elternkurse mit Kleinkindern sollten in Form eines Abendkurses weitergeführt werden. Die Inhalte aus Kapitel 2.2 wären dann mit den aktuellen Fragen der Eltern zu verbinden. Ein solcher Abendkurs kann in größeren zeitlichen Abständen stattfinden, um die neuen Probleme mit den älter werdenden Kleinkindern einzubeziehen. Hier haben auch die Väter eher die Möglichkeit der Teilnahme. Eine derartig kombinierte Kursform lässt sich bei vier bis sechs Abendterminen im Jahr über die ganze Vorschulentwicklung der Kinder fortführen, so dass Eltern während der frühen Familienphase eine kompetente Begleitung haben können.

Je nach Gruppenzusammensetzung und Lernatmosphäre wäre es möglich (während dieser langen Zeit des Erfahrungsaustausches und der gesteuerten Lernprozesse), in den Abendveranstaltungen auch die Einheiten zum geschlechtsspezifischen Streitverhalten (Kapitel 2.3) und zum Einfluss der erlebten Erziehung in der Herkunftsfamilie (Kapitel 2.4) einzubringen. Falls dies in den Abendveranstaltungen nicht gelingt, könnten Wochenendseminare mit Kinderbetreuung dafür angeboten werden. Dann ließen sich die Einheiten vollständig mit den in Kapitel 2 vorgestellten Methoden durchführen.

Darüber hinaus sind die Inhalte aus den Bildungsmodulen des 2. Kapitels bei allen bekannten Elternschulungs- und Trainingsprogrammen als zusätzliche Informationen einsetzbar. Das Wissen über die vorsozialen Verhaltensweisen der Kinder entlastet Eltern, was ihre Lernbereitschaft auch für andere Themen fördert. Die auf die Eltern bezogenen Einheiten des Kapitels 2.3. („Streitverhalten“ und „Einfluss der Herkunftsfamilie“) können vermittelt werden, wenn die jeweiligen Bildungssituationen dies zulassen. Mit der Evaluation des vorgestellten Konzeptes in Kapitel 3.2 wird gezeigt, wie wichtig diese Informationen für Eltern sind.

Im Rahmen von Mutter-Kind-Kuren lassen sich solche Elternkurse als Ergänzung zu den üblichen Beratungsgesprächen einführen. Der Erfahrungsaustausch in Gruppen ist ein wesentlicher Lernmotor. Die in solchen Kurkliniken tätigen Psychologen und Psychologinnen könnten mit den oben aufgeführten Inhalten und den in Kapitel 2.2 dargestellten Methoden und Inhalten Angebote für Lerngruppen entwickeln. Auch hier wäre es vorteilhaft, kleine Mutter-Kind-Gruppen zu bilden. Dort kann das Wissen zu den sozial-kognitiven Entwicklungsmerkmalen beim Kind anhand der Erfahrungen dieser Mütter und der Interaktion der Kleinkinder in der Gruppe vermittelt werden.

Außerdem sind die Ausführungen zur sozial-kognitiven Entwicklung für alle Elternkurse geeignet, die über Mütterzentren und Elterncafés der verschiedenen Veranstalter angeboten werden (Kinderkliniken, Kinderschutzzentren, Kinderdorfzentren, kirchliche Bildungsträger, Stadtteilinitiativen).

3.2 Kompaktformen

3.2.1 Wochenend- und Tagesseminare

In Form von Wochenend- und Tagesseminaren für Familien mit Kleinkindern können einzelne der Bildungseinheiten aus Kapitel 2 eingesetzt werden, je nach Interesse der Teilnehmenden oder des Anbieters. Die Vermittlung der Inhalte ist nach Wahl mit den dort beschriebenen Methoden möglich.

Bei Kompaktveranstaltungen lassen sich Familienthemen am besten behandeln, weil hier, außer den Erziehungsthemen auch die paarbezogenen Themen eingesetzt werden können. Die in Kapitel 2 dargestellten partnerschaftsbezogenen Einheiten sind zur Prävention von Trennung und Scheidung sowie zur Entwicklungsförderung der Kinder unverzichtbar.

Für Wochenendseminare bietet es sich an, die Module auszuweiten. Beispielsweise könnte das Thema „Familienalltag mit Kleinkindern“, wie in Kapitel 2.1 beschrieben, über den geschlechtsspezifischen Ansatz hinaus behandelt und die neue Perspektive bei der besseren Organisation des Familienalltags einbezogen werden.

Wenn ein Wochenend-Seminar zu den Erziehungsproblemen durchgeführt wird, ist es sinnvoll, das Modul zur Herkunftsfamilie (2.4) am zweiten Tag einzubeziehen. Das Modul zum Streitverhalten von Männern und Frauen ist in Kapitel 2.3 umfassend dargestellt und würde zwei Seminartage in Anspruch nehmen. Alle vier Seminarthemen könnten ebenso gut als einzelne Tagesseminare oder als mehrtägige Veranstaltung geplant werden. Für die Vorbereitung und Planung solcher Seminare gelten die Kriterien, die im Folgenden für die Form des Bildungsurlaubs beschrieben sind. Sie müssen lediglich auf die jeweilige Veranstaltungsform bezogen werden.

3.2.2 Der Bildungsurlaub für Familien

Das in Kapitel 2 vorgestellte Konzept der Elternbildung wurde in den letzten zwanzig Jahren in Form von Bildungsurlaubs-Seminaren für Familien mit Kindern bis zu sechs Jahren von mir – über verschiedene Volkshochschulen in Deutschland als Träger – durchgeführt. Die mehrtägige Form des Bildungsurlaubs ermöglichte die Durchführung des umfassenden Konzeptes, wodurch die wichtigsten Themen der ersten Familienphase als Ganzes vermittelt werden konnten. Eine solche Bildungswoche bietet die Zeit für motivierende Gruppenprozesse und die Chance, einen Themenkomplex umfassend zu bearbeiten.

Veranstaltungsort: Der Bildungsurlaub für Familien ist nach dem Bildungsurlaubsgesetz der meisten Bundesländer in Deutschland anerkannt. Die Möglichkeit des Bildungsurlaubs motiviert mehr Väter zur Teilnahme, so dass die ganze Familie davon profitiert und ein systemisches Arbeiten besser möglich ist. Ein weiterer Anreiz zur Teilnahme der ganzen Familie ist durch einen attraktiven Veranstaltungsort gegeben. Die Eltern können ihren Alltag hinter sich lassen und Probleme aus der Distanz betrachten. Im Zusammenhang mit dem unbelasteten Lernen in der Urlaubsatmosphäre sind dann Verhaltensänderungen eher möglich. Dies wird auch durch die weiter unten wiedergegebenen Ergebnisse der Evaluation bestätigt. Darüber hinaus spielt die Betreuung der Kinder während der Arbeitsphasen eine wichtige Rolle bei der Anmeldung zu solchen Bildungsurlaubs-Seminaren.

Ausschreibungstext: Mit nachstehendem Ausschreibungstext wurde z. B. für diese Form der Veranstaltung geworben:

Leben und Lernen im Familienalltag mit Kleinkindern – Bildungsurlaub für Mütter und Väter mit Kindern bis zu sechs Jahren

Die ersten Jahre im Leben eines Kindes sind von großer Bedeutung für seine weitere Entwicklung, denn die Grundlagen für die meisten Fähigkeiten werden in dieser Zeit gelegt. Um die damit zusammenhängenden (für Eltern oft nervenden) Verhaltensweisen der Kinder soll es in diesem Seminar gehen: Sie schreien, heulen, jammern ohne Grund, wollen nicht schlafen, machen „Theater“ beim Essen oder Anziehen, testen unaufhörlich die Grenzen der Erwachsenen aus, streiten mit Geschwistern, machen die Ohren dicht, petzen und erzählen Lügengeschichten, sind manchmal sehr aggressiv oder übermäßig ängstlich. Das Wissen darüber, was dieses Verhalten mit der Entwicklung des Denkens und des sozialen Verstehens sowie mit der Ausbildung einer sicheren Bindung an die Eltern zu tun hat, kann helfen, den Stress im Familienalltag mit Kleinkindern zu reduzieren und die Entwicklung der Kinder zu fördern.
Kinder verändern die Welt der Erwachsenen in hohem Maße. Die häufig belastenden Auswirkungen dieser Veränderungen für Männer und Frauen sind ein weiterer Themenschwerpunkt.

Veranstaltungsort:
Termin:
Seminarleitung:

Die Teilnehmerzahl ist auf 14 Erwachsene und die dazugehörigen Kinder begrenzt.

Der Ausschreibungstext und die Form des Bildungsurlaubs sprechen in erster Linie Teilnehmerinnen und Teilnehmer aus der sozialen Mittelschicht an. Es nehmen Angestellte, Hausfrauen, Facharbeiter und Akademiker teil, vereinzelt auch Arbeiter und Selbstständige. Es handelt sich in der Regel um vollständige Familien, Alleinerziehende sind eher die Ausnahme. Eine solche Seminarwoche wird von diesen Familien häufig als Jahresurlaub genutzt.

Die Frage nach der Sinnhaftigkeit solch aufwendiger Veranstaltungen für eine eher privilegierte Gruppe lässt sich klar beantworten: Diese Eltern gehören zu den „Leistungsträgern“ der Gesellschaft. Sie haben durch ihre z. T. doppelte Berufstätigkeit mehr Stress und sind deshalb auch scheidungsgefährdet. Es gibt für sie immer konkrete Gründe für die Anmeldung zu einer solchen Veranstaltung, und diese haben vorrangig mit Erziehungsproblemen zu tun. Da bei der Form eines Bildungsurlaubs den Familien am besten geholfen werden kann, sollten potenzielle Bildungsträger versuchen, solche mehrtägigen Seminare anzubieten und die Finanzierung zu sichern.

Der Ausschreibungstext ist auch darauf angelegt, die Väter anzusprechen. Bei einem ersten Bildungsurlaub nimmt durchschnittlich die Hälfte der Familienväter teil, bei angebotenen Fortsetzungs-Seminaren sind in der Regel alle Männer dabei. Das bedeutet, die systemische Ausrichtung des Programms trägt auch dann, wenn beim ersten Seminar nicht alle Väter teilnehmen. Die Zuhausegebliebenen wurden nach eigenen Aussagen zur Teilnahme am Fortsetzungs-Seminar animiert, weil ihre Frauen nach dem ersten Seminar auffallend entspannt waren. Bei den Rückmeldungen am Ende einer Bildungswoche bemerken die Frauen häufig, dass sie das Lachen wiedergefunden haben.

Die Anwesenheit der kleinen Kinder stellt für die Seminarleitung sicher, angemessen auf die individuellen Besonderheiten der Kinder bei den Erziehungsthemen eingehen zu können. Die Schilderungen der Eltern lassen sich dabei durch die Beobachtung der Kinder ergänzen, was differenziertere Aussagen vonseiten der Seminarleitung ermöglicht.

Des Weiteren ist die positive Veränderung der Eltern-Kind-Interaktion bereits nach dem ersten Tag zu erkennen. Dies erhöht das Interesse der Eltern an den zusätzlichen Themen der Bildungswoche und damit den Lernerfolg.

Lernorte: Bildungsurlaube für Familien mit Kleinkindern sollten an attraktiven Lernorten stattfinden, damit die Familien motiviert sind, an einer solchen Veranstaltung teilzunehmen. Günstige Unterkünfte bieten kirchliche Träger mit ihren Familienfreizeithäusern. Der Urlaubsaspekt spielt für die Lernmotivation eine wichtige Rolle, da mit dem Zeitplan für die Bildungsmodule den Bedürfnissen der Familie entsprochen werden kann. Die freien Nachmittage werden, neben der Erholungspause auch für die Verarbeitung der am Vormittag neu erworbenen Kenntnisse genutzt. Im Hinblick auf die partnerschaftsbezogenen Themen versuchen Ehepaare häufig, in dieser Zeit ihre Beziehung neu zu reflektieren.

Dieses Arrangement hat eine wichtige lerntheoretische Komponente insofern, als die Teilnehmer durch Berücksichtigung ihrer Bedürfnisse eine hohe Lernmotivation entwickeln, sich entspannt auf die Bildungsmodule einlassen können und damit optimal lernen.

Kinderbetreuung: Die Kinder werden vormittags während der Arbeitsphasen der Eltern betreut. Für eine Gruppe von vierzehn Kindern sind zwei BetreuerInnen nötig, die über Kindergärten, Erzieherfachschulen oder Universitäten angesprochen werden. Die Kinderbetreuung ist eine wesentliche Voraussetzung für das ungestörte und entspannte Lernen der Eltern. Es muss dafür Sorge getragen werden, dass sich alle Kinder in der Betreuung wohlfühlen.

Die gemeinsame Unterbringung in einem Tagungshaus ist für die Betreuung der Kinder vorteilhaft. Das Wohnen aller in einem Haus wird von den Kindern sehr bald mit Freude registriert. Das gemeinsame Spielen während der Betreuung und während der Freizeit im Tagungshaus, und das in Anwesenheit der Eltern, fördert das Wohlbefinden. Die Kinder sind meistens fröhlich, es gibt keine Konflikte mit den Gleichaltrigen und sie schlafen während der abendlichen Arbeitsphasen der Eltern ruhig in ihren Zimmern.

Der zeitliche Rahmen: Der attraktive Lernort und die Tatsache, dass die kleinen Kinder abends schlafen, geben den Zeitrahmen vor: Am Vormittag und am Abend sind jeweils vier Unterrichtsstunden möglich, und zwar in der Zeit zwischen 9.00 Uhr und 12.30 Uhr und zwischen 20.00 Uhr und 22.30 Uhr.

Zusammensetzung des Teams: Es hat sich von Beginn an als wichtig für den intendierten Lernerfolg herausgestellt, dass eine Frau und ein Mann als Team ein solches Seminar leiten. Die Moderation in den Männergruppen durch einen Mann führt nämlich zu wichtigen Ergebnissen für das Lernen in der Gesamtgruppe. Es kann, neben der hauptverantwortlichen Person, eine zweite Person für die Moderation in den gegengeschlechtlichen Arbeitsgruppen eingesetzt werden. Um die Kosten im Rahmen zu halten, können Studierende der Sozialwissenschaften, der Pädagogik oder Psychologie angesprochen werden. Sie sind an einer solchen Tätigkeit als PraktikantIn oder AssistentIn durchaus interessiert.

Vorbereitung und Planung eines Bildungsurlaubs für Familien

In Zusammenarbeit mit dem Bildungsträger sollten die Voraussetzungen für eine frühzeitige Ausschreibung in deren Bildungsprogramm und für entsprechende Werbung getroffen werden. Für eine finanzielle Förderung eines solchen Seminars muss gesorgt werden, damit die Teilnehmergebühr bezahlbar bleibt. In der Werbung könnten für diese Seminare Geschenkgutscheine angeboten werden für Großeltern, die ihren Kinder und Enkelkindern etwas Gutes tun wollen.

Die konkrete Vorbereitung dieses Seminartyps geht über das Übliche hinaus. Die Terminfestlegung muss bereits ein Jahr vor dem Termin erfolgen – wegen der langen Buchungszeiträume bei Tagungshäusern und der dann folgenden Ausschreibung in den überregionalen Programmheften. Die Suche nach geeignetem Personal für die Kinderbetreuung sollte spätestens ein halbes Jahr vor dem Termin beginnen. Dazu gehört auch die Suche nach den Praktikanten oder Assistenten für die Arbeit in den gegengeschlechtlichen Gruppen.

Sechs Wochen vor Beginn des Seminars erhalten die angemeldeten Familien einen Informationsbrief mit Angaben über die Anreise, das Tagungshaus, über die zusätzlichen Kosten, die Kinderbetreuung und den genauen Beginn des Seminars.

Bei der konkreten inhaltlichen Planung muss berücksichtigt werden, dass die Teilnehmenden von Eltern- und Familienbildungs-Seminaren in besonderer Weise von den Inhalten betroffen sind, denn ihr Selbstverständnis wird dadurch direkt berührt. Diese persönliche Betroffenheit muss über die Inhalte und Methoden hergestellt werden, um Veränderungsprozesse in Gang zu setzen. Das geschieht durch die Vermittlung pädagogischer, psychologischer und sozialwissenschaftlicher Wissensbestände, die auf konkrete Alltagssituationen bezogen sind. Auf diese Weise können die Beziehungs- und die Erziehungsfähigkeit von Eltern gefördert und verbessert werden.

Die Programmplanung für das in Kapitel 2 vorgestellte Konzept in der Form eines Bildungsurlaubs orientiert sich an den didaktisch-methodischen Prinzipien nach Siebert (2006). Das heißt, die Inhalte entsprechen dem Verwendungszweck, den Erwartungen und dem Verständnis der Seminarteilnehmer; sie konzentrieren sich auf das Wesentliche und sind klar gegliedert. Für eine solche teilnehmerorientierte Bildungsveranstaltung mit Familien muss demnach Folgendes berücksichtigt werden:

- Die Sensibilität des Themenspektrums und des Rahmens ist zu beachten.
- Die Auswahl der Inhalte muss einerseits möglichst nahe an den Erfahrungen der Teilnehmer ansetzen und
- andererseits muss über die Methoden für die Teilnehmenden die Möglichkeit geschaffen werden, sich nach persönlicher Verträglichkeit einzubringen.
- Themen und Methoden müssen so aufeinander aufbauen, dass die Teilnehmer die Chance haben, sich in zunehmendem Maße zu öffnen.
- Der Aufbau jeder Einheit sollte sich darüber hinaus an den erwachsenenpädagogischen Prinzipien des Situations- und Erfahrungsbezugs, der Problemorientierung und der Wissenschafts- und Fähigkeitsorientierung nach Kaiser (1985) ausrichten.

Die Inhalte aus dem in Kapitel 2 vorgestellten Konzept sind nach diesen Kriterien dramaturgisch aufgebaut:

- Zuerst kommt ein die Eltern persönlich betreffendes Thema, und zwar ihre eigene Befindlichkeit im Familienalltag mit Kleinkindern.
- Danach ist die Aufmerksamkeit für die Dinge gegeben, die zum Besuch des Seminars geführt haben: die störenden Verhaltensweisen der Kinder.
- Nach diesen beiden Bildungseinheiten fühlen sich die Teilnehmer und Teilnehmerinnen sicher genug, um sich im weiteren Verlauf mit besonders belas-

tenden Themen auseinanderzusetzen. Dazu gehört das geschlechtsspezifische Streitverhalten.
- Zum Schluss wird der Einfluss der erlebten Erziehung in der Herkunftsfamilie auf das eigene Erziehungsverhalten thematisiert.

Die Bearbeitung der beiden letzten Themen ist wichtig, um die Ergebnisse der beiden ersten Module so zu vertiefen, dass Verhaltensänderungen möglich werden.

Die methodische Gestaltung der Seminarinhalte entspricht ebenso dem dramaturgischen Aufbau:

- Am Anfang wird eine Collage erstellt, bei der sich alle soweit einbringen können, wie sie es wollen. Dann wechseln Gruppenarbeiten mit Plenumsdiskussionen und Kurzvorträgen. Bei jeder Gruppenarbeit kommt es neben der inhaltlichen Arbeit immer zum intensiven Erfahrungsaustausch.
- Bei dem darauf folgenden Erziehungsthema stehen die Erwartungen der Eltern im Vordergrund. Um dem Erfahrungsaustausch breiten Raum zu geben, steht am Anfang eine längere Gruppenarbeit. Im anschließenden Plenum erhalten die Eltern sowohl umfassende Informationen zu den entwicklungsbedingten Verhaltensweisen ihrer Kinder als auch Antworten auf ihre konkreten Fragen.
- Das dritte Bildungsmodul beginnt mit einer Männer- und einer Frauengruppe. Es kommen Rollenspiele zum Einsatz sowie auswertende Plenumsdiskussionen mit Lösungssuche.
- Mit dem abschließenden Modul wird das für Eltern schwierigste Thema der erlebten Erziehung in der Herkunftsfamilie mit der Methode des „Stillen Dialogs“ begonnen. Die Herstellung des Zusammenhangs zum eigenen Erziehungsverhalten findet im Plenum statt.

Materialien für eine solche Bildungswoche müssen vorher sehr genau zusammengestellt werden, um den reibungslosen Ablauf im Seminar sicherzustellen. Welche Materialien gebraucht werden, ergibt sich bei der genauen Planung.

Besonders wichtig für das Gelingen einer mehrtägigen Veranstaltung ist die gut strukturierte Anfangssituation und eine an die Gruppenbedürfnisse angepasste Schlusssituation.

Die Anfangssituation bei mehrtägigen Familienseminaren mit Kleinkindern muss besonders gestaltet werden: Bei der Form des Bildungsurlaubs werden die ankommenden Familien sowohl persönlich als auch über eine Wandzeitung begrüßt; darauf können z. B. alle Namen in bunt gezeichneten Luftballons oder in Wolken eingetragen werden. Bei einem Beginn am Abend sollten die Teamer auf das Abendessen und das Abendprogramm hinweisen. Nach dem Abendessen werden die Kinder ins Bett gebracht. Die

Kinder, die am ersten Abend nicht allein im Zimmer bleiben können, sind bei der Abendveranstaltung dabei. Diese beginnt um 20.00 Uhr mit der typischen Vorgehensweise bei Anfangssituationen: Begrüßung, Vorstellung des Teams, Vorstellungsrunde aller im Partnerinterview.

Das Partnerinterview ist für diese Bildungsveranstaltung besonders gut geeignet, da der erste Erfahrungsaustausch in Gang kommt und bei der Vorstellung der Gesprächspartner im Plenum bereits einige Erwartungen und Befürchtungen formuliert werden. Daran schließt die Information über den zeitlichen Ablauf an, was die Entspannung fördert, denn die befürchtete enge Zeitplanung gibt es nicht. Die Einzelheiten der Kinderbetreuung werden dann erörtert und zu erwartende Probleme bei der Betreuung einzelner Kinder besprochen.

Damit sind die wichtigsten Fragen für die Eltern geklärt, so dass sie sich mit dem inhaltlichen Programm beschäftigen können. Dies wird in groben Zügen vorgestellt und das Einverständnis abgefragt. Die Themen mit dem Zeitplan stehen danach auf einer Wandzeitung. Eine solche klare Strukturierung der Anfangssituation hilft sowohl den Teilnehmenden als auch der Seminarleitung, mit der allgemeinen Unsicherheit des Anfangs umzugehen. Für solche Familienseminare ist es vorteilhaft, bei der Vorstellungsrunde das Duzen anzubieten, weil die Behandlung persönlicher Themen damit einfacher wird.

Der erste Tag des Bildungsurlaubs beginnt nach dem Frühstück mit dem Zusammentreffen der gesamten Gruppe im Seminarraum. Der Raum ist in der Mitte mit einer langen Papierbahn ausgelegt, auf der weiße Baumwollstirnbänder und Filzstifte liegen. Diese Bänder sollen mit den Namen der Kinder beschriftet, von den Kindern bemalt und ihnen um den Kopf gebunden werden. Dies hat (neben der gemeinsamen Aktion) den Vorteil, dass die KinderbetreuerInnen bei einer Betreuung in Kinderspielhäusern oder auf Spielplätzen die Kinder der Gruppe besser im Blick haben.

Der Abschluss einer solchen Seminarwoche wird durch die Abreise strukturiert. Die Zimmer in den Tagungshäusern sind vor oder gleich nach dem Frühstück zu räumen. Eine umfassende Seminareinheit ist unter den Abreisebedingungen – und nach einer intensiven Lernwoche – nicht mehr durchführbar, so dass es nur eine Abschlussrunde im Plenum für übrig gebliebene oder neu aufgetauchte Fragen sowie für Rückmeldungen gibt.

Da im Laufe der Woche von der Seminarleitung immer wieder nach dem Befinden der Teilnehmer und Teilnehmerinnen und nach der Zufriedenheit mit dem Seminarverlauf gefragt wurde, gibt es keine methodisch besonders aufbereitete Rückmeldeform. Aus der langen Erfahrung mit derartigen Bildungsveranstaltungen hat es sich ergeben, dass die meisten Teilnehmenden eine lockere Rückmelderunde bevorzugen. Je nach Verlauf der Woche stelle ich konkrete Fragen, ansonsten äußert sich jeder nach Befinden. Die Beendigung der Schlussrunde erfolgt durch den Dank an die Eltern für die konstruktive Zusammenarbeit und ihre lösungsfördernde Offenheit.

Wie ein solcher Planungsprozess in der Praxis aussieht, wurde mit Kapitel 2 im Einzelnen beschrieben. Das nach den obenstehenden Kriterien erarbeitete Programm sieht in der Kurzfassung folgendermaßen aus:

Programm zum Familienbildungsurlaub „Leben und Lernen im Familienalltag mit Kleinkindern“

Sonntag

18.00 Uhr: Begrüßung und Kurzinfos, Abendessen

20.00 Uhr: Vorstellung, Infos zur Woche: Zeitrahmen, Kinderbetreuung, Themenplan

Montag

09.00 Uhr: Vorstellung der KinderbetreuerInnen in der Kindergruppe, Anfangsrunde mit den Kindern, Stirnbänder herstellen, gemeinsamer Gang zum Kinderspielhaus

10.00 Uhr: Zur unterschiedlichen Wahrnehmung des Familienalltags mit Kleinkindern bei Frauen und Männern; Erstellung einer Collage in einer Männer- u. Frauengruppe: „Was fällt in unserem Alltag unter den Tisch, was liegt auf dem Tisch?“

11.00 Uhr: Interpretationen und Erläuterungen zu den Collagen; Diskussion der Ursachen für geschlechtsspezifische Unterschiede und der daraus resultierenden Konflikte.

20.00 Uhr: Erarbeitung von Lösungsmöglichkeiten in einer Männer- und Frauengruppe; Zusammenfassung des Themas – unter dem Aspekt der Veränderungen in der Partnerschaft durch das Kind, der Entwicklungspotenziale und der Chancen und Risiken dieser Veränderungen

Dienstag

09.00 Uhr: Erziehungsprobleme in der frühen Familienphase: Entwicklungsbedingte Verhaltensweisen der Kinder, Erfahrungsaustausch in drei Gruppen: „Was nervt mich an meinem Kind?“

10.00 Uhr: Erläuterung zur sozial-kognitiven Entwicklung des ein- bis sechsjährigen Kindes anhand der Gruppenaufzeichnungen und der Plakate zum sozialen Verstehen.

20.00 Uhr: Fortsetzung der Erläuterungen und Behandlung konkreter Fälle mit unterschiedlichen Methoden; Zusammenfassung anhand des Vorbild-Plakats zu den drei Hauptlinien der Entwicklung

Mittwoch

09.00 Uhr:	Streitverhalten der Eltern – Auswirkungen auf die Entwicklung der Kinder, Frauen- und Männergruppe: „Was mache ich, wenn ich auf meinen Partner/meine Partnerin sehr wütend bin?“ Erfahrungsaustausch und Notizen auf einer vorbereiteten Wandzeitung. Vorbereitung eines kurzen Rollenspiels zu einem der aufgeschriebenen Punkte, Rollenspiele im Plenum mit Auswertung
20.00 Uhr:	Bearbeitung der Wandzeitungen im Plenum zur Analyse des unterschiedlichen Streitverhaltens von Frauen und Männern; Diskussion der geschlechtsspezifischen Ursachen und Erarbeitung von Lösungswegen
Donnerstag:	
09.00 Uhr:	Einfluss der erlebten Erziehung in der Herkunftsfamilie auf das eigene Erziehungsverhalten. Gemeinsamer „Stiller Dialog“ auf einer großen Papierbahn: „Welche positiven und negativen Erinnerungen habe ich an meine Herkunftsfamilie?“ Erläuterung des Zusammenhangs zwischen erlebter Erziehung in der Herkunftsfamilie und eigenem Erziehungsverhalten (anhand konkreter Fälle, mit Lösungssuche unter entwicklungspsychologischen Aspekten)
20.00 Uhr:	Fortsetzung und weitere Wunschthemen
Freitag:	„Was an Fragen übrig blieb“, Rückmeldungen, Zimmer räumen, Formalitäten, Schlussrunde

Evaluation des Konzeptes in der Form des Bildungsurlaubs

Das in Kapitel 2 vorgestellte Konzept passt nicht in den Rahmen der bisher bekannten Elternbildungsprogramme, entspricht aber den wissenschaftlichen Qualitätsanforderungen nach Tschöpe-Scheffler (2006, 288ff.): Transparenz der theoretischen Grundlagen, wirksame Methoden und Inhalte zur Erweiterung und Veränderung von Alltagskonzepten der Eltern, Empowerment-Ansätze, Subjektstellung des Kindes, Qualifikation der Kursleiter, empirische Wirksamkeitsstudie.

Die empirische Wirksamkeitsstudie wurde im Rahmen einer Diplomarbeit erstellt. Die Evaluation des Konzepts erfolgte mit einem retrospektiven Fragebogen. Es wurden insgesamt 233 Teilnehmer aus den Jahren 1995 bis 2008 angeschrieben, 43 Fragebögen waren nicht zustellbar. Von den 190 erreichten Frauen und Männern sandten 111 den ausgefüllten Fragebogen zurück. Das ist eine Rücklaufquote von 58,42%.

Die Evaluation wurde vom „Niedersächsischen Institut für frühkindliche Bildung und Entwicklung“ (Nifbe) gefördert und ist dort in der vollständigen Form einsehbar (www.nifbe.de).

Mit dem Fragebogen sollte herausgefunden werden, ob die Veranstaltung geholfen hat, den Familienalltag mit Kleinkindern stressfreier zu gestalten und die Entwicklung der Kinder zu fördern. Im Einzelnen wurden dazu die Wirksamkeit der in Kapitel 2 behandelten Themen und Methoden abgefragt. Die TeilnehmerInnen sollten beantworten, wie gut die Inhalte geholfen haben, die Kinder, den Partner und sich selbst besser zu verstehen. Die Antworten wurden mit vier Items erfasst: 1 = sehr gut, 2 = gut, 3 = kaum, 4 = gar nicht. Sie sind in Abbildung 7 wiedergegeben.

Abb. 7: Bewertung der behandelten Themen

Abbildung 8 gibt die Bewertung der eingesetzten Methoden wieder. Die Teilnehmerinnen und Teilnehmer sollten die Frage beantworten, wie gut die Methoden geholfen haben, die vermittelten Inhalte zu verstehen. Sie wurde ebenfalls mit vier Items erfasst: 1 = sehr gut, 2 = gut, 3 = kaum, 4 = gar nicht.

Abb. 8: Bewertung der behandelten Methoden

Sowohl die vermittelten Inhalte als auch die eingesetzten Methoden wurden positiv bewertet. Auch die abgefragten lernunterstützenden Randbedingungen (Form des Bildungsurlaubs, Lernort, Zeitrahmen, Kinderbetreuung) fanden durchweg eine positive Bestätigung. Die Mittelwerte lagen bei diesen vier Einzelfragen zwischen 1,20 und 1,38.

Die zusammenfassenden Abschlussfragen, ob das Bildungsurlaubs-Seminar geholfen hat, den Familienalltag mit Kleinkindern stressfreier zu gestalten und ob die Entwicklung der Kinder gefördert werden konnte, ergab für beide Bereiche einen Mittelwert von 1,26. Die Frage, ob das Seminar weiterempfohlen wurde, beantworteten 91% mit „ja".

Diese insgesamt positiven Rückmeldungen wurden nochmals verstärkt durch viele Aussagen unter der Rubrik: „Was Sie uns sonst noch sagen möchten." Hervorgehoben wurde dabei die gute Anwendbarkeit der Inhalte im Familienalltag und deren Nachhaltigkeit, der Erwerb neuer Erkenntnisse, der Erfahrungsaustausch mit Familien in ähnlichen Lebenssituationen, das harmonische Miteinander und die gute Organisation der Veranstaltung. Häufig ist formuliert, dass die Erwartungen übertroffen wurden, dass sich die Kinder gut entwickelt haben, dass es viel Freude und Spaß gemacht hat und dass die Beziehung durch die neuen Erkenntnisse gerettet wurde. Gewünscht sind mehr Angebote in dieser Form und weitergehende fachliche Begleitung.

3.3 Kurse und Seminare für Alleinerziehende

Der Qualität des elterlichen Erziehungsverhaltens kommt für die Entwicklung von Kindern in Einelternfamilien eine entscheidende Bedeutung zu. Das gilt besonders für den Elternteil, mit dem die Kinder überwiegend zusammenleben (Walper 2003). Wegen der besonderen Belastungen Alleinerziehender sollten vielfältige Angebote zur Unterstützung in Erziehungsfragen vorgehalten werden. Diese Gruppe ist im Hinblick auf Bildungsangebote aufzuteilen.

Nachfolgend geht es zuerst um die Gruppe von Frauen und Männern, die für ihren Unterhalt selbst sorgen. Für die „bildungsfernen" alleinerziehenden und sehr jungen Mütter, die staatliche Unterstützung benötigen, gelten die Ausführungen im nächsten Kapitel (3.4) zu den Hochrisikofamilien.

Ein umfassendes Programm für alleinerziehende Mütter liegt mit dem „PALME-Präventionsprogramm" von Matthias Franz (2008) vor. Es berücksichtigt die besonderen Situationen Alleinerziehender im Hinblick auf das erhöhte Armutsrisiko und auf das erhöhte Risiko körperlicher und psychischer Erkrankungen – mit den Folgen für die Kinder. Bei der folgenden Beschreibung geht es dementsprechend nur um die Anwendung der in Kapitel 2 dargestellten Inhalte auf die Gruppe der Alleinerziehenden. Die speziellen Themen, wie von Franz (2008) im Einzelnen behandelt, werden nicht berücksichtigt.

3.3.1 Mögliche Rahmenbedingungen

Alleinerziehende Mütter und Väter lassen sich über Kurse und Seminare der Weiterbildungsträger erreichen. Eine weitere Möglichkeit bietet sich während der Mutter-Kind-Kuraufenthalte in den entsprechenden Kliniken an. Hier könnten neben der psychologischen Beratung auch Bildungsangebote für diese Gruppen gemacht werden. Die Erholungseffekte wären damit nicht eingeschränkt, weil die Entlastung durch neu erworbenes Wissen über die Verhaltensweisen der Kinder entspannend wirkt.

Außerdem ließen sich Bildungsangebote für diese Elterngruppe in den Räumlichkeiten der Kindergärten anbieten. Diese Angebote müssten von den neu geschaffenen Familien- und Kinderservicebüros der Städte und Gemeinden organisiert werden. Hier böten sich regelmäßige Treffen an. Dort könnten, nach einer Einführung in die entwicklungspsychologischen Grundlagen der ersten sechs Jahre, die aktuellen Probleme mit den Kindern (in weiteren Veranstaltungen) geklärt werden.

Je nach Veranstaltungsart müssen die Rahmenbedingungen entsprechend geschaffen werden. Dafür gibt es in der Praxis der Weiterbildungsträger genügend Beispiele, so dass dies hier nicht weiter ausgeführt wird. Für die Form des Bildungsurlaubs können die Angaben aus Kapitel 3.2 für die Vorbereitung genutzt werden.

3.3.2 Inhalte und Methoden

Für Alleinerziehende gestaltet sich der Familienalltag mit Kleinkindern aus bekannten Gründen besonders schwierig. Wenn der Umgang mit den Kindern durch das in Kapitel 2.2 beschriebene Wissen einfacher wird, ist die Entlastung für alleinerziehende Eltern besonders groß, so dass sie mehr Energie für die Organisation ihres Alltags zur Verfügung haben. Es dürfte also hilfreich sein, auch dieses Wissen zu vermitteln.

Bei den Erläuterungen zu den besonderen Merkmalen des vorsozialen Denkens beim Kind sind jedoch die eventuellen entwicklungseinschränkenden Trennungserfahrungen der Kinder zu berücksichtigen, die sich in regressivem Verhalten zeigen können.

Bei Einzelveranstaltungen für Alleinerziehende kann die Einheit in Kapitel 2.2 inhaltlich und methodisch übernommen werden.

Bildungsurlaub oder andere mehrtägige Veranstaltungen sind besonders vorteilhaft für die Gruppe der Alleinerziehenden. Hier ließe sich das beschriebene inhaltliche und methodische Programm abwandeln auf deren Bedürfnisse. Dazu werden nachfolgend die in Kapitel 2 beschriebenen Module (in Kürze) beispielhaft auf diese Teilnehmergruppe bezogen:

Die Collage aus Kapitel 2.1 ist mit der gleichen Fragestellung für diese Gruppe geeignet. Das, was den Familienalltag dieser Eltern ausmacht und was ihnen fehlt, was also unter den Tisch fällt, eignet sich ebenso gut als Einführung in die Seminarwoche, wie bei den vollständigen Familien. Die geschlechtsspezifische Sichtweise entfällt, da die Partner fehlen. Stattdessen könnten die Analyse der Collage und die Diskussion über alltagstaugliche Lösungsmöglichkeiten Perspektiven für eine bessere Organisation des Alltags eröffnen.

Das Modul zu den entwicklungsbedingten Verhaltensweisen ist ebenfalls in der in Kapitel 2.2 dargestellten Form einsetzbar, d.h. in der Zielsetzung, dem Ablauf, den Inhalten und Methoden.

Die abzufragenden störenden Verhaltensweisen der Kinder haben hier voraussichtlich zusätzliche Punkte, auf die im Folgenden eingegangen wird. Darüber hinaus kann auch auf die im nächsten Kapitel beschriebenen Erläuterungen zu den störenden Verhaltensweisen der Kinder aus Hochrisikofamilien zurückgegriffen werden.

Im Hinblick auf das Verhalten der Jungen, wenn der Vater nicht vorhanden ist oder die Familie verlassen hat, ergeben sich Besonderheiten. Neben den trennungsbedingt akuten und altersabhängigen auffälligen Verhaltensweisen (Franz 2008, 266ff.) kann sich die Aggressionsbereitschaft der Jungen langfristig erhöhen. Die Reaktionen der Mütter darauf müssen dann besonders angemessen sein und in der Tendenz so, wie in Kapitel 2.2 beschrieben.

Eine Auffälligkeit bei Jungen, die ihren Vater nicht kennen, tritt im Alter von ungefähr drei Jahren auf, wenn die Entwicklung der Geschlechtsidentität beginnt und keine andere enge männliche Bezugsperson vorhanden ist. Die Jungen suchen dann aktiv nach einem Vater. Manchmal in der Form, dass sie wahllos jeden greifbaren Mann fragen, ob er ihr Vater sei. Oder sie entwickeln starke Fantasien über den Vater. Im Kindergarten erzählen sie dann besonders tolle Geschichten über ihn. Diese Idealisierung des abwesenden Vaters in der frühen Kindheit kann später zu dessen Entwertung und Ablehnung führen (Dammasch/Metzger 2006). In solchen Fällen sollten die Mütter wissen, dass dieses Verhalten ein wichtiges Zeichen ist: Dann brauchen diese Jungen ein „Bild“ des biologischen Vaters. Dafür muss notfalls sogar eine aktuelle Fotografie des Vaters besorgt werden; und die Mutter sollte so viel und so positiv wie möglich von dem Mann erzählen. Dies ist notwendig, damit das Kind eine Vorstellung von seinem Vater entwickeln kann, die es ihm ermöglicht, eine einigermaßen stabile Geschlechtsidentität zu entwickeln. Es würde dem Jungen helfen, wenn in den nächsten zwei Jahren ein Kontakt zum Vater herstellbar wäre. So vermindert sich das Risiko, dass der Junge später seine Bedürfnisse nach dem Vater mit verstärkten Verhaltensauffälligkeiten kundtut.

Auch Mädchen, die beim Vater aufwachsen, zeigen in dieser Zeit ähnliches Verhalten im Hinblick auf die Mutter, so dass sie nach Möglichkeit eine gleichartige Unterstützung ihrer Selbstentwicklung erhalten müssen.

Besondere Bedingungen, in denen Alleinerziehende keine familiale Unterstützung haben und die Väter gänzlich fehlen, finden sich eher bei der Gruppe der Risikofamilien (siehe Kapitel 3.4). Dort sollten diese Besonderheiten in der Entwicklung der Geschlechtsidentität auch vermittelt werden. Außerdem gehören weitere Besonderheiten dazu:

Das Klammerverhalten bei kleinen Kindern wird sich nach einer Trennung sehr verstärken. Hier gilt es, wie in Kapitel 2.2 geschildert, soweit wie möglich darauf einzugehen und dem Kind Sicherheit zu geben. Auch die älteren, eher sensiblen Kinder werden starkes Klammerverhalten zeigen, weil die Angst um den Verlust des verbliebenen Elternteils immens groß ist.

Häufig zeigen schon kleine Kinder in Krisensituationen überangepasstes Verhalten. Besonders dann, wenn sie Eltern als hilflos erleben und die eigenen Bedürfnisse nicht mehr wahrgenommen werden. Darauf sollten Mütter oder Väter sehr genau achten, weil dies die Entwicklung des Kindes stark behindert. Das heißt, Eltern müssen ihre Rolle wieder bewusst einnehmen.

Wenn sich Kinder in kritischen Familiensituationen hilflos und irritiert fühlen, neigen sie zu „überdrehtem“ Verhalten. Das kann sich beim Essen zeigen, indem sie ständig herumalbern, nicht richtig essen und Unsinn machen. Hierbei sollte so verfahren werden, wie in Kapitel 2.2 beim Thema „Essverhalten“ beschrieben, um dem Kind zu helfen.

Die existenzielle Unsicherheit von Kleinkindern in Trennungssituationen kann sich besonders beim Schlafverhalten zeigen. Auch hier sollte dem Kind so viel Sicherheit wie möglich zukommen, notfalls die Duldung im Elternbett. Mögliche Reaktionen der Mütter oder Väter auf alle anderen trennungsbedingten Verhaltensweisen der Kinder sind ausführlich bei Franz (2008, 272 f.) beschrieben.

Das dritte Bildungsmodul zum geschlechtsspezifischen Streitverhalten von Männern und Frauen (siehe Kapitel 2.3) ist auch für die Gruppe der Alleinerziehenden sinnvoll. Sie haben nämlich gescheiterte Erfahrungen aus der Vergangenheit und wollen eventuell wieder mit einem neuen Partner leben bzw. haben bereits einen neuen Partner. Die Einführung in das Thema kann in Anlehnung an die Beschreibung in Kapitel 2.3 vorgenommen werden. Für die Gruppenarbeiten bietet es sich an, die Frauen in zwei Gruppen aufzuteilen. Die eine Gruppe soll das eigene Streitverhalten aufschreiben und die andere Gruppe das, was sie von ihren Ex-Partnern kennen. Die Rollenspiele dürften auch hier helfen, die Seminarsituation zu beleben. Abgesehen davon beinhalten Rollenspiele viele Möglichkeiten, kritische Situationen aus der Vergangenheit zu analysieren. Bei Gewalterfahrung in erlebten Beziehungen sollten die Ursachen dafür zur Sprache kommen, die in der Sozialisation der „Akteure“ begründen sind. Je mehr Einblicke die Mütter in solche Zusammenhänge erhalten, desto größer ist ihre Chance, in der nächsten Beziehung nicht zu scheitern.

Die Auswertung der erstellten Wandzeitungen ist genauso vorzunehmen, wie in Kapitel 2.3 geschildert. Die Seminarleitung muss jedoch bei den Markierungen die Rolle der nicht anwesenden Männer mit vorhandenem Material aus anderen Familienbildungs-Veranstaltungen oder aus Kapitel 2.3 übernehmen. Auf diese Weise können die Frauen mehr Verständnis für ihr eigenes Verhalten und das der Männer entwickeln, was ihnen für zukünftige Streitfälle neue Handlungsmöglichkeiten eröffnet.

Das vierte Modul zum Einfluss der erlebten Erziehung in der Herkunftsfamilie auf das eigene Erziehungsverhalten ist besonders für diese Gruppe wichtig, da die Ursachen für das Scheitern von Beziehungen häufig in der eigenen Sozialisation begründet sind. Das bedeutet gleichzeitig, dass der Umgang mit den Kindern erschwert ist.

Die Einführung in das Thema kann so, wie in Kapitel 2.4 beschrieben, formuliert werden. Die Methode des „Stillen Dialogs“ passt ebenso. Die Auswertung sollte auch die Wiederholung der am zweiten Seminartag erarbeiteten Ursachen für die kindlichen Verhaltensweisen einbeziehen. Bei der Behandlung der eigenen Kindheitserfahrungen muss besonders sensibel auf die Befindlichkeiten der Väter oder Mütter geachtet werden.

Der letzte Seminarabend und der Abreisetag sind entsprechend den Bedürfnissen der Gruppenmitglieder zu gestalten. Je nach Verlauf der Woche und der Gruppenatmosphäre können besondere Formen der Rückmeldung oder die Thematisierung des Umgangs mit Trennungen und Verabschiedungen wie bei Franz (2008) durchgeführt werden.

3.4 Kurse und Seminare für Hochrisikofamilien und für vom Jugendamt betreute Familien

Studien zu Interventionen bei Hochrisikofamilien, die auf die Verhinderung von Vernachlässigung und Kindesmisshandlungen zielten, haben gezeigt: Eine intensive Unterstützung und Anleitung der Eltern bei der angemessenen Bewältigung von Konfliktsituationen in der Erziehung fördert die positive Beziehungsgestaltung zu den Kindern und verhindert damit weitere Misshandlungen. Das konnte bei zwei Drittel der Eltern festgestellt werden (Kindler 2009, 779). Diese Interventionen wurden im Rahmen des Kinderschutzes durch Jugendämter vorgenommen. Schwieriger ist es, Hochrisikofamilien zu erreichen, bevor sie durch Kindesmisshandlung auffallen. Das gilt besonders für die frühe Familienphase und die frühe Entwicklung der Kinder, wenn das Gefährdungspotenzial für die Kinder sehr hoch ist. Hinweise auf Vernachlässigung und Misshandlung werden in solchen Familien oft erst vom Kinderarzt erkannt.

Das Jugendamt, als öffentliche Kinder- und Jugendhilfe, hat den Auftrag, Kinder in ihrer Entwicklung zu fördern und vor Gefahren zu schützen. Es soll ebenfalls den Eltern bei der Ausübung ihrer Erziehungsaufgabe, bei Bedarf, unterstützend zur Seite zu stehen.

Der Auftrag, Kinder vor Gefahren zu schützen, wirft jedoch für Eltern mit hohem Unterstützungsbedarf ein Problem auf: Je schwieriger die Situation mit ihren Kindern ist, desto mehr möchten sie sich bedeckt halten, um den Zugriff auf die Kinder durch das Jugendamt zu verhindern. Das bedeutet, diese Eltern sind für präventive Beratungs- und Bildungsmaßnahmen auf freiwilliger Basis schwer zu erreichen. Gleichwohl macht nur die freiwillige Teilnahme Sinn, denn unter Druck kann sich keine Einsicht in Zusammenhänge entwickeln.

Darüber hinaus ist davon auszugehen, dass es sich bei diesen Familien um bildungsungewohnte Eltern handelt. Sie können weder vom Online-Familienhandbuch profitieren noch können sie sich erfolgreich auf eines der bekannten Elternschulungs- oder Trainingsprogramme einlassen, da sie die Schule häufig als Ort des Scheiterns erlebt haben. Hinzu kommt, dass bei diesen Eltern häufig wenig Problembewusstsein vorhanden ist.

Wie lässt sich also Zugang zu diesen Eltern gewinnen? Wie müssen die Angebote strukturiert sein, damit sie Eltern in ihrer Erziehungsfähigkeit kontinuierlich unterstützen? Welche Inhalte sind notwendig und wichtig für diese Elterngruppe?

3.4.1 Erreichbarkeit der Eltern und mögliche Rahmenbedingungen

Die hier im Mittelpunkt stehende Elterngruppe wird im Folgenden nach Erreichbarkeitskriterien aufgeteilt. Ihre Erreichbarkeit ist das größte Problem, deshalb müssen viele Möglichkeiten einbezogen werden – auch wenn nur ein geringer Prozentsatz der angesprochenen Familien die Angebote nutzt. Dieser Einsatz lohnt sich vor allem wegen der Kinder, denn die Folgekosten bei fehlender rechtzeitiger Unterstützung sind nicht zu unterschätzen.

Junge Mütter, die von dem Familienhebammenprojekt betreut werden

Das „Familienhebammenprojekt“ ist inzwischen in fast allen Bundesländern etabliert. Hiermit werden junge Eltern für ein Jahr von einer speziell ausgebildeten Familienhebamme unterstützt, wenn sie nicht in ausreichendem Maße für ihre Kinder sorgen können. Es geht dabei häufig um sehr junge oder psychisch kranke Mütter, die sich mit der neuen Situation überfordert fühlen und wegen mangelnder eigener positiver Kindheitserfahrung kaum Zugang zu ihrem Kind finden.

Die Begleitung durch die Familienhebammen ist auf ein Jahr begrenzt. Für die Zeit danach müssen derzeit andere Ansprechpartner gesucht werden. Im Entwicklungsprozess des Kindes ist das aber der Zeitpunkt, in dem das Kind (durch seine Erkundungsbestrebungen und Eigenwilligkeiten) die Eltern besonders stark fordert. Eine weitere Unterstützung ist also zwingend notwendig, um die Entwicklungschancen dieser Kinder zu verbessern.

Wenn eine Familienhebamme über ein Jahr Kontakt zu einer Familie hatte und in dieser Zeit eine vertrauensvolle Beziehung aufbauen konnte, ist es sicher möglich, diese Eltern für weitergehende Unterstützungsangebote zu gewinnen. Dafür müssten Anlaufstellen mit regelmäßigen Zusammenkünften geschaffen werden, die eine hohe Akzeptanz bei den Betroffenen haben. Denkbar wären die örtlichen Kindergärten, wo in den Leerzeiten an einzelnen Nachmittagen oder an Samstagen eine Gruppe unter fachlicher Leitung zusammenkommt.

Der Kindergarten ist ein neutraler Ort, der gute Voraussetzungen für eine derartige Veranstaltung bietet. Die Kinder unter drei Jahren könnten in der Elterngruppe bleiben, so dass die besonderen Merkmale der sozialen und kognitiven Entwicklung in der Interaktion zwischen den Kindern sichtbar werden und gut erklärbar sind. Ältere Kinder würden sich im Kindergarten auskennen und könnten währenddessen spielen – oder sie müssten betreut werden.

Zu beginnen wäre mit einem monatlichen Termin, um zu sehen, wie das Angebot angenommen wird. Um solche Termine einzuhalten, sollten die Teilnehmerinnen am Tag vorher telefonisch daran erinnert werden. Im weiteren Verlauf wäre zu überlegen, ob (aufgrund der vorliegenden Problematiken) ein wöchentliches Zusammenkommen mit einer kleineren Gruppe eingerichtet wird. Das sollte dann über drei oder vier Termine laufen und nach einigen Monaten neu aufgelegt werden. Auf diese Weise ist eine kontinuierliche Unterstützung dieser Eltern zu erreichen.

Die Familienhebammen könnten für solche Veranstaltungen „Lotsenfunktion" übernehmen. Damit ließe sich langfristig, in größeren Orten oder Stadtteilen, eine von allen akzeptierte Anlaufstelle zur Elternunterstützung etablieren.

Familien, die vom Jugendamt (über die Familienhilfe) betreut werden

Diese Familien lassen sich über ihren Kontakt zu den FamilienhelferInnen gewinnen. Ihnen könnte das Angebot gemacht werden, mit mehreren Familien ein Tagesseminar an einem gut erreichbaren Ort zu veranstalten. Bei diesen Angeboten ist die Zusage wichtig, dass Mitarbeiter des Jugendamtes während der Seminarstunden nicht dabei sein werden und dass alles dort Gesagte nicht an das Jugendamt weitergegeben wird.

Das Seminar ist von einer außenstehenden Fachperson zu leiten. Die FamilienhelferInnen könnten während der Arbeitsphasen der Eltern die Kinder betreuen, zu denen sie ja schon Kontakt haben. Die Anreise zum Seminarort sollte in jedem Fall auch von der Familienhilfe organisiert werden, damit von den Familien keine organisatorischen Probleme zu bewältigen sind. Für die Verpflegung vor Ort ist ebenfalls zu sorgen.

Ein solches Setting hat den Vorteil, dass die regelmäßige Teilnahme an einer Bildungs- oder Beratungsveranstaltung in Kursform entfällt. Darüber hinaus bietet das außerörtliche ganztägige Seminar die Chance, dass die Eltern dies als besondere Situation empfinden, in der sie sich entspannt auf das Neue einlassen können. Die zur Verfügung stehende Zeit von mehreren Stunden reicht aus, um die aktuell notwendigen Themen zu behandeln und den Eltern brauchbare Handlungsstrategien für den Erziehungsalltag zur Verfügung zu stellen. Ein weiterer Vorteil des Tagesseminars liegt für die teilnehmenden Familien in der Möglichkeit, sich näher kennenzulernen. Sie machen eine gemeinsame Erfahrung und können sich auf dieser Grundlage in der Zeit danach auch gegenseitig unterstützen. Wenn die Eltern in einem solchen Seminar feststellen, dass die anderen die gleichen Probleme mit ihren Kindern haben wie sie selbst, wirkt das entlastend und motiviert sie, das eigene Verhalten zu überdenken.

Ist eine solche Veranstaltung positiv verlaufen, sind die Eltern mit Sicherheit bereit, das Ganze in einem halben Jahr zu wiederholen. Wenn gleichzeitig die FamilienhelferInnen die allgemeinen Informationen über die vermittelten Inhalte schriftlich (siehe Handouts) erhalten, können sie nach dem Seminar den Familien bei neu auftretenden Erziehungsproblemen helfen und an die behandelten Themen anknüpfen.

Geburts- und Kinderkliniken

Diese Orte sind eine weitere Möglichkeit, um junge Mütter aus Hochrisikofamilien zu erreichen. Das gilt besonders für große Kliniken, die sich in Stadtteilen mit einem hohen Anteil an Familien in schwierigen sozialen Lagen befinden. In vielen großen Geburtskliniken gibt es bereits ein „Risikoscreening“ und Programme zur externen Unterstützung dieser Familien.

Es ist jedoch überlegenswert, direkt in den Kliniken eine erste Anlaufstelle für Risikofamilien einzurichten. Die behandelnden Ärzte, Krankenschwestern oder andere Mitarbeiter, die bereits Anhaltspunkte für eine Gefährdung eines Kindes haben, könnten die Mütter dorthin verweisen, bevor sie externe Unterstützungssysteme einschalten. Ein Mitarbeiter oder eine Mitarbeiterin, der es gelungen ist, zu einer Mutter einen vertrauensvollen Kontakt herzustellen, könnte ihr Interesse für eine solche klinikinterne Stelle wecken. In einigen kommunalen Krankenhäusern wird dies als „Elternschule“ oder „Elterncafé“ bereits angeboten.

Problemviertel einer Stadt

Für die sogenannten „Problemviertel" einer Stadt sind ganz andere Wege nötig. Dort wohnen die Familien meistens in großen Wohneinheiten. Hier ließen sich aufsuchende Interventionsprogramme einsetzen, die nach Ziegenhain (2008, 123) bei Hochrisikofamilien am besten wirken.

Eine praktikable Möglichkeit bestünde darin, im Erdgeschoss eines Hauses, neben dem Hauseingang, eine Wohnung anzumieten und dort Bildungs- und Beratungszimmer einzurichten. Besonders in Universitätsstädten könnten Praxisprojekte aus psychologischen, erziehungswissenschaftlichen und sozialpädagogischen Studiengängen, insbesondere mit ausländischen Studierenden, unter kompetenter fachlicher Leitung installiert werden. Im Flur vor der Haustür sollte ein großes Plakat auf diese Anlaufstelle für Erziehungsfragen hinweisen. Auch ein Transparent mit Informationen in mehreren Sprachen wäre denkbar, wie z. B.: „Nervt oder ärgert Sie Ihr Kind? Wir sagen Ihnen, wie Sie das (ohne Gewalt) ändern können!" In den Eingangsbereichen der anderen Häuser müssten Hinweise auf diese Anlaufstelle angebracht sein. Wenn die Bewohner Tag für Tag daran vorbeigehen, wird irgendjemand, der trotz seiner alltäglichen Probleme noch Aufmerksamkeit für sein Kind aufbringt, den Anfang machen. Um die Motivation der Menschen zur Inanspruchnahme zu forcieren, sollte von den Initiatoren über besondere Maßnahmen nachgedacht werden. Auf diese Weise ließe sich eine Normalität der Inanspruchnahme von Hilfen in Erziehungsfragen für Familien in Problemvierteln erreichen.

Eine solche Bildungs- und Beratungsstelle wäre zuständig für mehrere Wohnblöcke und sollte mit FamilienhelferInnen, die bereits in den Häusern tätig sind, zusammenarbeiten. Auch Erziehungslotsen und Mitarbeiter von Kinderschutzzentren könnten eingebunden sein, so dass für die Bewohner mehrere Möglichkeiten der kontinuierlichen Unterstützung vor Ort vorhanden sind, ohne dass das Jugendamt in Erscheinung treten muss.

Eine weitere Form der Kontaktaufnahme, besonders zu Familien mit Migrationshintergrund, ist durch speziell ausgebildete „Erziehungsberaterinnen" aus dem Umfeld denkbar: über Spielplätze der Wohngebiete und „Elterncafés".

Wenn sozial schwache Eltern ihre Kinder in die Krippe geben, wäre es zwingend notwendig, im gleichen Rahmen Elternbildung verpflichtend anzubieten. Denn die Mutter-Kind-Bindung (die für eine positive Entwicklung so wichtig ist) würde Schaden nehmen, wenn, neben der vielstündigen Trennung der unter Zweijährigen von ihren Müttern, diese in der übrigen Zeit unangemessen mit den Kindern umgehen. Die positiven Effekte der Krippenbetreuung wären dann nicht vorhanden, da das Kind keine sichere Bindung an die Mutter entwickeln kann. Dies ist ein Ergebnis aus der amerikanischen Langzeitstudie zu den Auswirkungen der frühen Krippenbetreuung (Belsky et al. 2007).

Familien mit hohem Unterstützungsbedarf in kirchlichen Gruppen

Viele der Familien mit hohem Unterstützungsbedarf werden innerhalb kirchlicher Gruppen betreut. Hier besteht auch das Problem, diese Familien zur regelmäßigen Teilnahme an Bildung und Beratung zu bewegen. Im Rahmen von Familienfreizeiten der kirchlichen Träger wäre es allerdings möglich, solche Familien zu erreichen, wenn sie durch finanzielle Hilfen daran teilnehmen können. Während der zwei- bis dreiwöchigen Familienfreizeiten an einem Urlaubsort sollten Gesprächsrunden zur Erziehung angeboten werden. Wenn diese an einigen Vormittagen oder Abenden stattfinden, dürfte die Urlaubsatmosphäre dadurch nicht beeinträchtigt sein. Hier könnte das Gruppengefühl dazu führen, dass alle daran teilnehmen, so dass auch die Familien mit hohem Unterstützungsbedarf einen Nutzen davon hätten. Auch ist es in diesem Rahmen denkbar, alle in Kapitel 2 dargestellten Bildungseinheiten durchzuführen. Wenn das Vertrauen zur Seminarleitung vorhanden ist, diese eine wertschätzende und ressourcenorientierte Haltung im Dialog mit den Eltern einnimmt, ist es denkbar, dass sich die Eltern auf eine solche Bildungssituation einlassen.

Eine weitere Möglichkeit für Bildungsveranstaltungen mit diesen Familien eröffnet sich durch private Stiftungsinitiativen, die für einen Kuraufenthalt von bedürftigen Familien sorgen. Die „Holzapfelstiftung“ im Landkreis Oldenburg hat dies im Jahr 2010 auf einer Nordseeinsel ermöglicht. Hier ließen sich in angemessenem Umfang Erziehungsprobleme thematisieren, ohne dass der Erholungseffekt eingeschränkt würde.

3.4.2 Umfang und Kosten

Es versteht sich von selbst, dass Bildungsangebote für diese Elterngruppe kontinuierlich aufrechterhalten werden müssten, um die Erziehungskompetenz der Eltern und die Entwicklung der Kinder nachhaltig zu fördern. Das gilt insbesondere für die ersten sechs Lebensjahre der Kinder.

Die Kosten für solche Familienbildungs-Veranstaltungen sind durch § 16 SGB VIII („Allgemeine Förderung der Erziehung in der Familie“) abgedeckt. Für die vom Jugendamt unabhängigen Bildungsangebote, wie z. B. das beschriebene Familienhebammenprojekt, könnten die Gemeinden oder Kirchen (als Träger der Kindergärten) wegen der Finanzierung von Honoraren und Nutzung der Räume angesprochen werden. Eine Anlaufstelle für Familien mit hohem Unterstützungsbedarf dürfte einer Gemeinde zusätzliche Pluspunkte für ihre Familienfreundlichkeit einbringen. Das Jugendamt könnte allerdings auch in diesem Fall bei der Finanzierung mit einbezogen werden, weil Bildungsmaßnahmen für diese Elterngruppe ebenfalls unter § 16 SGB VIII fallen.

Die Kosten für die vorgeschlagenen Maßnahmen in den großen Wohneinheiten der Problemviertel einer Stadt sind höher als bei den anderen Vorschlägen. Die Finanzierung könnte aus verschiedenen „Töpfen" kommen, je nach Besetzung der Anlaufstellen. Der Aufwand lohnt sich auch finanziell: Es besteht nämlich die Chance, Folgekosten zu reduzieren, wenn diese Hilfen zu geringerer Jugendkriminalität, besserer Schulfähigkeit und guten Ausbildungschancen für die Kinder führen.

Im Mittelpunkt dieser Vorschläge (für Interventionen bei Familien mit hohem Unterstützungsbedarf) steht vorwiegend der Zugang zu der Familie über eine schon bestehende Beziehung zwischen ihr und einem institutionellen Helfer (Familienhilfe, Familienhebamme, Kinderarzt, Krankenschwester). Die hier vorgestellten Formen von Bildungs- und Beratungsansätzen sind als Ergänzung zu den bereits vorhandenen niedrigschwelligen Angeboten innerhalb von Netzwerken für frühe Hilfen zu verstehen – und zwar unter anderem dadurch, dass hier die Unterstützung über den Zeitraum der frühen Hilfen hinausgeht. Vielfältige Angebote könnten die Akzeptanz der Unterstützung für Betroffene (die noch in der Lage sind, sich mit den Problemen ihrer Kinder zu befassen) erhöhen.

Eine Akzeptanz dieser Veranstaltungen kann vor allem dann erreicht werden, wenn ihr Erfolg für die Eltern gleich spürbar wird. Das setzt umfassende entwicklungspsychologische Kenntnisse bei Kursleitern, Helfern und Beratern voraus, um kindliche Verhaltensweisen prägnant zu erklären und mögliche elterliche Reaktionen konkret benennen zu können. Für die vorsoziale Entwicklung der kleinen Kinder ist dies im Einzelnen in Kapitel 2.2 und nachfolgend, speziell bezogen auf Hochrisikofamilien dargestellt.

3.4.3 Inhalte und Methoden

Da es bei solchen Bildungsveranstaltungen vornehmlich um diejenigen kindlichen Verhaltensweisen gehen sollte, die Konflikte zwischen Eltern und Kindern hervorrufen, steht die Vermittlung der besonderen Merkmale der sozial-kognitiven Entwicklung auch hier im Vordergrund. Gerade bei dieser Elterngruppe besteht die Gefahr, dass die entwicklungsbedingten vorsozialen Verhaltensweisen der Kinder unangemessenes Elternverhalten nach sich ziehen.

Bildungsmaßnahmen für bildungsungewohnte Familien mit hohem Unterstützungsbedarf müssen anders geplant und strukturiert werden als für bildungsorientierte Eltern. Es gibt dabei keine Trennung zwischen Inhalt und Methode, weil die Inhalte nur im Plenum mit der Gesamtgruppe vermittelt werden sollten. Andere Methoden, die selbstständiges Arbeiten der Teilnehmenden verlangen, sind nicht sinnvoll. Die Gruppenstärke sollte möglichst die Zahl von zehn Erwachsenen nicht überschreiten, damit die

Kursleitung auf alle adäquat eingehen kann. Gruppen, an denen Eltern mit Kindern unter drei Jahren teilnehmen, sollten nicht mehr als sechs Teilnehmer haben.

Für die Seminarleiter solcher Gruppen ist die Kenntnis der Grundproblematik dieser Eltern zwingend, um das Verhalten in der Gruppe zu verstehen. Nur so können sie angemessen auf Äußerungen der Eltern reagieren. Das erfordert ein psychoedukatives Vorgehen, wie es das Präventionsprogramm STEEP beinhaltet (Suess/Hantel-Quitmann 2004; Erickson/Egeland 2006). Schwer persönlichkeitsgestörte oder suchtkranke Personen, die sich in gravierenden Konflikten mit akutem Handlungsbedarf befinden, können kaum in solchen Gruppen aufgefangen werden.

Um eventuelle Verhaltensauffälligkeiten der Kinder einordnen zu können, sollten die Merkmale der physischen und psychischen Grundbedürfnisse des kleinen Kindes mit ihrem Gefährdungspotenzial (bei Eltern in schwieriger Lage) bekannt sein. Diese Merkmale wurden von Ziegenhain et al. (2006a) für die entwicklungspsychologische Beratung junger Eltern beschrieben. Das Wissen über die Auswirkungen fehlgelaufener Entwicklungen im ersten Lebensjahr ist notwendig, weil die möglicherweise daraus resultierenden späteren Verhaltensauffälligkeiten der Kinder etwas anderes als das „normale“ Elternverhalten erfordern.

Werden Elternkurse für diese Zielgruppe ausschließlich für die Zeit des ersten Lebensjahres geplant (in der es um grundlegende und umfassende Informationen zur ganz frühen Entwicklung geht), empfiehlt sich der Kurs für junge Eltern „Auf den Anfang kommt es an“ von Ziegenhain et al. (2006b). Arbeitsblätter zu diesem Kurs finden sich unter www.ph-ludwigsburg.de/4146.html.

3.4.4 Seminarablauf

Wie bereits für die vom Jugendamt betreuten Familien beschrieben, ist es sinnvoll, eine solche Veranstaltung für Hochrisikofamilien als Tagesseminar zu planen und vollständig zu organisieren. Der Zeitraum von einem Tag ist mindestens erforderlich, um die fürs Erste notwendigen Kenntnisse zu vermitteln und um den Eltern das Gefühl zu geben, dass ihnen geholfen werden kann.

Der Beginn einer solchen Zusammenkunft ist so zu gestalten, dass jeder einzelne Teilnehmer, jede Teilnehmerin sich vom ersten Moment an aufgenommen fühlt. Die Seminarleiter sollten früh genug da sein, um den Raum zu gestalten und jeden persönlich begrüßen zu können. Ein buntes Plakat mit den Namen der Eltern und der Kinder (wie in Kapitel 3.2 zu den Anfangssituationen beschrieben) sollte an der Wand hängen. Ein lockeres Gespräch, auch mit den älteren Kindern oder über die kleinen Kinder, kann die

Anfangsphase erleichtern. Der pünktliche Beginn ist anzuraten, auch wenn noch jemand fehlt, damit die Anspannung fällt. Später Hinzukommende werden ebenso freundlich begrüßt und eingeführt.

Nach der nochmaligen Begrüßung der (im Stuhlkreis sitzenden) Gesamtgruppe stellen sich die Seminarleiter vor, und zwar eher mit privaten Angaben und persönlichen Motiven für die Arbeit als mit der umfassenden fachlichen Qualifikation. Bei der Vorstellung der Teilnehmer ist, je nach Gruppenmerkmalen und Anzahl zu entscheiden, ob zuvor ein Partnerinterview stattfinden soll oder ob sich die Familien im Plenum mit Namen und Alter der Kinder kurz vorstellen. Wenn das den meisten schwierig erscheint, ließe sich über das Begrüßungsplakat festlegen, welcher Name zu welcher Familie gehört. Die Frage nach den individuellen Erwartungen und Befürchtungen kann zusätzlich an die Runde gestellt werden. Dann ist der Ablauf der Veranstaltung von der Seminarleitung zu schildern, damit die Eltern genau wissen, was auf sie zukommt.

Der inhaltliche Beginn des Seminars richtet sich nach der Stimmung in der Gruppe. Sind die Teilnehmenden zurückhaltend und bemüht, nichts von sich zu sagen, kann mit der Auflistung einiger typischer Verhaltensweisen von kleinen Kindern auf einer Wandzeitung begonnen werden. Dann kann danach gefragt werden, ob dieses Verhalten den Eltern bekannt vorkommt.

Ist die Stimmung gelöst, sollte die Frage nach den „nervenden" Verhaltensweisen der Kinder gestellt werden. Das Aufschreiben dieser Angaben durch die Seminarleitung (nach Häufigkeit der Nennungen) auf eine Wandzeitung oder auf ein Flipchart-Papier ist sinnvoll. Dann kann damit begonnen werden, die Ursachen für diese Verhaltensweisen zu schildern und über Lösungswege zu reden. Der Erfahrungsaustausch lässt sich anregen durch Fragen: Nach jeder Nennung kann gefragt werden, ob die anderen dieses Verhalten auch kennen – und wie es sich bei ihren Kindern äußert. Eine solche Wandzeitung könnte folgende Auflistung haben:

Nervende Verhaltensweisen der Kinder

- Klammerverhalten
- Das Kind fasst alles an, es gehorcht nicht.
- Ständiges Schreien der Kinder
- Alles ist „meins".
- Wutanfälle
- Das Kind hört nicht zu.
- Es testet ständig Grenzen aus.
- Eifersucht und Geschwisterstreit
- Trödeln und Verzögerungstaktiken
- Lügen und Petzen

Nachstehend werden diese ausgewählten störenden kindlichen Verhaltensweisen aus Kapitel 2.2 beispielhaft auf die hier fokussierte Elterngruppe bezogen. Hinzu gekommen ist hier das „ständige Schreien“ der Kinder, weil es für diese Gruppe besondere Relevanz hat.

Die Entwicklungsmerkmale werden noch einmal einfacher beschrieben und nur auf die konkreten Handlungsmöglichkeiten bezogen. Der Einfluss der Erziehung in der Herkunftsfamilie findet direkt Beachtung. Dieser Einfluss wird bei den Eltern gleich mit dem eigenen Verhalten dem Kind gegenüber in Zusammenhang gebracht. Dieser Bezug in der konkreten Seminarsituation nimmt den Eltern Schuldgefühle, die ihre Aufmerksamkeit einschränken würden.

Bei den folgenden Erläuterungen sollte die Förderung der Selbstwirksamkeit der Eltern im Auge behalten und die Suche nach eigenen Lösungen initiiert werden. In der konkreten Seminarsituation ist sehr darauf zu achten, dass immer wieder Fragen an die Teilnehmer nach ihren Erfahrungen gestellt werden, um Diskussionen zu ermöglichen und die Aufmerksamkeit aller zu erhalten. Ebenso sind häufige Pausen wichtig, je nach empfundener Beanspruchung der Eltern.

Klammerverhalten: Das Baby empfindet sich am Anfang als eine Einheit mit der Mutter. Deshalb fühlt es sich am wohlsten auf dem Arm der Mutter. Mit dem Krabbeln und der Fortbewegung von der Mutter entwickelt es langsam das Verständnis, dass die Mutter ein von ihm getrenntes Wesen ist. Es dauert bis zum zweiten Geburtstag, bis das Kind das richtig verstanden hat. Während dieser Zeit lernt es, dass die Mutter immer wieder auftaucht, wenn sie kurzzeitig verschwunden ist. Gleichzeitig hat es Trennungs- und Verlassenheitsängste, wenn die Mutter nicht da ist. Es kann sich während dieser Zeit die Mutter nicht an einem anderen Ort vorstellen. Das Kind glaubt, dass die Mutter für immer verschwunden ist, wenn es sie nicht mehr sieht oder hört. Diese Angst führt zum Festklammern an die Mutter. Gelingt es der Mutter, das Kind immer aufzunehmen, wenn es das will und es zu trösten, wenn es weint, entwickelt sich die sichere Bindung des Kindes an die Mutter.

Klammerverhalten ist Bindungsverhalten! Meistens zeigen Kinder das nur, wenn es ihnen nicht so gut geht. Diese Angst über den Verlust der Mutter ist von Kind zu Kind unterschiedlich stark, je nach Temperament des Kindes. Die sensiblen und schüchternen Kinder klammern mehr als die außengesteuerten, die mehr an den Dingen interessiert sind. Aber auch diese Kinder klammern, wenn es ihnen nicht gut geht.

Der Vater hat zu dieser Zeit oft keine Chance, das Kind zu trösten. Das funktioniert nur, wenn er mit dem Kind allein ist. Darüber und über das Spiel mit dem Kind entwickelt sich auch eine gute Bindung an den Vater, wenn er es schafft, liebevoll mit dem Kind umzugehen.

Je besser die Bedürfnisse des kleinen Kindes nach Schutz, Liebe, Wertschätzung und Versorgung befriedigt werden, desto geringer sind seine Ängste vor dem Verlust der Eltern und der Trennung von ihnen. Es kann dann unbefangen seine Umgebung erkunden und lernen.

Wenn das Kind dadurch eine sichere Bindung an die Mutter und an den Vater entwickeln kann, wird es später eher gehorchen, weniger wütend sein und gut und gerne lernen.

Müttern oder Vätern, die durch Fehlverhalten der eigenen Eltern keine sichere Bindung zu ihnen aufbauen konnten, fällt es häufig schwer, sich auf die Bindungsbemühungen des eigenen Kindes einzulassen. Wenn sie jedoch wissen, wie sehr das Kind auf die Zuwendung, Sicherheit und Geborgenheit der Eltern angewiesen ist, gelingt ihnen vielleicht die Bindung zu ihrem Kind besser als ihren eigenen Eltern.

Für die Entwicklung einer sicheren Bindung sind aber noch andere Dinge wichtig. Dazu gehört der richtige Umgang mit dem **Ungehorsam** des kleinen Kindes. Es ist ganz normal, dass kleine Kinder alles anfassen und ausprobieren wollen. Das ist auch notwendig für ihre geistige Entwicklung. Darüber lernen sie nämlich viel – und das wird ihnen später in der Schule helfen. Das Kind sollte deshalb nicht daran gehindert werden, die Dinge zu erforschen, solange dies nicht gefährlich ist. Es darf auch nicht bestraft werden, wenn es etwas Verbotenes tut. Die Eltern müssen aber deutlich „nein“ sagen und das Kind von dem Verbotenen oder dem Gefährlichen wegnehmen, auch wenn es schreit. Darüber lernt das Kind Regeln. Es dauert aber drei Jahre und länger, bis das Beherrschen von Regeln richtig funktioniert (siehe Entwicklung des Regelverstehens, Kapitel 2.2). In dieser Zeit müssen die Eltern viel Geduld aufwenden, um das kindliche Regellernen nicht zu stören. Denn nur dann, wenn die kleinen Kinder nicht bestraft werden für Regelverletzungen, denken sie darüber nach, was sie getan haben. Dieses Nachdenken führt dazu, dass sie sich ungefähr ab vier Jahren bemühen, alles richtig zu machen. Denn sie wollen den Eltern gefallen und „lieb“ sein. Wenn es ihnen meistens gut geht, schaffen sie das auch.

Das ständige Schreien der Kinder kann Eltern sehr nerven. Am Anfang kann das Kind nicht anders. Denn ohne sprechen zu können, muss es sich durch Schreien bemerkbar machen, wenn ihm etwas fehlt oder es verärgert ist. In den ersten Monaten sind Hunger, Durst, Müdigkeit, Unwohlsein, Schmerzen, Langeweile oder Stress Gründe für das Schreien.

Während der Zeit der intensiven Erkundungen kommen neue Gründe für „Geschrei“ hinzu: Zum einen passieren dem Kind Missgeschicke, zum anderen entwickelt sich der eigene Wille, der aber dauernd an Grenzen stößt. Es ist also ganz normal, dass kleine Kinder immer wieder schreien. Für die Eltern heißt das meistens, dass sie etwas dagegen tun müssen. Wenn sie wissen, was los ist, können sie besser reagieren und das Geschrei hört dann auch schnell auf.

Wenn das Kind allerdings ständig schreit, muss nachgeforscht werden, woran das liegt. Meistens gibt es dann Dinge, die für das Kind zu viel sind. Was ihm zu viel ist, kann es allerdings noch nicht sagen. Es fühlt nur ein großes Unwohlsein, so dass es viel schreit. Eltern müssen dann herausfinden, was dem Kind zu viel ist. (Das sollte dann in der Gruppe mithilfe der Seminarleitung geschehen.)

Auch wenn die Eltern selbst sehr viel mit dem Kind schreien, weil es viele Dinge noch nicht richtig macht, führt das zu mehr Geschrei beim Kind. Da Kinder in den ersten zwei Jahren sehr stark über die Nachahmung der Eltern lernen, schreien sie dann mehr als nötig. Wenn Eltern wissen, dass die Kinder vieles noch nicht können, müssen sie – und somit auch das Kind – nicht mehr so viel schreien.

Zu bedenken ist hierbei, dass Eltern übermäßig viel schreien, wenn sie selbst als Kind viel Geschrei bei ihren eigenen Eltern ertragen mussten. Es hilft, an diesen Zusammenhang zu denken und die sozialen Unfähigkeiten der Kinder zu berücksichtigen, um in Zukunft weniger schreien zu müssen.

Schwieriger wird es bei mehreren Kindern, wenn die im Streit miteinander liegen und heftig schreien. In diesem Fall ist es angebracht, die Kinder zu trennen, statt sie auch anzuschreien. Das Handeln der Eltern registrieren die Kinder eher als das Schreien.

Ein weiterer Grund für Geschrei, auch bei den älteren Kindern ist, wenn Eltern von Beginn an nicht gleich auf das Rufen der Kinder reagieren. Dann gewöhnen sich die Kinder lautes Schreien an, um auf sich aufmerksam zu machen. Die direkte Aufmerksamkeit brauchen die kleinen Kinder um fast jeden Preis, deshalb sind sie so penetrant. Es genügt oft eine kurze Reaktion der Eltern und die Aufforderung, sich etwas zu gedulden. Folgt dann sehr bald die volle Aufmerksamkeit der Eltern, muss sich das Kind nicht auf Dauer mit lautem Geschrei bemerkbar machen.

Es gibt jedoch auch Kinder, die von Natur aus lauter sind als andere und viel schreien. Diesen Kindern muss immer wieder gesagt werden, dass sie leiser reden sollen, weil das laute Geschrei den anderen in den Ohren wehtut. Ab drei Jahre können Kinder solche Erklärungen langsam verstehen.

Das Teilen mit anderen Kindern klappt in den ersten zwei bis drei Jahren noch nicht. Besonders um den zweiten Geburtstag herum ist das Kind davon überzeugt, dass alles was es sieht, ihm gehört. Es sagt ständig „meins“, wenn es mit anderen Kindern zusammen ist. Es glaubt fest daran, dass ihm alles gehört. Vorher hat das Kind nicht darüber nachgedacht, weil es noch kein Wissen über sich selbst hat. So waren alle Dinge einfach da und es hat sich damit beschäftigt.

Jetzt, mit zwei Jahren, weiß es, dass es eine eigenständige Person unter all den anderen ist. Das macht ihm manchmal Angst, weil es sich alleine fühlt. Deshalb hält es alle Gegenstände – und auch die Mutter – wieder fest, um sich sicherer zu fühlen. Es dauert vier bis fünf Monate, bis sein Sicherheitsgefühl wieder einigermaßen stabil ist, so dass es nicht mehr alles festhalten muss. Das funktioniert aber nur, wenn es in dieser Zeit nicht ständig gezwungen wird, etwas abzugeben. Besonders sein Lieblingsspielzeug muss es immer behalten dürfen. Auch ist es wichtig, dass die Mutter das Kind beruhigt, wenn es sich zwischendurch wieder festklammert. Dann kann es eher mal ohne die Mutter sein, als wenn ihm das Anklammern abtrainiert wird.

Zu diesem Zeitpunkt sagt ein Kind „ich" zu sich selbst und nennt sich nicht mehr beim Vornamen. Der eigene Wille ist ihm jetzt deutlich bewusst. Dass die anderen auch einen eigenen Willen haben, versteht es noch nicht. Deshalb ist es trotzig, wenn etwas nicht nach seinem Willen funktioniert. Besonders gegenüber der Mutter zeigt es häufig Trotzanfälle. Das negative Verhalten gegenüber der Mutter hilft dem Kind, sich in einem ersten kleinen Schritt von ihr zu lösen und selbstständig zu werden.

Das **soziale Denken** beim ein- bis zweijährigen Kind hat folgende Merkmale:

- Das Kind denkt ichbezogen. Es kann nur an sich selbst denken und hält sich für den Mittelpunkt der Welt. Es glaubt, dass alle anderen genauso denken wie es selbst.
- Das Kind versteht keine Regeln. Was Spaß macht und spannend ist, ist gut. Was mit Schmerz und Angst verbunden ist, ist böse.
- Der eigene Standpunkt ist der einzig mögliche. Die Interessen anderer werden nicht erkannt. Nur die genetisch bedingte Gefühlsansteckung führt dazu, dass es sich manchmal sozial verhält.
- Das Kind lässt sich nur von seinem eigenen Können und Wollen leiten. Es tut nur das, was es will, solange es nicht daran gehindert wird. Gleichzeitig ist es sehr manipulierbar von Personen, die es mag.
- Das Kind handelt und denkt spontan. Es wird von seinen Gefühlen beherrscht und kann sein Verhalten noch nicht vernünftig steuern.
- Das Kind hat noch kein Gewissen und ist noch nicht fähig zur Einsicht. Es kann noch nicht von sich aus beurteilen, dass es etwas Schlimmes angestellt hat; es ist lediglich über die Reaktionen der anderen erschrocken und möchte das wieder rückgängig machen. Dadurch lernt es jedoch, in kleinen Schritten, was richtig und was falsch ist – wenn es dafür nicht bestraft wird!
- Menschen werden als „Quelle der Versorgung" wahrgenommen. Andere Kinder werden wie Spielzeug behandelt.
- Das Kind kann sich nicht in die Rolle eines anderen Menschen hineinversetzen. Es unterscheidet nicht zwischen seinen Gedanken und Gefühlen und

denen der anderen. Es setzt seine Ansicht mit der der anderen gleich. Deshalb kommt es manchmal zu auffällig sozialen Verhaltensweisen. – Das Kind gibt dann dem Druck durch andere nach und deutet das als seinen eigenen Willen.

- Es betrachtet sich und die anderen als Mittel oder Hindernis für die eigenen Ziele. Es kann nur seine eigenen Wünsche und Ziele bedenken, ohne Konsequenzen für sich selbst oder für andere dabei zu berücksichtigen.
- Mit ca. zwei Jahren hat das Kind seine geistigen Fähigkeiten soweit ausgebildet, dass es einfache Anweisungen versteht und befolgen kann, wenn es ihm gut geht. Der Grund für das Bemühen des Kindes, den Eltern zu gehorchen, ist in der Angst begründet, die Liebe der Eltern zu verlieren. Hinzu kommt, dass das Kind sein bisher durch die Liebe der Eltern entstandenes positives Selbstwertgefühl halten will. Wenn die Eltern verärgert sind, sinkt das Selbstwertgefühl des Kindes. Um dies auf gleichem Niveau zu halten, bemüht sich das Kind, sich immer besser nach den elterlichen Anweisungen zu richten.

Gefördert wird das soziale Lernen des Kindes durch Lob bei richtigem Verhalten und durch ein gutes Vorbild der anderen. Es wird behindert durch Bestrafung des Fehlverhaltens, da das kleine Kind den Sinn der Strafe nicht versteht. Es verhält sich dann nur aus Angst vor der Strafe richtig, es lernt aber nicht, warum man sich richtig verhalten soll. So kann es später nicht von alleine die bestehenden Regeln einhalten.

Dieses vorsoziale Denken des Kindes führt durch das notwendige Grenzensetzen der Eltern, (je nach Temperament des Kindes) zu häufigen **Wutanfällen**. In diesem Fall ist es wichtig, dass die Eltern richtig damit umgehen. Das gelingt, wenn die Eltern wissen, warum die Kinder Wutanfälle nicht verhindern können.

Bei **Wutanfällen der ein- bis zweijährigen Kleinkinder** ist Folgendes zu beachten:

Wut und Aggressionen sind ein notwendiger Bestandteil der Selbstbehauptung des Kleinkindes. Es gibt keinen Aggressionstrieb, sondern nur die Bereitschaft zur Aggression, die zur biologischen Ausstattung des Menschen gehört. Diese Bereitschaft wird durch Hormone (Androgene) und Gehirnfunktionen (Antriebszentrum) gesteuert. Erst im Zusammenhang mit Außenreizen (Bedrohung, Ärger, Stress) kommt es zu aggressivem Verhalten.

Die bewusste Verhaltenssteuerung bei Aggressionen ist ein schwieriger Prozess, der beim Kind vier bis sechs Jahre andauern kann. Dazu gehört das frühzeitige Erkennen des aggressiven Gefühls, das Überdenken der Reaktion, das Abschätzen der Folgen und das Suchen nach Verhaltensalternativen.

Das kleine Kind hat noch keine Möglichkeit, sein Verhalten bewusst zu steuern. Wenn es Ärger oder Wut empfindet, wird es das sofort und lautstark zeigen. Anlässe zur Wut gibt es genug, wenn man bedenkt, dass das Kind in seinem Denken auf den eigenen Standpunkt beschränkt ist und zudem völlig von seinen Gefühlen beherrscht wird.

Was können Eltern tun? In erster Linie können Eltern bedenken, dass das kleine Kind nicht „böse" sein will und auch nicht bewusst „das Theater" veranstaltet. Es beherrscht noch nicht die Form, in der man Wünsche äußert und Veränderungen durchsetzt. Zuerst kann es noch nicht sprechen und später noch nicht argumentieren, sondern bestenfalls „nein" und „will nicht" sagen. Es sieht auch keine Notwendigkeit, zu argumentieren, denn für das kleine Kind existieren nur die eigenen Wünsche!

Dass andere auch Wünsche haben, wird das Kind erst zwischen drei und sechs Jahren nach und nach verstehen. Lernen kann es das schon vor dem endgültigen Begreifen, denn es wird das, was die Eltern ihm sagen, annehmen, wenn es gefühlsmäßig dazu in der Lage ist.

Die Reaktion der Eltern auf die Wutanfälle des Kindes ist wichtig: Wenn sie das Kind immer nur gewähren lassen und letztlich nachgeben, lernt das Kind, dass man mit Wutanfällen etwas erreichen kann. Wutanfälle zu verbieten oder zu bestrafen, wäre jedoch ebenfalls falsch, weil das Kind den Umgang mit seinen negativen Gefühlen dann nicht lernen kann. Anfangs ist es oft nötig, das Kind vom Wutauslöser abzulenken. Dann sollte man dem Kind Grenzen setzen. Der Wutanfall muss ablaufen. Dabei kann es bis zum zweiten Geburtstag nötig sein, dem Kind durch Ablenkung aus einem Wutanfall herauszuhelfen.

Besonders wichtig ist dabei, die eigenen Wünsche und Anordnungen an das Kind, die zu Wutanfällen führen, auf ihre Notwendigkeit hin zu überprüfen. Denn nur dadurch ist konsequentes Elternverhalten möglich, an dem sich das Kind orientieren kann. Es sollte auch beachtet werden, dass das Regelverständnis beim zweijährigen Kind erst ganz am Anfang steht (Handout „Regelverstehen").

Wenn das Kind sich wieder beruhigt hat, wird es mit unterschiedlichen Verhaltensweisen versuchen, mit den Eltern Frieden zu schließen. Dabei ist es ganz wichtig, auf solche Wiederannäherungsversuche direkt einzugehen und nicht erneut mit dem Kind zu schimpfen. Nur dann hat es die Möglichkeit, über den Vorfall nachzudenken. Darüber entsteht beim Kind die Motivation, seine Gefühle unter Kontrolle zu bekommen und sozial zu lernen. Die Wutanfälle werden dann weniger.

Zur kindlichen Wut sollten auch die Ausführungen aus Kapitel 2.2 einbezogen werden, um das oben Beschriebene zu ergänzen.

Im Anschluss an diese Sequenz sollten die Eltern nach ihrer Meinung und nach ihrem Befinden gefragt werden. In der Regel halten sich diese Eltern schnell für schlechte Mütter und Väter, wenn ihre Kinder Probleme machen.

Der Hinweis darauf, dass das bisher geschilderte vorsoziale Verhalten der Kinder normal ist und erst einmal nichts mit falschem Handeln der Eltern zu tun hat, dürfte sie entlasten.

Sollten die Eltern dennoch besorgt sein, vieles falsch gemacht zu haben, können sie gut beruhigt werden: zum einen damit, dass es nicht ihre schuld ist, weil sie diese Informationen bisher nicht hatten. Zum anderen hilft es bei kleinen Kindern sofort, wenn Eltern sich anders verhalten. Wenn also die Eltern in Zukunft z.B. weniger schimpfen, das Kind nicht mehr schlagen und mehr Geduld haben, wird sich das Kind sehr bald beruhigen. Wenn sie dann auch noch mehr darüber wissen, warum das Kind so handelt und warum seine Handlungen wichtig für seine weitere Entwicklung sind, können sie sich auch mehr über das Kind freuen.

An dieser Stelle sollte der Einfluss der erlebten Erziehung in der Herkunftsfamilie thematisiert werden. Gerade beim Umgang mit den Wutanfällen der Kinder ist es wichtig, zu wissen, was die eigene kindliche Erfahrung im Umgang mit dem eigenen Kind bewirkt. Wenn diese Eltern in ihrer Kindheit häufig für ihr Fehlverhalten geschlagen wurden, rutscht ihnen die Hand schnell aus, auch wenn sie das im Prinzip nicht wollen. Das passiert ganz besonders in Stresssituationen. Es könnte hier nachgefragt werden, ob diese Einschätzung ihrer Erfahrung entspricht. Das hilft den Eltern vielleicht, über solche Situationen zu sprechen.

Der Bezug zur Kindheit der Eltern ist mit dem Hinweis herzustellen, dass auch ihre eigenen Eltern wiederum durch ihre Familie belastet waren und wahrscheinlich nicht viel über Kindererziehung wussten. Deshalb haben sie ihre ungehorsamen Kinder schnell geschlagen. Wahrscheinlich hilft das den Eltern, Abstand vom Handeln ihrer eigenen Eltern zu gewinnen. Je nach den nun folgenden Aussagen müssen Seminarleiter in dieser Situation wertschätzend und angemessen auf die Äußerungen eingehen. Den Schilderungen der eigenen unzuträglichen Kindheit sollte dabei viel Raum gegeben werden.

Bei guter Steuerung solcher Gruppengespräche durch die Seminarleitung kann sich eine neue Sichtweise der eigenen Probleme mit dem Kind und der eigenen Geschichte entwickeln. Wichtig ist es, die Chance zu betonen, die sie mit dem neuen Wissen haben; sie können es besser machen, als die eigenen Eltern es konnten. Es steht in ihrer Macht, ob es den eigenen Kindern später wirklich einmal besser gehen wird als ihnen.

Es dürfte für die Eltern hilfreich sein, wenn an dieser Stelle noch einmal die wesentlichen Punkte des bisher Besprochenen wiederholt und konkrete Handlungsanweisungen für Konfliktfälle mit dem Kind besprochen werden: Für den Fall, dass sich die Mutter oder der Vater vom Kind übermäßig provoziert fühlt, so dass die Gefahr des Zuschlagens besteht, sollten sie sich sofort von dem Kind entfernen, tief durchatmen und überlegen, wie sie anders mit der „Provokation“ umgehen können. Mit dem neuen Wissen gelingt dies sicher nach einiger Zeit. Geduld mit sich selbst ist notwendig, wenn es nicht beim ersten Mal klappt. Das wäre normal, weil es sehr schwer ist, sich anders zu verhalten, wenn man mit so starken negativen Gefühlen aus der eigenen Kindheit belastet ist.

Das Kind hört nicht zu: Wenn Kinder nicht mit Strafen und Angst erzogen werden, kommt es vor, dass sie zwischen drei und fünf Jahren öfter mal nicht zuhören, wenn die Eltern etwas von ihnen wollen. Es ist die Zeit, in der die Wutanfälle weniger, dafür aber die Ohren „dichtgemacht" werden, wenn etwas verlangt wird, was dem Kind im Moment nicht gefällt. Das Kind weiß jetzt zwar, dass Mama und Papa häufig eine andere Meinung haben als es selbst, kann dies aber noch nicht nachvollziehen, also auch nicht verstehen. Deshalb „macht es dicht".

Aus einer solchen Situation kann sich ein Kind noch nicht alleine retten. Also müssen die Eltern ihm helfen. Das funktioniert oft, wenn die Eltern auf Augenhöhe zum Kind gehen und noch einmal wiederholen, was sie gesagt haben. Es hilft auch zu fragen, warum das Kind nicht reagiert. Fragen führen dazu, dass ein Kind nachdenkt, auch wenn es nicht sofort antworten kann. Also ist auch hier Geduld angesagt, bis das Kind verstanden hat, was die Eltern von ihm wollen. Meistens reagiert das Kind nur dann nicht, wenn es müde oder traurig ist oder wenn es beginnt, krank zu werden. Dann hilft es nicht, auf Gehorsam zu bestehen. Wenn das Kind müde oder krank ist, muss es zur Ruhe kommen können. Wenn es traurig ist, muss nachgeforscht werden, was mit ihm los ist.

Das Kind testet ständig Grenzen aus: Da das Kind lange braucht, um den Sinn von Regeln und Grenzen zu verstehen, muss es in der Zeit des Lernens immer wieder Grenzen austesten. Es muss sich nämlich immer wieder vergewissern, in welchen Situationen welche Grenzen gelten. Es provoziert also die Eltern damit nicht, sondern es kann nicht anders. Da dieses Lernen seinen Wünschen nicht entspricht, ist es sehr schwer für das Kind, sich an die Vorgaben der Erwachsenen zu halten.

Hierbei ist es eine wichtige Aufgabe der Eltern, trotz der Unfähigkeiten des Kindes dafür zu sorgen, dass das Kind die Regeln einhält. Das heißt, die Eltern müssen immer wieder darauf bestehen, dass das eine gemacht oder das andere unterlassen wird. Dem Kind hilft es, wenn Regeln, Grenzen und Konsequenzen bei Nichteinhaltung klar und deutlich geäußert werden. Den eigenen Ärger müssen die Eltern dabei nicht unterdrücken, nur drohen oder schlagen dürfen sie nicht, weil das Kind das nicht versteht. Es bekommt nur Angst.

Das Kind orientiert sich allerdings an der Missbilligung der Eltern. Die will es nämlich verhindern. Wenn es ihm gut geht, wird es sich deswegen in Zukunft eher an die einzelnen Regeln halten können. Es ist hilfreich, wenn die Eltern sich über die Gültigkeit der Regeln und Grenzen im Prinzip einig sind. Dann kann sich das Kind am besten orientieren. Es gibt jedoch zwischen den Eltern oft unterschiedliche Ansichten über die Regeleinhaltung bei den Kindern. Meisten sind die Väter strenger als die Mütter. Wenn der Unterschied zwischen den Meinungen der Eltern nicht zu groß ist, können die Kinder meistens damit umgehen. Denn in der Zeit zwischen drei und fünf Jahren sind sie durch ihre mangelnde Einsichtsfähigkeit oft verzweifelt, wenn die Eltern beide gleich streng sind. Es hilft ihnen also, wenn einer von beiden auch mal nachgiebig ist. Die Eltern sollten allerdings nicht vor dem Kind über Regelverletzungen streiten. Dann gerät das Kind unter Stress und kann die Regeln nicht richtig lernen.

Für ein ressourcenorientiertes Vorgehen im Seminar könnten an dieser Stelle, je nach Gruppenatmosphäre und Anzahl der Teilnehmenden, mit einer Plenumsmethode konkrete Fälle behandelt werden. Dazu sind neun Teilnehmer nötig:

Drei konkrete Fälle über Grenzsetzungs-Situationen, welche die Eltern im Plenum mit Unterstützung der Seminarleiter schildern, werden auf je eine Karte geschrieben. Dann teilen sich die Teilnehmer in drei Gruppen auf und setzen sich, im Raum verteilt, auf drei sich gegenüberstehenden Stühlen. Die Karten mit den konkreten Fällen sind auf die drei Sitzgruppen verteilt. Die Eltern sollen nun darüber reden, wie sie sich in dem geschilderten Fall verhalten würden. Einer von Dreien soll den Fall von der Karte ablesen. Es wird nichts aufgeschrieben, sondern nur darüber geredet. Nach drei bis vier Minuten erfolgt die Aufforderung, zur nächsten Stuhlgruppe weiterzurücken, um den dort auf der Karte festgehaltenen Fall in gleicher Weise zu diskutieren. Wenn in einer der Gruppen Stille herrscht, muss die Seminarleitung helfen. In der Regel gibt es bei dieser Methode viel Bewegung – sowohl körperlicher als auch geistiger Art. Das führt dazu, dass die anschließende Plenumsrunde, in der die Ergebnisse aus den einzelnen Dreiergruppen zu sammeln sind, sehr angeregt verläuft. Hier sind dann die drei Meinungen zu jedem Fall abzufragen und brauchbare Lösungen durch entwicklungspsychologische Erklärungen zu ergänzen. Die Eltern, die die einzelnen Fälle eingebracht haben, werden zum Schluss gefragt, ob die erarbeiteten Lösungen für sie praktikabel sind.

Bei den Ergänzungen ist auch auf die unterschiedlichen sozialen Fähigkeiten bei Jungen und Mädchen zu achten. Es muss erklärt werden, dass die meisten Jungen, aufgrund ihrer höheren Aggressionsbereitschaft und der stärkeren Ichbezogenheit, Grenzen eher und häufiger überschreiten als die meisten Mädchen und die sensiblen Jungen. Sie wollen also nicht die Eltern verstärkt provozieren, sondern haben ein etwas eingeschränktes soziales Verstehen.

Für das so wichtige Grenzensetzen sollten hier die Ausführungen in Kapitel 2.2 einbezogen werden. Dort ist auch das Beispiel des Wutanfalls im Supermarkt beschrieben.

Eifersucht und Geschwisterstreit sind bei kleinen Kindern kaum zu vermeiden. Durch ihre ichbezogene Denkweise haben sie kein Verständnis für den anderen und sind im Umgang miteinander oft sehr rigoros. Es kommt darauf an, wie Eltern damit umgehen, damit Eifersucht und Streit weniger werden.

In den ersten zwei bis drei Jahren der Geschwisterschaft müssen die Kinder weitgehend unter Aufsicht sein, damit die Eltern Streit zwischen ihnen regeln können. Dies schaffen sie nämlich noch nicht selbst. Dabei ist der Zeitpunkt des Eingreifens wichtig: Wenn z. B. das jüngere Kind das ältere beim Spielen so sehr stört, dass es zu verzweifeltem Geschrei kommt, muss die Mutter das jüngere Kind wegholen und vom Spiel ablenken. Das ältere Kind ist froh über die Hilfe der Eltern und wird beim nächsten Mal geduldiger mit dem kleinen Geschwister umgehen.

Ebenso ist striktes Eingreifen nötig, wenn das jüngere vom älteren Kind drangsaliert wird. Hierbei ist wichtig, das ältere Kind nicht zu bestrafen. Es genügt eine klare Ansage zum negativen Verhalten und das Trennen der Kinder – oder das Wegnehmen des umstrittenen Spielzeugs. Dann sind die Kinder schnell wieder zum gemeinsamen Spiel bereit. Auf diese Weise entwickelt sich eine gute Geschwisterbeziehung und die Eifersucht nimmt ab.

Um Eifersucht und Geschwisterstreit klein zu halten, müssen Eltern weitgehend unparteiisch sein und dürfen keines der Kinder vorziehen. Die Kinder sollten auch ihre Gefühle dem Geschwister gegenüber weitgehend frei äußern können. Das Eingreifen der Eltern ist später nur nötig, wenn deutliche Verletzungsgefahr besteht. Sonst können die Kinder die Fähigkeit zur Konfliktlösung nicht entwickeln. Geschwisterkinder brauchen ein gewisses Maß an Rangeleien und Streitigkeiten ohne Einmischung der Eltern. Besonders Jungen sind auf körperliche Auseinandersetzungen für ihr Wohlbefinden angewiesen. Wenn es Eltern gelingt, keines der Kinder deutlich vorzuziehen, vergessen die Kinder Streitigkeiten ganz schnell.

Das Positive an ihrer Geschwisterbeziehung ist ihnen immer bewusst, besonders wenn der Altersabstand zwischen ihnen nicht zu groß ist. Sie geben sich gegenseitig Sicherheit und sind schon als Kleinkinder im Spiel und im Notfall füreinander da.

Trödeln und Verzögerungstaktiken: Da kleine Kinder noch kein Zeitempfinden haben, sondern nur im Augenblick leben, können sie mit Zeitdruck nicht umgehen. Es ist also keine Absicht und Provokation, wenn Kinder sich nicht sputen und stattdessen spielen wollen. Je mehr Druck die Eltern machen, desto mehr trödeln die Kinder und suchen sich Gründe, um das

Weggehen zu verzögern. Außerdem fällt es den Kindern zwischen drei und vier Jahren sehr schwer, sich auf den Situationswechsel einzulassen. Sie „kleben“ in der augenblicklichen Situation fest und können sich die neue Situation nicht recht vorstellen. Nur wenn das Neue spannend und gut bekannt ist, klappt es mit dem Beeilen.

Was können Eltern also tun, wenn die Kinder trödeln? Bei den kleinen Kindern ist es wichtig, jeden Zeitdruck zu vermeiden. Vor Verlassen des Hauses sollten alle notwendigen Dinge vorbereitet und zurechtgelegt werden, so dass zum Schluss nur noch das Kind anzuziehen ist. Wenn es sich nicht selbst anziehen will, sollte es von den Eltern zügig angezogen werden, um unnötigen Stress zu vermeiden.

Lügen und Petzen: Das Lügen und Petzen gehört bei den drei bis fünfjährigen Kindern noch zum ganz normalen Verhalten. Sie verstehen noch nicht, warum die Erwachsenen das nicht gut finden. Erst mit sechs oder sieben Jahren wissen sie, dass man nicht lügen und petzen soll. Diese Einsicht kommt aber nur, wenn die Kinder für das Lügen und Petzen nicht bestraft werden. Um diesen Zusammenhang zu verstehen, müssen Eltern wissen, wie es zum Lügen und Petzen bei den Drei- bis Fünfjährigen kommt:

Wenn das Kind mit drei bis vier Jahren ungefähr weiß, welche Regeln die Eltern gesetzt haben, versucht es, sich daran zu halten. Nun passiert es oft, dass es durch seine ichbezogene Denkweise etwas tut, was es nicht darf. Hinterher bemerkt es seinen Fehler und bekommt einen Schreck, weil es etwas falsch gemacht hat. Sein Selbstwertgefühl sinkt – und das hält ein Kind nicht gut aus. Deshalb überlegt es, wie es das schlechte Gefühl wieder loswird.

Da in diesem Alter die Kinder noch nicht durchgängig logisch denken können, sondern sich vieles durch Fantasie erklären, fällt dem Kind ganz schnell eine passende Geschichte ein, in der es selbst keine negative Rolle spielt. Im gleichen Moment glaubt es selbst an die Geschichte, also hält es sie für wahr. Ein kleines Kind kann zwischen Wahrheit und Lüge nicht immer unterscheiden.

Wenn es nach dem Missgeschick gefragt wird, erzählt es also die ausgedachte Geschichte so überzeugend, dass die Eltern sich wundern. Zu diesem Zeitpunkt hat es auch kein Schuldbewusstsein. Deshalb kann es nicht verstehen, wenn die Eltern schimpfen und sagen, es sei ein Lügner.

Passiert so etwas häufig oder werden die kleinen Kinder für die Lüge bestraft, lügen sie auch später noch sehr häufig. Erst mit sieben oder acht Jahren verstehen Kinder, warum man nicht lügen darf.

Wie müssen Eltern beim kleinen Kind reagieren, damit das Kind später nicht viel lügt? Am Anfang genügt die erstaunte Frage an das Kind, ob es denn wirklich so, wie berichtet, gewesen sei. Kritik und Bestrafung nach dem Muster „Lügen darf man nicht“ verhindert das Nachdenken beim

Kind. Es zieht sich dann nur auf seinen ichbezogenen Standpunkt zurück. Später ist es angebracht, dem Kind eine Brücke zu bauen, indem Vermutungen geäußert werden: „Ist dies vielleicht dir passiert? Das kannst du ruhig sagen." Manchmal kommen die Kinder später und sagen, wie es wirklich gewesen ist. Dann müssen sie für ihre Ehrlichkeit gelobt werden. Mit solchen Reaktionen der Eltern bleibt das Selbstwertgefühl des Kindes stabil und es gelingt ihm besser, Fantasie und Realität in solchen Fällen auseinanderzuhalten.

Dieses Verhalten zeigen wiederum eher die Jungen und die außenorientierten, temperamentvollen Mädchen. Die anderen verstehen die Regeln eher und brauchen diesen Umweg über die „Lüge" nicht.

Mit dem **Petzen** zeigen Kinder ihr Regelverständnis. Die Erwachsenen werden als zuständige Stelle für die Regelüberwachung gesehen, denn sie haben ja die Regel eingeführt. Die Erwartung des Kindes, dass der Regelverstoß geahndet werden muss, ist dann folgerichtig. Es erwartet Lob. Wird das Kind nun kritisiert, weil „man nicht petzen darf", ist es völlig irritiert.

Eltern sollten also nicht schimpfen, sondern das Kind kurz für seine Aufmerksamkeit loben und sagen, dass sie sich später darum kümmern. Damit sind die Kinder meistens zufrieden.

Die hier beschriebenen kindlichen Verhaltensweisen können als Beispiele dafür genommen werden, wie für diese Elterngruppe Erklärungen möglich sind. Auf der Grundlage des in Kapitel 2.2 dargestellten theoretischen Hintergrunds und den Erläuterungen im Praxisteil können weitere (von den Eltern genannte) störende kindliche Verhaltensweisen behandelt werden.

Für die Fälle, in denen das Verhalten eines Kindes stark auffällig ist, sind die Ursachen dafür zu erfragen und gleichzeitig das Elternverhalten zu relativieren, um Schuldgefühle zu vermeiden – sonst können die Eltern nicht lernen. Die Fachliteratur zu den häufigsten Verhaltensauffälligkeiten gibt zusätzliche Anhaltspunkte zum Umgang mit diesen Kindern.

Abschluss einer Veranstaltung mit bildungsungewohnten Eltern

Zum Abschluss sollten die Eltern nach ihrer Meinung zu dem abgelaufenen Seminar gefragt werden. Ihre Meinungen sollten sie auf völlig freiwilliger Basis äußern. „Jetzt muss jeder etwas sagen" ist nicht die richtige Form in diesem Fall. Gefragt werden sollte eher: „Möchte jemand etwas sagen?" Die Seminarleitung sollte sich für die Teilnahme, für die Mitarbeit und die Offenheit der Eltern bedanken und sie dafür loben, dass sie sich auf diese für sie nicht sehr angenehme Situation eingelassen haben. Auch eine Betonung der Ressourcen, die jeder hat, ist hilfreich, damit die Eltern mit Zuversicht in den Familienalltag zurückkehren. Der Hinweis auf die Fortführung der Veranstaltung, mit Angabe von Zeit und Ort, sowie Einzelheiten der Organisation dazu, sollte die Motivation der Eltern zur weiteren Teilnahme erhöhen.

Bei einem solchen Tagesseminar sind ein paar Abschlussspiele mit Eltern, Kindern und Betreuern sinnvoll. Diese beenden den Tag in einer angenehmen Form und bringen Eltern und Kinder in einer neuen Situation zusammen, die neue Erfahrungen miteinander initiieren.

Tagesseminare mit Hochrisikofamilien beinhalten auch die Chance, Bildungsmodule für die anwesenden Väter zur besonderen Problematik der Vaterrolle in diesen Familien zu entwickeln und durchzuführen. Anregungen dazu finden sich bei Dammasch/Metzger (2006) und Nakhla et al. (2010).

Wenn bei einer Veranstaltung mit Hochrisikofamilien auch das Thema „Männergewalt gegen Frauen“ ins Auge gefasst wird, kann ein solches Bildungsmodul anhand der Veröffentlichung von Lempert/Oelemann (1995) erstellt werden. Ebenso lässt sich das mögliche Thema „sexueller Missbrauch“ mit der inzwischen umfassenden Literatur dazu didaktisch aufbereiten.

4 Bildungsmodul für ErzieherInnen: Die kindliche Entwicklung in Theorie und Praxis

Durch die verstärkten Bemühungen zur Förderung frühkindlicher Bildung rückt die Zusammenarbeit zwischen Eltern und ErzieherInnen immer mehr in den Mittelpunkt. Diese neu definierte „Erziehungspartnerschaft“ (Mienert/Vorholz 2007) erfordert den intensiven Austausch zwischen Eltern und Erziehern, so dass die Vermittlung eines gemeinsamen Grundwissens über die sozial-kognitiven Entwicklungsmerkmale der Kinder anzustreben ist. In diesem Kapitel werden deshalb die theoretischen und praktischen Ausführungen des vorgestellten Konzeptes (insbesondere aus Kapitel 2.2) auf den Ausbildungs- und Arbeitsbereich von ErzieherInnen bezogen.

4.1 Aus- und Weiterbildung für ErzieherInnen

Die Theorien zur sozial-kognitiven Entwicklung der Kinder (Piaget, Damon, Selman, Kegan und Kohlberg) werden in der Ausbildung von ErzieherInnen kaum berücksichtigt. Das soziale Lernen ist jedoch nach wie vor Bildungsschwerpunkt in der Vorschulzeit, weil sich in dieser Zeit das sogenannte „Entwicklungsfenster für soziales Lernen“ befindet. Die theoretischen und praktischen Beschreibungen aus Kapitel 2.2 könnten somit den allgemeinen entwicklungspsychologischen Unterrichtsstoff der Ausbildungsstätten und der Studiengänge zur Elementarpädagogik ergänzen. Soweit die Entwicklungstheorie von Piaget dazugehört, ließen sich die Ausbildungsinhalte durch die Darstellung der Theorie zum Selbsterkennen und sozialen Denken erweitern und die beschriebenen kindlichen Verhaltensweisen als praxisbezogene Beispiele einfügen. Die Handouts zum sozialen Verstehen, zum Regelverstehen und zur kindlichen Wut und Aggression wären als Unterrichtsmaterial einsetzbar. Darüber hinaus sind die im nächsten Abschnitt behandelten, für den Kindergartenalltag beispielhaft modifizierten Erläuterungen zu den von Eltern beklagten kindlichen Verhaltensweisen ebenfalls als Beispiele geeignet.

Kenntnisse über die Zusammenhänge zwischen erlebter Erziehung in der Herkunftsfamilie und dem eigenen Erziehungsverhalten können sowohl die Kompetenzen von ErzieherInnen (für Elterngespräche) als auch ihr eigenes Selbstverständnis erweitern, wenn sie bereits während der Ausbildung damit vertraut gemacht wurden. Kapitel 2.4 bietet dafür Hintergrundwissen.

In Weiterbildungsveranstaltungen für ErzieherInnen lassen sich mit den in Kapitel 2.2 geschilderten Methoden auch die dazugehörenden Inhalte vermitteln. Hier kann ebenso danach gefragt werden, welches Verhalten der Kinder stört, um die Merkmale der sozial-kognitiven Entwicklung darzustellen und auf den Kita-Alltag zu beziehen. Außerdem ist die Kenntnis des sozial-kognitiven Entwicklungsverlaufs wichtig für die Differenzierung zwischen normalem kindlichem Verhalten und Verhaltensauffälligkeiten. Für Weiterbildungsveranstaltungen zum Thema „verhaltensauffällige Kinder" kann dafür ebenfalls auf die Ausführungen in Kapitel 2.2 zurückgegriffen werden.

4.2 Transfer des Bildungsmoduls in den Kindergarten- und Tagesstättenalltag

Kinder erwerben in den ersten sechs Jahren sozial-emotionale Kompetenzen in der ganz normalen Interaktion mit Erwachsenen und mit anderen Kindern. Die Bedeutung der Gleichaltrigen kommt allerdings erst nach dem dritten Lebensjahr, nach Überwindung der egozentrischen Phase zum Tragen. Dieser genetische Erkenntnisprozess (Piaget 1973) kann sich bei hinreichend gutem Elternverhalten ohne besondere Förderprogramme entwickeln. Dieses Wissen kann, zusammen mit den Informationen aus Kapitel 2.2, ErzieherInnen helfen, die soziale und emotionale Entwicklung der Kinder zu unterstützen und zu fördern.

Darüber hinaus erklärt dieses Kapitel das Alltagshandeln der Kinder, so dass ErzieherInnen und Erzieher dadurch das normale Sozialverhalten von Verhaltensauffälligkeiten besser unterscheiden können. Der Umgang mit den Kindern wird somit angemessener und einfacher. Das den Entwicklungsbedürfnissen des Kindes angepasste Erzieherverhalten fördert nachhaltig den sozial-emotionalen Entwicklungsprozess. Außerdem stärkt die so zum Ausdruck gebrachte Wertschätzung des Kindes seine Persönlichkeit und schafft Wohlbefinden, das als Wohlverhalten gegenüber anderen zum Ausdruck kommt.

Die in Kapitel 2.2 beschriebenen Verhaltensweisen der Kinder zeigen sich in der Kindergartenpraxis zum Teil anders. Die Ursachen dafür wurden dort beschrieben. Inwieweit sie sich anders darstellen und welches Verhalten der Erziehenden angemessen ist, steht im Mittelpunkt der folgenden Ausführungen. Die Erziehungspartnerschaft mit den Eltern ist dabei berücksichtigt. Am Ende eines jeden Abschnittes wird beschrieben, in welcher Form mit den Eltern – im Falle von bestimmten problematisch erscheinenden kindlichen Verhaltensweisen – gesprochen werden kann.

4.2.1 Kinderkrippen

Für Krippenerzieherinnen ist es hilfreich, die Ursachen für das Klammerverhalten, das Nicht-teilen-Wollen und das egoistische Verhalten der ein- bis zweijährigen Kinder zu kennen, um sie in dieser hochsensiblen Entwicklungsphase emotional und sozial fördern zu können.

Klammerverhalten, Weinen und Schreien der Krippenkinder sind die hervorstechenden Merkmale während der Eingewöhnungsphase – und bei einigen Kindern auch über diese Zeit hinaus. Diese Äußerung des Bedürfnisses nach der Mutter, von der die erkenntnismäßige Ablösung mit mehr oder weniger starken Trennungs- und Verlassenheitsängsten verbunden ist, muss von ErzieherInnen und Erziehern aufgefangen werden. Das gelingt am besten durch eine normale emotionale Reaktion der Erzieherin: dem Versuch, das Kind zu trösten, zu beruhigen und abzulenken. Wenn ErzieherInnen die Hintergründe für das Verhalten des Kindes verstehen, ist ihr Trost für das Kind hilfreicher. Allein die Gefühlsansteckung wirkt. Es ist also wichtig, mit welchen Gefühlen sich die Erzieherin dem Kind in dieser vorsprachlichen Phase zuwendet. Erklärungen, Begründungen, Vertröstungen auf einen späteren Zeitpunkt helfen nicht – es sei denn, sie werden mit einem beruhigenden Gefühl von einer Erzieherin transportiert, zu der das Kind Vertrauen hat. Schon das geringste Anzeichen von Ungeduld wird die Angst und Unsicherheit des Kindes erhöhen.

Den abgebenden Müttern sollte in diesen Fällen vermittelt werden, dass es ihren Kindern hilft, wenn sie ihre eigenen Gefühle von Trennungsangst unter Kontrolle halten, wenn sie ein bisschen fröhliche Stimmung verbreiten und in beruhigendem Ton zum Abschied sagen, dass sie wiederkommen, um das Kind abzuholen. Denn genau das weiß und glaubt das ein- bis zweijährige Kind nicht, weil es noch nicht in Zeitdimensionen denken kann. Es hilft ihm aber mit der Zeit, diesen einfachen Satz zu verstehen, wenn es ihn immer wieder hört und die Mutter immer wieder auftaucht. Erklärungen werden vom Kind nicht verstanden, stören aber das Verstehen dieses einen wichtigen Satzes.

Kinder unter zwei Jahren passen sich in fremden Situationen schnell an, wenn sie feststellen, dass ihr Weinen nach der Mutter ihnen nicht hilft. Das ist ein früher Überlebensmechanismus. Dann orientieren sie sich an der Erzieherin, die sich dem Kind zuwendet. Das kann in der Folge dazu führen, dass sich das Kind bei Unwohlsein an dieser Erzieherin festklammert. Das Kind benötigt dann die Erzieherin als Sicherheitsbasis. Kann diese dem Kind die Sicherheit geben und auf das Klammern eingehen, wird sich das Kind nach einigen Monaten von ihr lösen und sich auf das Spiel konzentrieren können.

Wenn das Kind in der Krippe ganztags betreut wird, kann sich bei dem unter zweijährigen Kind die primäre Bindung an die Erzieherin entwickeln, auf deren Anwesenheit es dann für sein Wohlgefühl angewiesen ist. Wenn das nicht möglich ist, kommt es im weiteren Verlauf unter Umständen zu verstärktem negativem Verhalten (Hardin 2008, Scherer 2009). Steht die Erzieherin dem Kind bei Bedarf immer zu Verfügung, ergibt sich möglicherweise, durch die neu entstandene Bindung an die Erzieherin, die Situation, dass das Kind beim Abholen nicht mehr zur Mutter will oder sich der Mutter gegenüber aggressiv verhält.

In solchen Fällen sollte der Mutter die Problematik des Kindes erklärt werden, damit sie angemessen mit seinem negativen Verhalten umgehen kann. Eine angemessene Reaktion ist, das Kind zu beruhigen und nicht negativ auf dessen Aggressionen zu reagieren. Die unter zweijährigen Kinder können nämlich den Situations- und Bezugspersonenwechsel noch nicht einordnen und reagieren nur mit ihren aktuellen Gefühlen. Wenn sich derartige Probleme über mehrere Wochen hinziehen, sollte über eine Verkürzung der Betreuungszeit nachgedacht werden. So lässt sich die wichtige sichere Bindung an die Mutter bzw. an die Eltern aufrechterhalten.

Das Nicht-teilen-Wollen und das egoistische Verhalten der ein bis zweijährigen Kinder gehören zum Krippenalltag. Im theoretischen Teil von Kapitel 2.2 wurde beschrieben, dass Kinder in dem Alter (wegen ihrer sozial-kognitiven Merkmale) nicht anders handeln können. Sie glauben fest daran, dass alles ihnen gehört – was sie zur Stabilisierung ihres Selbstgefühls auch benötigen. Untersuchungen zum sozialen Wissen von Kleinkindern bestätigen die überwiegend konflikthaften Interaktionen bei Krippenkindern (Viernickel 2004).

Besitzkonflikte zwischen den Kindern müssen also von den ErzieherInnen aufgefangen werden. Sie müssen jedem Kind zu seinem Recht verhelfen sowie die Tränen und die Wut des anderen besänftigen, damit die Kinder weiterspielen können. Aus ihrer ichbezogenen Weltsicht heraus können Kinder Besitzkonflikte kaum allein lösen.

Soziales Lernen findet in solchen Situationen nicht statt, weil die Kinder unter hohen Stress geraten, der die soziale Lernbereitschaft einschränkt. Lediglich die hochsensiblen und angstbereiten Kinder ziehen sich in diesen Fällen zurück, um den für sie hochbelastenden Stress zu vermeiden. Gerade bei diesen Kindern sollten Erziehende dafür sorgen, dass sie zu ihrem Recht kommen. Die Durchsetzungsfähigkeit und das Selbstwirksamkeitsgefühl solcher Kinder sind aufgrund ihres ängstlichen Temperaments eingeschränkt. Sie benötigen lange den Schutz und die Hilfe Erwachsener, um später auch diese Fähigkeiten entwickeln zu können.

Wenn eine besondere Beziehung zu einer Erzieherin besteht, lassen Kinder sich in der Krippensituation durchaus schon darauf ein, ein Spielzeug abzugeben. Das persönliche Lieblingsspielzeug muss dem Kind aber immer zugestanden werden. Das Kind benötigt dies als „Übergangsobjekt“ (Winnicott 1983, 300), um die Trennung von der Mutter bewältigen zu können. Durch die stark wirksame Gefühlsansteckung bei Kleinstkindern kommt es in kritischen Situationen auch vor, dass sie sich gegenseitig mit diesen Übergangsobjekten trösten. Die Gefühlsansteckung bewirkt derartige Aktivitäten, um das vom anderen spürbare unangenehme Gefühl abzustellen (Bischof-Köhler 1989, Butzmann 2000).

Das altersbedingte egoistische Denken und Empfinden der Krippenkinder führt in der vorsprachlichen Phase notwendigerweise auch ohne Besitzkonflikt immer wieder zu negativem Verhalten: zum Schlagen und Beißen, zum Treten und Schubsen. Auch hier muss die konfliktreiche Situation von den Erwachsenen aufgelöst werden, ohne mit dem „Aggressor“ zu schimpfen. Ein Unrechtsbewusstsein ist in diesem Alter noch nicht vorhanden (siehe Entwicklung des Regelverstehens), deshalb wirken Strafen und Schimpfen nicht. Es genügt, dem Kind zu sagen, dass sein Verhalten dem anderen wehgetan hat und es dies in Zukunft unterlassen soll. Das „Opfer“ erwartet ebenso die Hilfe der Erwachsenen.

Konfliktreiche Situationen können Krippenkinder in der Regel nicht allein auflösen. Besonders in der Zeit vor dem Selbsterkennen sind sie solchen Situationen hilflos ausgeliefert.

Die außenorientierten temperamentvollen Kinder, vorwiegend die Jungen, neigen in dem Alter schnell zu negativem Verhalten, wenn ihnen etwas missfällt. Beim Eingreifen der Erzieherin sollte im Sinne des sozialen Lernprozesses bei diesen Kindern kurz innegehalten werden, um die Reaktion des aggressiven Kindes auf die Folgen seines Handelns beim anderen entstehen zu lassen. Die eigenständige Wahrnehmung dieser Folgen bewirkt in ersten Ansätzen das Verstehen des anderen, wenn von den Erwachsenen moderat auf den Konflikt reagiert wird. Eine Ansage an das Kind, mit dem Hinweis, dass es dem anderen weh getan hat, genügt. Die meisten Jungen und die außenorientierten, temperamentvollen Mädchen lernen soziales Denken und Verstehen später als die sensiblen, introvertierten Kinder. Temperamentvollen Kindern muss das Empfinden des anderen häufiger erklärt und verständlich gemacht werden. Deshalb ist es wichtig, nicht übermäßig negativ auf das aggressive Verhalten zu reagieren. Ein Hinweis auf diesen Zusammenhang in einem Elterngespräch bewirkt, dass auch die Eltern, durch angemessenes Verhalten zu Hause, den sozialen Lernprozess des Kindes fördern.

Sind es immer die gleichen Kinder, die durch negatives Verhalten auffallen, sollte auch über mögliche andere Gründe (als die temperamentbedingten) nachgedacht werden. Bei ganztagsbetreuten Kindern kommt es häufig zu Überforderungsempfindungen, die negatives Verhalten nach sich ziehen. Ebenso ist die familiäre Situation ein häufiger Auslöser für schwieriges Verhalten von Kindern. Ein Gespräch mit den Eltern ist dann angebracht, um zu prüfen, wie dem Kind geholfen werden kann. Solche Gespräche müssen aber gut vorbereitet werden, damit ein Ergebnis zustande kommt, das die Entwicklung des Kindes fördert (Butzmann 2008).

Das ichbezogene Denken der Kinder hat noch weitere Folgen für die Interaktion in der Krippengruppe: Wenn die Kinder nicht ständig von den ErzieherInnen mit gemeinsamen Aktionen beschäftigt werden, verfolgen alle mit viel Spontanität ihre eigenen Ziele. Besonders die Kleinstkinder bewegen sich vor dem Zeitpunkt des Selbsterkennens ungerichtet im Raum. Einerseits werden sie von äußeren Reizen angezogen, andererseits interessieren sie sich (aufgrund des starken Erkundungsantriebs) für alles Greifbare. In der Krippengruppe ist deshalb meistens viel Bewegung. Nur die etwas ruhigeren Kinder halten sich abseits. Wenn diese sich aber in ein Spiel vertiefen, kommt es unweigerlich zu ständigen Unterbrechungen. Die anderen Kinder laufen und stoßen den Spielenden an; zudem lenken alle Aufmerksamkeitsrufe, Schreck- und Angstäußerungen, jedes Weinen sensible Kinder ab (durch die starke Gefühlsansteckung). Da das ruhige, konzentrierte Spiel in den ersten Jahren wesentlich für die Entwicklung des Kindes ist, müssen Erziehende diesen Kindern bei der Konzentration auf das Spiel helfen. Das geht durch das Dazusetzen, durch die gemeinsame Aufmerksamkeit für das Spiel und über das Fernhalten von Störern. Diese Hilfe wird jedoch umso schwieriger, je größer die Kindergruppe ist und je weniger Erwachsene sich für das einzelne Kind verantwortlich fühlen. Das Wissen um die Bedeutung des ruhigen Spielens für die Entwicklung eines ruhigen Kindes ermöglicht Erziehenden, ebenso wie das Wissen über die Bewegungsbedürfnisse der anderen, die Übernahme der Verantwortung für solche vermeintlich „banalen" Situationen.

Über diese Themen hinaus können die Entwicklungsverläufe des Denkens, der Selbstständigkeit, des Spielens, der (entwicklungsbedingten) Ängste und der Sauberkeit, wie in Kapitel 3.1 beschrieben, für Krippenerzieherinnen in der Ausbildung und in der Praxis nützlich sein.

4.2.2 Kindergärten und Kindertagesstätten

In der Altersgruppe der Drei- bis Sechsjährigen machen die Kinder den Erziehenden die gleichen Probleme wie den Eltern, jedoch in anderen Situationen und aus zusätzlichen Gründen. Im Folgenden werden die von ErzieherInnen am häufigsten beklagten Verhaltensweisen der Kinder unter diesem Aspekt konkret auf den Kindergartenalltag bezogen.

Zu den von ErzieherInnen als störend empfundenen Verhaltensweisen gehören:

- die Wutanfälle und Ausraster der Kinder
- das „Dichtmachen“ und Nichtzuhören
- das schüchterne Verhalten
- das Nichteinhalten der Regeln
- das Lügen und Petzen
- das Trödeln und Eskapaden bei Situationsveränderungen
- das Bestimmerverhalten und das Mackerverhalten
- das extreme Geltungsbedürfnis
- das Nicht-verlieren-Können
- das besondere Verhalten nach häufigem Fernsehkonsum

Wutanfälle und Ausraster der Kinder

Wie in Kapitel 2.2 bereits erläutert, versuchen die Kinder im Kindergarten länger, ihre Impulse unter Kontrolle zu halten als zu Hause. Wenn es dann zu Wutanfällen und Ausrastern kommt, liegt dies hier in erster Linie an der Schwierigkeit der Drei- bis Fünfjährigen, sich auf mehr als einen Gegenüber einzustellen. Die vorwiegend ichbezogene Denkweise mit drei Jahren ermöglicht es dem Kind nur eine begrenzte Zeit, sich auf die Spielvorgaben eines dominanten Spielpartners zu konzentrieren. Die vier- bis sechsjährigen Kinder, die sich erst in Ansätzen in die Rolle des anderen hineinversetzen können, sind bei mehr als einem Spielkameraden auch schnell überfordert. So schwindet die Geduld im Spiel und ein kleiner Anlass führt zu Wutanfällen. Von den ErzieherInnen sollten solche Ausraster nicht überbewertet werden. Die Kinder benötigen dann die Regelung der Situation durch den Erwachsenen oder eine kleine Auszeit, um sich zu beruhigen. Mit Kritik an ihrem Verhalten können besonders die Drei- und Vierjährigen kaum umgehen. Da ihr Regelverständnis noch rudimentär ist, sind sie sich keiner Schuld bewusst und fühlen sich ungerecht behandelt. Deswegen verweigern die meisten Kinder die geforderte Entschuldigung, wenn bei dem Ausraster etwas oder jemand zu Schaden gekommen ist. Das Erzwingen einer solchen Entschuldigung fördert nicht den sozialen Lernprozess, sondern den nächsten Wutanfall. Solange die Kinder den Sinn einer Entschuldigung nicht verstehen, verweigern sie sich. Es genügt, die Situation zu regeln, an das Kind eine Ansage zu seinem Verhalten zu richten, das andere Kind zu trösten und die Sache dann als erledigt zu betrachten.

Wenn das Selbstwertgefühl des Kindes bei dem Vorfall einigermaßen stabil geblieben ist, denkt es darüber nach und lernt, soziale Zusammenhänge zu verstehen.

Sind Wutanfälle und Ausraster bei bestimmten Kindern an der Tagesordnung, sollte, zusammen mit den Eltern, nach möglichen Gründen für dieses

Verhalten gesucht werden. In einem gut vorbereiteten Gespräch ließen sich mithilfe des Papiers zur kindlichen Wut und Aggression die Zusammenhänge zwischen Elternverhalten und Wutanfällen der Kinder thematisieren.

Das „Dichtmachen“ und Nichtzuhören

Die sozial-kognitive Denkstruktur der Kindergartenkinder führt zum „Dichtmachen“ und Nichtzuhören, sobald sie eine Sache nicht mehr einordnen können. Besonders unter Stress fällt ein Kind auf seine Ichbezogenheit zurück und ist für jede Anforderung von außen unzugänglich.

Im Normalfall reicht es aus, das Kind eine Weile in Ruhe zu lassen und es dann wieder anzusprechen. Wenn sich solches Verhalten allerdings durchgängig zeigt, ist davon auszugehen, dass sich das Kind entweder im Kindergarten nicht wohlfühlt oder mit häuslichen Problemen belastet ist. Hat das Kind keine Beziehung zu einer Erzieherin herstellen können, wird es eher dazu neigen, dichtzumachen. Leidet es unter Trennungsängsten oder besonderen familiären Problemen, wird es kaum in der Lage sein, sich auf die Anforderungen anderer einzulassen. Die gezielte Herstellung einer Beziehung zu diesem Kind durch eine akzeptierte Erzieherin kann Abhilfe schaffen. Darüber hinaus sollte dann das Gespräch mit den Eltern gesucht werden, um herauszufinden, welche Hilfen für das Kind vonseiten des Kindergartens und des Elternhauses möglich sind. Es ist sinnvoll, dabei die besonderen Einschränkungen des Kindes im sozialen Verstehen deutlich zu machen.

Schüchternes Verhalten

Im Kindergarten und in Kindertagesstätten fallen schüchterne Kinder durch ihren schnellen Rückzug auf, wenn von ihnen etwas gefordert wird oder wenn Konflikte auftreten. Es sind meistens Mädchen oder sensible Jungen. Sie verweigern häufig die Teilnahme am Morgenkreis, wollen nicht mit den anderen zusammen essen und vermeiden viele Aktionen. Sie haben mehr mit Trennungsängsten zu kämpfen als andere und brauchen die besondere Beziehung zu einer Erzieherin oder zu einem anderen Kind, um den Tag zu überstehen. Wenn ihnen eine solche Beziehung zugestanden wird, fühlen sie sich in der Regel wohl. Sie spielen ausschließlich mit dem bevorzugten Kind oder „kleben“ an der Erzieherin und beteiligen sich so weitgehend an gemeinsamen Aktionen. Sie brauchen diese Stütze, um sich in der für sie fremden Situation zurechtzufinden.

Wie im Praxisteil des Kapitels 2.2 beschrieben, gelingt diesen Kindern die Selbstständigkeit und Unabhängigkeit von anderen erst viel später als den Außenorientierten. Es sollte nicht versucht werden, den Kindern das schüchterne und ängstliche Verhalten bereits im Kindergarten abzutrainieren. Es ist wesentlich, dass der gesuchte Schutz dem Kind gewährt wird, damit es in der Schule auf solche Stützen verzichten kann.

Wenn sich diese Kinder im Kindergarten wohlfühlen, fallen sie durch ihre Sozialkompetenzen auf. Dazu gehören ihr früheres Regelverstehen und die Angewohnheit, die anderen Kinder auf Regelverletzungen hinzuweisen und bei den ErzieherInnen zu verpetzen. Diese sollten das Petzen ignorieren und das Kind für seine Aufmerksamkeit und sein Wissen loben; gleichzeitig sollten sie darauf hinweisen, dass man sich darum kümmern wird. Dem Kind könnte auch erklärt werden, dass die kleineren Kinder die Regeln eben noch nicht richtig verstehen.

Das schnelle Beleidigtsein bei Konflikten ist auch eine Eigenart dieser Kinder. Sie reagieren empfindlich auf Kritik, ziehen sich zurück und schmollen. In ihrer Ichbezogenheit kommen sie aus diesem Zustand schlecht allein heraus und brauchen deshalb die Zuwendung der Erzieherin. Das fördert die Selbstentwicklung und den sozialen Lernprozess, da sie sich in ihrer negativen Stimmung angenommen fühlen. Sie denken dann intensiv über soziale Zusammenhänge nach. Für ihre Selbstständigkeitsentwicklung ist es wichtig, diese besonderen Fähigkeiten anzuerkennen und nicht nur die negativen Aspekte im Blick zu haben.

In Entwicklungsgesprächen mit den Eltern ist es hilfreich, diese über die Ursachen des kindlichen Verhaltens zu informieren, damit sie in ihrem Erziehungshandeln die besonderen Bedürfnisse des Kindes beachten können.

Das Nichteinhalten der Regeln

Wie bereits erörtert, gelingt es den Kindern im Kindergarten eher als zu Hause, sich an die Regeln zu halten. Je sicherer sie sich fühlen, desto eher kommen jedoch Regelverletzungen vor. Solange ihre Einsichtsfähigkeit noch nicht entwickelt ist, müssen die Kinder immer wieder deutlich auf die Regeln verwiesen werden. Wenn ErzieherInnen die Entwicklung des kindlichen Regelverstehens kennen und deren Regelverletzungen nicht als Provokation verstehen, können sie die Regeleinhaltung sicherer und gelassener einfordern. Dabei sind die unterschiedlichen Fähigkeiten von Jungen und Mädchen zu beachten.

Die meisten Jungen und die temperamentvollen Mädchen benötigen häufiger und über einen längeren Zeitraum die Erinnerung an die Regeln als die meisten Mädchen und die sensiblen Jungen. Von diesen werden sie auch häufig auf die Regelverletzung hingewiesen, was durchaus sinnvoll ist, da es den Regellernprozess bei den anderen fördert.

Das Lügen und Petzen

Gerade in der Kindergartengruppe kommt es häufig zum Lügen und Petzen. Die Kinder handeln nämlich, durch ihre Ichbezogenheit, durch ihr noch nicht voll ausgebildetes Regelverständnis und die hohen Anforderungen an das soziale Lernen in der Gruppe weitgehend unreflektiert. Das Lügen geschieht noch ohne Bewusstsein des Regelverstoßes (siehe Entwicklung des

Regelverstehens). Das Petzen erfolgt aufgrund der Feststellung eines Regelverstoßes durch andere, ohne die eigene Regelverletzung in anderen Fällen mit zu berücksichtigen. Die soziale Denkstruktur, die nur die eine oder die andere Sichtweise ermöglicht, lässt noch kein anderes Verhalten zu.

Ein moderater Umgang der ErzieherInnen mit solchen Verstößen der Kinder fördert das soziale Verständnis. Das bedeutet, das Lügen sollte nicht als Regelverstoß dargestellt, sondern mit dem Kind nachgeforscht werden, wie die „Geschichte“ zustanden gekommen ist. Das fördert das Verständnis des eigenen Handelns und führt in der Folge zur Vermeidung des Erzählens von Fantasiegeschichten.

Das Trödeln und die Eskapaden bei Situationsveränderungen

Die Ursachen für dieses Verhalten sind in Kapitel 2.2 beschrieben. Im Kindergarten eskalieren die Situationen in erster Linie beim Abholen der Kinder durch die Eltern. Es fällt vielen Kindern schwer, die Situation im Kindergarten zu verlassen und sich auf das Abholen einzustellen. Die Kinder, die mit Freude auf die Eltern zustürzen, sind in der Regel auf das Abgeholtwerden fixiert und haben deswegen keine Probleme mit dem Situationswechsel.

Wenn es zum Trödeln und den Eskapaden beim Abholen kommt, müssen Eltern und ErzieherInnen zusammenarbeiten, um dem Kind (und den Eltern) aus dieser stressreichen Situation herauszuhelfen. Meistens ist die abholende Mutter davon betroffen. Hilfreich ist die Form, in der die Mutter sich nur kurz dem Kind zeigt und sagt, dass es zu Ende spielen soll und dass sie draußen warten wird. Die Erzieherin sollte dann das Kind immer wieder darauf hinweisen, dass die Mutter wartet, und es dazu anhalten, sich nun anzuziehen oder seine Jacke zu nehmen und hinauszugehen. Die Mutter sollte das Kind dann an die Hand nehmen und losgehen, ohne mit der Erzieherin noch zu reden und ohne Kommentar zum Kind. Das gewaltsame Herausziehen aus dem Gebäude oder das ständige Einreden auf das Kind verlängert nur die Phase des problematischen Verhaltens.

Erklärbar ist dieses kindliche Verhalten mit der Unfähigkeit des Kindes, den Situationswechsel zu meistern und mit der großen Anstrengung, die ein Kindergartentag vom sozial intensiv lernenden Kind fordert.

Wenn es im Kindergarten jedoch feste Abholzeiten gibt, wenn also die Mehrheit der Kinder zu einem bestimmten Zeitpunkt abgeholt wird, kommt es selten zu solchen Vorfällen. Da die Kinder von den ErzieherInnen auf die Abholung vorbereitet werden (Spiele und Tätigkeiten sind beendet, es wird nur noch gewartet), sind sie auf die neue Situation eingestellt.

Im Verlauf eines Tages trödeln Kinder überhaupt immer wieder bei Situationsveränderungen. Dabei fällt auf, dass einigen diese Veränderungen gut gelingen und andern nicht. Das hat einerseits mit dem Temperament und der Persönlichkeitsstruktur des einzelnen Kindes zu tun, andererseits mit der sonstigen Beanspruchung durch den Tagesablauf in der Familie. Wenn Kinder dort mehr als zuträglich mit Zeitdruck und Situationsveränderungen belastet sind, verharren sie im Kindergarten schneller und verweigern die Veränderung. Gerade diese Kinder benötigen dann die Hilfe der ErzieherInnen. Sie könnten das Kind ohne Druck nehmen und bei den notwendigen Tätigkeiten begleiten. Im nächsten Elterngespräch sollte dann über die Probleme des Kindes gesprochen und die entwicklungsbedingten Unfähigkeiten thematisiert werden.

Das Bestimmer- und Mackerverhalten

Gerade in der Gruppe der Gleichaltrigen tritt dieses entwicklungsbedingte Verhalten dauernd hervor, da es auch die Jüngeren von den Älteren übernehmen. In erster Linie zeigt es sich bei den vier bis sechsjährigen Jungen, da, wie bereits beschrieben, die identitätsbildende Funktion als Auslöser zu betrachten ist (siehe Kapitel 2.2). Im Spiel der Kinder regelt sich dieses Problem durch das Akzeptieren der Rolle des Chefs beim Älteren durch die Jüngeren. Gleichaltrige haben damit kein Problem, wenn sie die Rolle des Chefs beim nächsten Mal übernehmen dürfen. Nur wenn dominante Kinder die Anführerschaft ständig beanspruchen, müssen ErzieherInnen regulierend eingreifen. Ansonsten gehören diese Spiele zu den notwendigen und wichtigen Auseinandersetzungen der Kinder mit ihrer eigenen Identität.

Wenn die Jungen sich dabei ständig mit selbst gemachten Waffen beschäftigen und damit ihre Stärke markieren, sollten ErzieherInnen darüber hinwegsehen, wenn andere darunter nicht leiden. Ein Verbot solcher Spiele bewirkt nichts, weil die Kinder dies nicht verstehen. Die eine oder andere Aussage zu dem Kampf mit Waffen ist jedoch angebracht, damit sie lernen, welche Bedeutung er in der Realität haben kann. Ebenso ist möglichst zu verhindern, dass Spielzeugwaffen von zu Hause mitgebracht werden.

Ansonsten müssen Erziehende damit leben, dass Kinder zwischen drei und sechs Jahren ständig „Erster“ sein wollen; sie müssen akzeptieren, dass vier- und fünfjährigen Mädchen über andere bestimmen und vier- bis sechsjährigen Jungen immer „Chef“ sein wollen. Wenn es dadurch häufig Konflikte zwischen den Kindern gibt, ist das regulative Eingreifen der ErzieherInnen notwendig. Die Rücksichtnahme auf andere Kinder, die auch mal „Erster“ oder „Erste“ sein wollen, kann von den Kindern nicht immer erwartet werden. Für diese Abwechslung müssen dann die ErzieherInnen sorgen. Wenn es ihnen gelingt, die dominanten Kinder dabei nicht zu kritisieren, regelt sich dieses Verhalten bald von selbst.

Das extreme Geltungsbedürfnis

Zu den in Kapitel 2.2 beschriebenen identitätsbildenden Maßnahmen der fünf- bis sechsjährigen Kinder gehört auch deren starkes Geltungsbedürfnis. Zu diesem Zeitpunkt brauchen sie nämlich die besondere Wahrnehmung und Anerkennung ihrer Person und ihrer Leistung durch die Erwachsenen. Darüber hinaus müssen sie sich, durch den entwicklungsbedingt notwendigen und ständigen Vergleich mit den Gleichaltrigen stark in den Mittelpunkt stellen. Dieser Vergleich bewirkt die Konzentration auf sich selbst. Das kann bei einigen Kindern dazu führen, ein extremes Geltungsbedürfnis nach außen zu tragen.

Wenn dieses Bedürfnis jedoch Formen annimmt, die andere massiv stören, kann davon ausgegangen werden, dass mangelnde Beachtung und Zuwendung oder übertriebene Beachtung in der Familie Ursache für das Verhalten des betreffenden Kindes ist. Es ist in solchen Fällen zu befürchten, dass hier entwicklungshemmendes Elternverhalten vorliegt. Dann wäre ein Elterngespräch zu diesem Thema angebracht. Hier sollten die Entwicklungsbedürfnisse der Kinder allgemein und die besonderen bei dem betroffenen Kind geschildert werden. Bei Berücksichtigung der unter 2.2 dargestellten theoretischen Hintergründe kann ein solches Gespräch so verlaufen, dass die Eltern nicht kritisiert werden müssen.

Das Nicht-verlieren-Können der Kinder

Solange Kinder die Regeln nicht richtig verstehen, gelingt ihnen ein Regelspiel auch nicht vollständig, so dass sie häufiger verlieren. Da sie sich mit ca. fünf Jahren zum ersten Mal bewusst mit ihren Fähigkeiten befassen und dieses Bewusstsein Auswirkungen auf ihr Selbstwertgefühl hat, können sie es kaum ertragen, als Verlierer dazustehen. Deshalb reagieren die meisten Kinder, insbesondere die Jungen, heftig auf diese negative Empfindung. Jungen sind bekannterweise wettbewerbsorientierter als Mädchen, so dass sie stärker mit ihrem Verliererstatus zu kämpfen haben.

Für ErzieherInnen bedeutet das, den Kindern bei Regelspielen zu helfen, wenn es nötig ist und kritische Situationen schnell aufzulösen. Es kann nicht erwartet werden, dass die betroffenen Kinder Einsicht zeigen, wenn auf das Banale der Situation hingewiesen wird. Auch lernen sie nicht, wenn sie sich stark aufregen. Das Regelverständnis und das Verstehen von Regelspielen kommt von allein, mit der fortschreitenden Entwicklung – wenn die Umwelt sich förderlich verhält. Ein Training benötigt diese Fähigkeit nicht. Auch hier müssen sich Erziehende darauf einstellen, dass die heftigen Reaktionen der Kinder normal und erst im Schulalter in den Griff zu bekommen sind.

Das besondere Verhalten nach häufigem Fernsehkonsum

Am Wochenbeginn spielen einige Kinder häufig die ferngesehenen Sendungen nach. ErzieherInnen halten das in der Regel für bedenklich, weil sie einen übermäßigen Fernsehkonsum dahinter vermuten. Dies trifft auch auf einen Teil der Kinder zu, aber nicht auf alle, die dabei mitspielen. Es entwickelt sich nämlich im Spiel eine besondere Dynamik, die auch die Kinder mit einbezieht, die die entsprechenden Sendungen nicht gesehen haben – auch wenn sie dies behaupten. Das intensive Nachspielen von erlebten oder gesehenen Ereignissen ist für die Kinder von großer Wichtigkeit, weil sie damit versuchen, das bisher nicht Verstandene zu verstehen. Im Spiel nimmt die Geschichte dann einen eigenen Verlauf, weil mehrere Kinder beteiligt sind, die ihr faktisches oder fantasiertes Wissen einbringen. Dadurch hat auch das Nachspielen von Fernsehsendungen durchaus einen Nutzen für die beteiligten Kinder. Wenn ErzieherInnen feststellen, dass es hier um kritische Inhalte geht, können sie über Fragen zu Einzelheiten in das Spiel eingreifen. Fragen fördert das Nachdenken über Zusammenhänge bei den Kindern. Wenn sich eine solche Diskussion entwickelt, lassen sich die Kinder dann auch bereitwillig auf ein anderes Spiel ein.

Zu beachten ist bei diesem Thema auch die weitgehende Unfähigkeit der Kinder, zwischen dem Ferngesehenen (also der Fantasie) und der Realität klar zu unterscheiden. Besonders Kinder bis vier Jahren glauben, dass das, was sich im Fernseher abspielt, die Wirklichkeit ist. Das kann zu starken Ängsten führen, die sich im gemeinsamen Spiel zeigen. Hier lässt sich auch durch Nachfragen und Erklären einiges von den negativen Auswirkungen übermäßigen Fernsehkonsums auffangen.

Nimmt das Nachspielen bei bestimmten Kindern Formen an, die nicht mehr tolerabel erscheinen, ist das Gespräch mit den Eltern zu suchen, um zumindest ein Problembewusstsein bei ihnen zu erzeugen. Auch Eltern, die dem Fernsehkonsum ihrer Kinder unkritisch gegenüberstehen, haben das Ziel vor Augen, dass ihre Kinder in der Schule gut mitkommen sollten. Darauf können Kita-MitarbeiterInnen im Elterngespräch Bezug nehmen und darauf hinweisen, dass übermäßiger Fernsehkonsum die Lernfähigkeit der Kinder einschränkt (Spitzer 2005).

4.3 Elterngespräche und Elternbildung im Kindergarten

Seitdem der Bildungsaspekt für Krippen- und Kindergartenkinder in den Vordergrund gerückt ist, kommt der „Erziehungspartnerschaft“ (Textor 2006 und 2009; Mienert/Vorholz 2007) zwischen Eltern und ErzieherInnen ein höherer und qualitativ veränderter Stellenwert zu. Das bedeutet, die Zusammenarbeit sollte umfassend gestaltet werden, damit die Förderung der Kinder optimal gelingt. Es würde jedoch zu kurz greifen, nur den rein kognitiven Bereich der Kinder zu beachten. Denn die positive sozial-emotionale Entwicklung der Krippen- und Kindergartenkinder ist Grundlage für die Ausbildung kognitiver Fähigkeiten. Es ist dementsprechend sinnvoll, dass die Merkmale dieser Entwicklung und die damit zusammenhängenden kindlichen Verhaltensweisen sowohl Eltern als auch ErzieherInnen bekannt sind. In der Krippen- und Kindergartenpraxis lässt sich dies in kurzen Alltagsgesprächen oder in gezielten Bildungsveranstaltungen verwirklichen. Dazu gehören sowohl Einzel- als auch Tür- und Angelgespräche. Nachhaltiger wirkt die gezielte Vermittlung in besonderen Veranstaltungen.

Solche Veranstaltungen können die üblichen Elternabende sein, bei denen kurze Sequenzen zu Themen der sozial-kognitiven Entwicklung eingeschoben werden. Es ließen sich z. B. die allgemeinen Ursachen zur kindlichen Wut und Aggression (siehe Handout) und die Handlungsmöglichkeiten der Eltern darstellen und eine Diskussion dazu initiieren. Dadurch käme nicht nur der Erfahrungsaustausch zustande, sondern auch das neue Wissen würde sich gut einprägen. Für die Eltern würde dabei deutlich werden, dass es den anderen auch so geht wie ihnen. Das entlastet und fördert die Bereitschaft, neu zu lernen. Solche kurzen thematischen Einschübe könnten von Kita-MitarbeiterInnen übernommen werden, wenn sie sich selbst mit den Merkmalen der sozial-kognitiven Entwicklung des Kindes aus Kapitel 2.2 vertraut gemacht haben.

Wenn sich bei dieser Form der Elternbildung positive Erfahrungen für die Familien ergeben, besteht die Chance, zusätzliche Veranstaltungen anzubieten, die eine Reihe der typischen „nervenden" Verhaltensweisen der Kinder aufgreift und die individuellen Fragen und Bedürfnisse der Eltern berücksichtigt. Je nach Interesse lässt sich dies an einem Wochenende mit Kinderbetreuung machen, wobei ein Teil der Zeit für gemeinsame Aktionen mit Eltern, Kindern und ErzieherInnen vorzusehen ist. Dies wäre als Alternative zu den üblichen Aktivitäten (wie Bastelnachmittage, Basare und Elternstammtische) denkbar, weil sich bei einer Wochenendveranstaltung alles zusammenfassen ließe.

Gerade für bildungsungewohnte Eltern aus sozial schwachen Schichten kann diese Form eine Chance sein, sich auf Bildungsangebote einzulassen. Allerdings ist dabei ein sensibles Vorgehen vonseiten der Kursleitung notwendig, besonders dann, wenn dies nicht eine Kita-Mitarbeiterin macht, die alle Familien kennt. Für solche Fälle ist in Kapitel 3.4 beschrieben, worauf bei diesen Familien besonders zu achten ist. Eine solche Wochenend-Veranstaltung kann nach der in Kapitel 2.2 beschriebenen methodischen und inhaltlichen Vorgehensweise gestaltet werden.

Auch bei Entwicklungsgesprächen mit Eltern über ihre Kinder oder bei besonderen Gesprächen über Verhaltensauffälligkeiten beim Kind lässt sich das Wissen aus Kapitel 2.2 einsetzen. Die bei Entwicklungsgesprächen üblicherweise vorliegenden Entwicklungstabellen können durch differenziertere Angaben zum sozialen Entwicklungsstand des Kindes ergänzt werden.

Bei Gesprächen über Verhaltensauffälligkeiten hilft das dargestellte Wissen, um das normale sozial-kognitive und temperamentbedingte Verhalten vom auffälligen Verhalten zu unterscheiden.

Gespräche mit „schwierigen“ Eltern erfordern eine besondere Vorbereitung und ein besonderes Vorgehen während der Besprechung. Zur *Vorbereitung eines Gesprächs* mit „schwierigen“ Eltern ist es sinnvoll, sich vorher die Besonderheiten dieser Eltern deutlich klarzumachen. Nachstehender Leitfaden kann dabei helfen:

- Gedankliche Fixierung auf den Sinn des Elterngesprächs: Dem Kind soll geholfen werden und das geht nur gemeinsam mit den Eltern.
- Sich die Situation der Eltern vergegenwärtigen, um eine förderliche Haltung für das Gespräch zu entwickeln. Darüber das Verständnis für die vorhandene Problematik aufbauen.
- Ein Problemgespräch berührt grundsätzlich das Selbstwertgefühl von Eltern und dieses wirkt sich auf den weiteren Verlauf aus. Deshalb muss alles vermieden werden, was die Eltern in ihrer Selbstachtung verletzt, auch wenn sie unvernünftige Einstellungen und Verhaltensweisen zeigen.
- Die Erziehungskompetenz der Eltern deshalb nicht thematisieren oder anzweifeln. Statt dessen nach ihrer Erfahrung und Meinung zu den kindlichen Verhaltensweisen fragen.
- Die gemeinsame Suche nach Ursachen und Lösungsmöglichkeiten sollte immer wieder ausdrücklich betont werden, um das Gefühl der partnerschaftlichen Vorgehensweise zu entwickeln. Im positiven Fall entsteht bei den Eltern das Empfinden, gebraucht zu werden, was sie stolz und zugänglicher macht.
- Dabei die Beachtung des Gleichgewichts in der Gesprächsführung einplanen, damit die Eltern nicht in die Passivität gedrängt werden.
- Optimale Klarheit für den Ablauf des Gesprächs schaffen, denn alle Beteiligten stehen unter Stress, der die Wahrnehmung einschränkt.

Die nachstehenden zehn Punkte können als Richtschnur für die konkrete Planung eines Gesprächs mit „schwierigen“ Eltern dienen:

- Notizen über die genauen Beobachtungen des Kindes in unterschiedlichen Situationen mit dem positiven und dem auffälligen Verhalten anfertigen.
- Die eigene Unsicherheiten in der Gesprächssituation bedenken. Gegenmaßnahmen durch eine gute Planung ergreifen.
- Konkrete Formulierung des Gesprächsbeginns und der Beschreibung des Problems unter den o. g. Gesichtspunkten. Das Dankesagen für die Bereitschaft der Eltern zur Zusammenarbeit gleich zu Beginn einplanen.
- Notizen zu den möglichen Ursachen für das auffällige Verhalten machen. Neutrale und sachliche Erklärungen zum Verhalten des betreffenden Kindes suchen. Bei den Formulierungen die besonderen Bedingungen dieser Eltern beachten. Das bedeutet: Schuldgefühlen verhindern, Kompetenzen der Eltern im Blick haben, auch wenn deren Bemühungen fehllaufen, immer wieder die gemeinsame Suche nach Lösungen betonen.

- Nachfragen nach der Erfahrung und Meinung der Eltern zu den Ursachen und nach dem Verhalten des Kindes zu Hause einplanen.
- Das gemeinsame Sammeln von Informationen im Gespräch zu den möglichen Ursachen des auffälligen Verhaltens einplanen. Die gemeinsame Suche nach den Ursachen ist der kritischste Teil eines Gesprächs, aber ohne Kenntnis der Ursachen gibt es keine nachhaltige Veränderung. Mit Hilfe des Leitfadens wird eine vorsichtige Vorgehensweise möglich sein.
- Mögliche Lösungsvorschläge durchdenken, z. B. was im Kindergarten und zu Hause anders laufen könnte. Dazu sollte für das Gespräch ein Blatt zum Aufschreiben der Lösungsvorschläge beider Seiten vorhanden sein, damit eine Entscheidung darüber getroffen werden kann, was die beste Lösung ist.
- Informationen beschaffen, ob und wo es Elternkurse und Beratungsstellen in der Nähe gibt, die für diese Eltern geeignet sind.
- Abschluss des Gesprächs überdenken: Herstellung einer Vereinbarung über die angestrebten Veränderungen im Verhalten bei den Eltern und im Kindergarten, Verabredung eines neuen Gesprächs mit Angaben über die möglichen Inhalte.
- Strategien überlegen, was zu tun ist, wenn das Gespräch aus dem Ruder läuft.

Weitere Einzelheiten zu schwierigen Elterngesprächen finden sich bei Butzmann (2008). Wenn bei einem solchen Gespräch die Theorie zu den entwicklungsbedingten sozialen Unfähigkeiten bei Kindern ausführlich dargelegt wird, entlastet dies die Eltern. Auf diese Weise lassen sich Schuldgefühle vermeiden, so dass sie Verständnis für die Probleme des Kindes entwickeln können.

Auch bei zielgruppenspezifischen Angeboten der Elternarbeit im Kindergarten (wie z. B. Treffs für Alleinerziehende, für Gruppen mit Müttern von Migranten oder für Aussiedlerfamilien) kann dieses Wissen eingesetzt werden. Dazu bieten die Ausführungen in Kapitel 3.4 zusätzliche Anregungen.

Die Ausführungen zum Familienalltag mit Kleinkindern (2.1), zum geschlechtsspezifischen Streitverhalten (2.3) und zum Einfluss der erlebten Erziehung in der Herkunftsfamilie auf das eigene Erziehungsverhalten (2.4) helfen, das Selbstverständnis von ErzieherInnen zu erweitern und familiäre Probleme besser zu verstehen.

5 Schlussbemerkungen

Die Familie ist die wichtigste Erziehungs- und Bildungsinstanz, genauso wie die Eltern die wichtigsten Personen für den positiven Entwicklungsverlauf ihrer Kinder sind. Gerade in der heutigen Gesellschaft, in der die Erziehung der Kinder immer anspruchsvoller wird, benötigen Eltern bei dieser Aufgabe vielfältige Unterstützung. Das hier vorgestellte Bildungsangebot für Familien mit Kleinkindern soll dazu einen Beitrag leisten.

Institutionen aus dem Bereich der Eltern- und Familienbildung sowie Kurs- und SeminarleiterInnen haben mit diesem Bildungsangebot eine zusätzliche Möglichkeit, dem von Eltern empfundenen Bedarf nach Unterstützung und der gesellschaftlichen Forderung nach Bildungsangeboten zu entsprechen. Mit dem vorliegenden Konzept, das sowohl auf bildungsorientierte als auch auf bildungsungewohnte Eltern zugeschnitten ist, kann die familiale Erziehungs- und Beziehungskompetenz nachhaltig gestärkt werden.

Die inhaltlich und methodisch umfassend dargestellten Bildungsmodule zeigen, wie solche Seminare und Kurse Eltern die Möglichkeit geben, mit den vermittelten Wissensbeständen ihre als problematisch empfundenen Situationen zu klären und das Verständnis für ihre Kinder und für sich selbst zu verbessern. Mit solchen Angeboten leisten Bildungsinstitutionen sowie Seminar- und Kursleitungen einen wichtigen Beitrag zur Prävention von Trennung und Scheidung. Es sollten deshalb immer wieder Wege gesucht werden, solche Veranstaltungen finanziell zu ermöglichen. Informationen über Träger von Familienbildungsmaßnahmen im deutschsprachigen Raum sind unter folgenden Internetadressen zu finden:

www.familienbildung.info
www.eltern-bildung.at
www.elternbildung.ch

Die Anwendung des Bildungsmoduls aus Kapitel 2.2 für den Ausbildungs- und Arbeitsbereich von ErzieherInnen bringt zwei wichtige Vorteile mit sich: Entlastung für den Arbeitsalltag von Erzieherinnen und Erziehern sowie Anregungen für die Familien- und Elternbildung in den entsprechenden Institutionen.

Das Konzept eignet sich nicht als Elterntrainings- oder Schulungsprogramm. Es ist als eigenständiges Konzept zu verstehen, das die Probleme der

Familien mit Kindern unter sechs Jahren umfassend behandelt und durch angeleitetes selbstgesteuertes Lernen zu tragfähigen Lösungen führt.

Zusammenfassungen der vermittelten Bildungsinhalte sind als Handouts auf der Homepage des Ernst Reinhardt Verlages (www.reinhardt-verlag.de) zu finden. Zu den Papieren zur kindlichen Entwicklung ist Folgendes anzumerken: Die Altersangaben sind, wie immer in der Entwicklungspsychologie, keine ganz genauen Werte. Einige Kinder werden die erwähnten Merkmale früher oder später als hier beschrieben zeigen. Bei Verteilung dieser Papiere in Bildungsveranstaltungen sollte angemerkt werden, dass die Entwicklungsverläufe genetisch bedingt sind, also von allein und individuell verschieden ablaufen, wenn die Umweltbedingungen förderlich sind. Das Trainieren von sozialen Fähigkeiten, die aufgrund des individuellen kindlichen Entwicklungstempos noch nicht geleistet werden können, behindert den Prozess. Es genügt das an den entwicklungsbedingten Fähigkeiten des Kindes angepasste Eltern- und Erzieherverhalten, wobei Unterschiede durch das angeborene Temperament zu berücksichtigen sind. Dies ist in Kapitel 2.2 beschrieben.

Das Konzept kann durch Fortsetzungsveranstaltungen weitergeführt werden. Besonders für bildungsorientierte Eltern bieten sich dafür an:

- das Aufgreifen der neuen Erziehungsprobleme,
- die Thematisierung der Bedeutung des Vaters für die Entwicklung des Kindes,
- die Behandlung des geschlechtsspezifischen Effekts bei den Erwartungen in der Partnerschaft und bei den Stressfaktoren in Familie und Partnerschaft.

Darüber hinaus sind besondere entwicklungspsychologische Themen wählbar, die über die konkreten Erziehungsprobleme hinausgehen; dazu gehört die Salutogenese in der Erziehung, die mit dem „Magischen Erziehungsdreieck" nach Hurrelmann didaktisiert werden kann. Des Weiteren sind die Übergänge in der kindlichen Entwicklung von Bedeutung, insbesondere der Übergang zum Kindergarten- oder Schulkind. Die Fachliteratur zu solchen Themen gibt genug Anregungen zur Gestaltung derartiger Bildungsmodule.

An dieser Stelle ist allen Eltern zu danken, die mir durch ihre Offenheit und konstruktive Mitarbeit in den Seminaren geholfen haben, meine theoretischen Kenntnisse zu überprüfen und so auszudifferenzieren, dass ich mir ein besonders praxistaugliches Erziehungs- und Beziehungswissen aneignen konnte.

Abschließend bedanke ich mich beim „Niedersächsischen Institut für frühkindliche Bildung und Entwicklung" (Nifbe). Durch dessen Förderung wurde mir, im Rahmen eines Transferprojekts, die schriftliche Ausarbeitung des Konzeptes ermöglicht.

Literatur

Allen, J. S., Bruss, J., Damasio, H. (2006): Das vermessene Gehirn. Gehirn & Geist 1;2, 60–68

Asendorpf, J. (2006): Die Entwicklung früher Aggressivität und Schüchternheit. In: Zusammenfassung der wesentlichen Befunde aus der Münchener LOGIK-Studie. Tagung des MPI für Kognitions- und Neurowissenschaften am 12./13.7.2006 in München

– (1996): Psychologie der Persönlichkeit. Springer, Berlin

Baron-Cohen, S. (2004): Vom ersten Tag an anders. Walter, Düsseldorf

Bauer, J. (2006): Warum ich fühle, was du fühlst. Hoffmann und Campe, Hamburg

Belsky, J., Vandell, D. L., Burchinal, M., Clarke-Stewart, K. A., McCartney, K., Owen, M. T. (2007): The NICHD Early Child Care Research Network: Are There Long-Therm Effects of Early Child Care? Child Development 78, 681–701

Bischof-Köhler, D. (2002): Von Natur aus anders: Die Psychologie der Geschlechtsunterschiede. Kohlhammer, Stuttgart

– (2000): Kinder auf Zeitreise. Theory of Mind, Zeitverständnis und Handlungsorganisation. Huber, Göttingen

– (1989): Spiegelbild und Empathie. Die Anfänge der sozialen Kognition. Huber, Bern

Buchholz, M. (1992): Streit und Wider-Streit – Unbewusstheiten im kulturellen Kontext. Praxis der Kinderpsychologie und Kinderpsychiatrie 41, 17–25

Butzmann, E. (2008): Schwierige Elterngespräche. In: Mienert, M., Vorholz, H. (Hrsg.): Frühkindliche Bildung im Team gestalten und umsetzen. Dr. Raabe-Verlag, Stuttgart, G 1.2, 1–18

– (2003): Geschlechtsspezifisches Streitverhalten aufgrund unterschiedlicher Denkstrukturen bei Männern und Frauen als zusätzliches Konfliktpotenzial in der Partnerschaft. Familiendynamik 28, 513–523

– (2000): Sozial-kognitive Entwicklungstheorien in der Praxis. Beltz, Weinheim

Costantini, M. (2006): Kinderzeichnungen. Erziehungskunst 12, 1281 – 1288.

Cox, M., Paley, B., Payne, C. C. (1998): Der Übergang zur Elternschaft: Risiken und Schutzfaktoren bei Eheproblemen. In: Hahlweg, K.: Prävention von Trennung und Scheidung. Kohlhammer, Stuttgart

Crawford, C. (2010): Ich fühle was, was du nicht fühlst. Patmos, Mannheim

Dammasch, F., Metzger, H. (2006): Die Bedeutung des Vaters. Brandes & Apsel, Frankfurt

Damon, W. (1984): Die soziale Welt des Kindes. Suhrkamp, Frankfurt
– (1982): Zur Entwicklung der sozialen Kognition des Kindes. In: Edelstein, W., Keller, M. (Hrsg.): Perspektivität und Interpretation. Suhrkamp, Frankfurt, 110–145
Döbert, R. (1992): Die Entwicklung und Überwindung von „Universalpragmatik" bei Piaget. Zeitschrift für Soziologie 2, 96–109
Dornes, M. (1997): Die frühe Kindheit. Fischer, Frankfurt
Ehrhardt, K. J. (1976): Interdisziplinäre Sozialisationsforschung. Enke, Stuttgart
Eisenberg, N., Mussen, P. H. (1989): The Roots of Prosocial Behavior in Children. Univ. Press, Cambridge
Erickson, M. F., Egeland, B. (2006): Die Stärkung der Eltern-Kind-Bindung. Frühe Hilfen für die Arbeit mit Eltern von der Schwangerschaft bis zum zweiten Lebensjahr des Kindes durch das STEEP(TM)-Programm. Klett-Cotta, Stuttgart
Fraiberg, N., Adelson, E., Shapiro, V. (1975): Ghost in the Nursery. Journal of the American Academy of Child & Adolescent Psychiatry 14 (3), 387 – 422
Franz, M. (2008): PALME – Präventives Elterntraining für alleinerziehende Mütter. Vandenhoek&Ruprecht, Göttingen
Garlichs, A., Leuzinger-Bohleber, M. (1999): Identität und Bindung. Juventa, Weinheim
Garz, D. (2006): Sozialpsychologische Entwicklungstheorien. 3. erw. Aufl., VS Verlag für Sozialwissenschaften, Wiesbaden
Gazzaniga, M. S. (2002): Rechtes und linkes Gehirn: Split-Brain und Bewusstsein. Spektrum der Wissenschaft. Digest: Rätsel Gehirn. ND-3, 28–33
Göppel, R. (1995): Eltern und Kinder – Gefangene im Wiederholungszwang? Zeitschrift für Pädagogik 5, 783–802
Gottman, J. M. (1993): A Theory of Marital Dissolution and Stability. Journal of Family Psychology 7, 57–75
Grossmann, K. E., Grossmann, K. (2008). Die psychische Sicherheit in Bindungsbeziehungen. Familiendynamik 33, 231–259
Gürtler, H. (1989): Kinderärger Elternsorgen. Otto Maier, Ravensburg
Haier, R. J., Jung, R. E., Yeo, R. A., Head, K., Alkire, M. T. (2005): The Neuroanatomy of General Intelligence: Sex Matters. NeuroImage 2 (1), 320–327
Hardin, H. T. (2008): Außerfamiliäre Betreuung und Verlusterfahrung. Psyche 62, 136–153
Haubl, R., Dammasch, F., Krebs, H. (Hrsg.) (2009): Riskante Kindheit. Vandenhoeck & Ruprecht, Göttingen
Haug-Schnabel, G. (2004): Wie Kinder sauber werden können. ObersteBrink, Ratingen
Hausmann, M. (2003): Eine Frage der Symmetrie. In: Gehirn & Geist, Heft 6, 56–60
Herschkowitz,. N. (2008): Das Gehirn. Herder Verlag, Freiburg
Hoffman, M. L. (2000): Empathy and Moral Development: Implications for Caring and Justice. Cambridge University Press, New York
– (1990): Empathy and Justice Motivation. Motivation and Emotion. 14, 151–172

– (1983): Vom empathischen Mitleiden zur Solidarität. In: Schreiner, G. (Hrsg.): Moralische Entwicklung und Erziehung. Agentur Pedersen, Braunschweig, 235–265
– (1984): Interaction of Affect and Cognition in Empathy. In: Idzard, C. E. (Hrsg.): Emotions, Cognition and Behavior. Cambridge University Press, New York, 103–131
– (1979): Eine Theorie der Moralentwicklung im Jugendalter. In: Montada, L. (Hrsg.): Brennpunkte der Entwicklungspsychologie. Kohlhammer, Stuttgart, 252–265
Hüther, G. (2009): Männer – Das schwache Geschlecht und sein Gehirn. Vandenhoeck & Ruprecht, Göttingen
– (2006): Brainwash: Einführung in die Neurobiologie für Pädagogen, Therapeuten und Lehrer. DVD, Vorlesung in St. Gallen
–, Bonney, H. (2002): Neues vom Zappelphilipp. Walter, Düsseldorf
Jurczyk, K., Lange, A. (Hrsg.) (2009): Vaterwerden und Vatersein heute. Neue Wege – neue Chancen! Bertelsmann, Gütersloh
Kaiser, A. (1985): Sinn und Situation – Grundlinien einer Didaktik der Erwachsenenbildung. Klinkhardt, Heilbronn
Kaiser, P. (2000): Partnerschaft und Paartherapie. Hogrefe, Göttingen
Kaplan, L. (1987): Die zweite Geburt. Die ersten Lebensjahre des Kindes. Piper, München
Kegan, R. (1986): Die Entwicklungsstufen des Selbst. Kindt, München
Kimura, D. (1992): Weibliches und Männliches Gehirn. Spektrum der Wissenschaft 11, 104–113
Kindler, H. (2009): Kindeswohlgefährdung: Ätiologie, Folgen, Diagnostik und Intervention. Praxis der Kinderpsychologie und Kinderpsychiatrie 58, 764–785
Kißgen, R., Heinen, N. (Hrsg.) (2010): Frühe Risiken und Frühe Hilfen. Grundlagen, Diagnose, Prävention. Klett-Cotta, Stuttgart
Klees, K. (1992): Partnerschaftliche Familie. Arbeitsteilung, Macht und Sexualität in Paarbeziehungen. Juventa, Weinheim
Kohlberg, L. (1974): Zur kognitiven Entwicklung des Kindes. Suhrkamp, Frankfurt
Kohnstamm, D. (2004): Und plötzlich wurde mir klar: Ich bin ich! Die Entdeckung des Selbst im Kindesalter. Huber, Bern
Kohnstamm, R. (1990): Praktische Kinderpsychologie. Huber, Bern
Kraft, U. (2004): Die Macht des Weiblichen. Geist&Gehirn 1, 68–73
Largo, R. (1999): Kinderjahre. Die Individualität des Kindes als erzieherische Herausforderung. Piper, München
– (1996): Babyjahre. 2. Aufl. Piper, München
Lautenbacher, S., Güntürkün, O., Hausmann, M. (Hrsg.) (2007): Gehirn und Geschlecht. Neurowissenschaft des kleinen Unterschieds zwischen Mann und Frau. Springer, Berlin

Leber , A. (1990): Der Konstruktivismus Jean Piagets in seiner Bedeutung für Theorie und Praxis der Psychoanalyse. In: Streeck, U., Wertmann, H. U. (Hrsg.): Herausforderungen für die Psychoanalyse. Pfeiffer, München, 273–290

Lempert, J., Oelemann, B. (1995): „… dann habe ich zugeschlagen". Männer-Gewalt gegen Frauen. Konkret Literatur, Hamburg

Macha, H., Witzke, M. (2008): Familie und Gender. Rollenmuster und segmentierte gesellschaftliche Chancen. Zeitschrift für Pädagogik 34, 261–278

Mahler, M. S., Pine, F., Bergman, A. (1978): Die psychische Geburt des Menschen. Symbiose und Individuation. Fischer, Frankfurt

Malti, T., Buchmann, M. (2010): Die Entwicklung moralischer Emotionen bei Kindergartenkindern. Praxis der Kinderpsychologie und Kinderpsychiatrie 59, 545–560

Micus, C. (2002): Friedfertige Frauen und wütende Männer? Theorien und Ergebnisse zum Umgang der Geschlechter mit Aggression. Juventa, Weinheim

Mienert, M., Vorholz, H. (2007): Gespräche mit Eltern. Entwicklungs-, Konflikt- und Informationsgespräche. Bildungsverlag EINS, Troisdorf

Nakhla, D., Eickhorst, A., Schwinn, L. (2010): Angebote zur psychosozialen Unterstützung von Vätern. Praxis der Kinderpsychologie und Kinderpsychiatrie 59, 629–639

Nitsch, C., Hüther, G. (2004): Kinder gezielt fördern. Gräfe und Unzer, München

Nunner-Winkler, G. (1993): Die Entwicklung moralischer Motivation. In: Edelstein, W., Nunner-Winkler, G., Noam, G. (Hrsg.): Moral und Person. Suhrkamp, Frankfurt

Nussbaum, C. (2004): Familien-Alltag sicher im Griff. So meistern Sie das tägliche Chaos gelassen und souverän. Gräfe und Unzer, München

o. A. (2009): Leistungsunterschiede nehmen zu. In: Erziehung und Wissenschaft 6/2009, S. 4

Petermann, F. (Hrsg.) (1998): Lehrbuch der Klinischen Kinderpsychologie. Hogrefe, Göttingen

Petri, H. (1997): Guter Vater – Böser Vater. Psychologie der männlichen Identität. Scherz, Bern

Piaget, J. (1995): Intelligenz und Affektivität in der Entwicklung des Kindes. Suhrkamp, Frankfurt

– (1992): Das Erwachen der Intelligenz beim Kinde. dtv/Klett-Cotta, Stuttgart

– (1984): Psychologie der Intelligenz. Klett-Cotta, Stuttgart

– (1983): Sprechen und Denken des Kindes. Ullstein, Frankfurt

– (1981): Das moralische Urteil beim Kind. 4. Aufl. Suhrkamp, Frankfurt

– (1980): Das Weltbild des Kindes. Ullstein, Frankfurt

– (1976): Die Äquilibration der kognitiven Strukturen. Klett-Cotta, Stuttgart

– (1975): Der Aufbau der Wirklichkeit beim Kind. Klett-Cotta, Stuttgart

– (1974): Theorien und Methoden der modernen Erziehung. Fischer, Frankfurt

– (1973): Einführung in die genetische Erkenntnistheorie. Suhrkamp, Frankfurt

– (1969): Nachahmung, Spiel und Traum. Klett-Cotta, Stuttgart

Pritzel, M., Markowitsch, H. J. (1997): Sexueller Dimorphismus: Inwieweit bedingen Unterschiede im Aufbau des Gehirns zwischen Mann und Frau auch Unterschiede im Verhalten? Psychologische Rundschau 48, 16–31

Quinton, D., Rutter, M. (1988): Parenting Breakdown. The Making and Breaking of Intergenerational Links. Aldershot

Rankl, C. (2005): So beruhige ich mein Baby. Tipps aus der Schreiambulanz. Walter, Düsseldorf

Reichle, B., Franiek, S. (2008): Auch positive Ereignisse erfordern Bewältigung: Prävention von Partnerschaftsproblemen nach dem Übergang zur Elternschaft. In: Borke, J., Eichhorst, A. (Hrsg.): Systemische Entwicklungsberatung in der frühen Kindheit. UTB, Stuttgart, 273–293

Rizzolatti, G., Sinigalia, C. (2008): Empathie und Spiegelneuronen. Die biologische Basis des Mitgefühls. Suhrkamp, Frankfurt

Roth, G. (2004): Warum sind Lehren und Lernen so schwierig? Zeitschrift für Pädagogik 50, 496–506

– (2001): Fühlen, Denken, Handeln. Suhrkamp, Frankfurt

Sandmeier, A. (2005): Selbstwertentwicklung vom Jugendalter bis ins frühe Erwachsenenalter – eine geschlechtsspezifische Analyse. Zeitschrift für Soziologie der Erziehung und Sozialisation 25, 52–66

Scharlau, I. (1996): Jean Piaget zur Einführung. Junius, Hamburg

Scherer, A. K. (2009): Zu früh, zu schnell, zu lange, zu allein. Risiken der Krippenbetreuung. Analytische Kinder- und Jugendlichen-Psychotherapie (AKJP) 142, XL Jg. 195–212

Schmidt, R. F. (Hrsg.) (1998): Neuro- und Sinnesphysiologie. Springer, Berlin

Selman, R. L. (1984): Interpersonale Verhandlungen. In: Edelstein, W., Habermas, J. (Hrsg.): Interaktion und soziales Verstehen. Suhrkamp, Frankfurt 113–166

Selman, R. L. (2006): Niveaus der sozialen Perspektiveübernahme. In: Garz, D.: Sozialpsychologische Entwicklungstheorien. Von Mead, Piaget und Kohlberg bis zur Gegenwart. 3. erw. Aufl. VS Verlag für Sozialwissenschaften, Wiesbaden

Siebert, H. (2006): Didaktisches Handeln in der Erwachsenenbildung. Luchterhand, München

Speichert, H. (1991): Kindermund. Rowohlt Verlag, Reinbek

Spitzer, M. (2006): Vorsicht Bildschirm! Der Einfluss der Bildschirm-Medien auf die Entwicklung von Kindern und Jugendlichen. DVD-Vortrag: Auditorium Netzwerk

– (2005): Vorsicht Bildschirm! Elektronische Medien, Gehirnentwicklung, Gesundheit und Gesellschaft. Ernst Klett, Stuttgart

– (2002): Lernen. Spectrum Akademischer Verlag, Heidelberg

Suess, G. (2009): Kommunikation und Beziehung in Familie und Gleichaltrigenwelt. Die Grundpfeiler der Entwicklung der Person in den ersten sechs Lebensjahren. Familiendynamik 34, 146–154

–, Hantel-Quitmann, W. (2008): Bindungsbeziehungen in der Frühintervention. In: Ahnert, L. (Hrsg.): Frühe Bindung. Entstehung und Entwicklung. 2. aktual. Aufl. Ernst Reinhardt, München, 332–350

Textor, M. R. (2009): Elternarbeit im Kindergarten. Ziele, Formen, Methoden. 2. Aufl. BoD, Norderstedt

– (Hrsg.) (2006): Erziehungs- und Bildungspartnerschaft mit Eltern. Gemeinsam Verantwortung übernehmen. Herder, Freiburg

Tschöpe-Scheffler, S. (2006): Konzepte der Elternbildung – eine kritische Übersicht. 2. Aufl. Barbara Budrich, Opladen

– (2003): Elternkurse auf dem Prüfstand. Leske + Budrich, Opladen

Uhlhaas, P., Konrad, K. (Hrsg.) (2010): Das adoleszente Gehirn. Kohlhammer, Stuttgart

Viernickel, S. (2004): Kleinkinder konstruieren soziale Bedeutungen. In: Fried, L., Büttner, G. (Hrsg.): Weltwissen von Kindern. Zum Forschungsstand über die Aneignung sozialen Wissens bei Krippen- und Kindergartenkindern. Juventa, Weinheim, 35–54.

Wallerstein, J. S., Lewis, J. M., Blakeslee, S. (2002): Scheidungsfolgen – Die Kinder tragen die Last. Eine Langzeitstudie über 25 Jahre. Votum, Münster

Walper, S. (2003): Kontextmerkmale gelingender und misslingender Entwicklung von Kindern in Einelternfamilien. In: Fegert, J., Ziegenhain, U. (Hrsg.): Hilfen für Alleinerziehende. Beltz, Weinheim, 148–166

Winnicott, D. W. (1999): Kind, Familie und Umwelt. Ernst Reinhardt, München

– (1983): Von der Kinderheilkunde zur Psychoanalyse. Ernst Reinhardt, München

Zentner, M. R. (1993): Die Wiederentdeckung des Temperaments. Die Entwicklung des Kindes im Licht moderner Temperamentforschung und ihrer Anwendung. Junfermann, Paderborn

Ziegenhain, U. (2008): Stärkung elterlicher Beziehungs- und Erziehungskompetenzen – Chancen für präventive Hilfen im Kinderschutz. In: Ziegenhain, U., Fegert, J. M.: Kindeswohlgefährdung und Vernachlässigung.(Beiträge zur Frühförderung interdisziplinär 15) 2. Aufl. Ernst Reinhardt, München, 119–127

–, Fries, M., Bütow, B., Derksen, B. (2006a): Entwicklungspsychologische Beratung für junge Eltern. Juventa, Weinheim

–, Gebauer, S., Kolb, A.-K., Reichle, B., Franiek, S. (2006b): Auf den Anfang kommt es an. Ein Kurs für junge Eltern. Ministerium für Arbeit, Soziales, Familie und Gesundheit des Landes Rheinland-Pfalz, Mainz

Sachregister